Benjamin Reck

The 4 Keys

Benjamin Reck

The 4 Keys

Wie Sie Zugang zu nahezu jeder Lösung finden

Bibliografische Information der Deutschen Nationalbibliothek: Die Deutsche Nationalbibliothek verzeichnet diese Publikation in der Deutschen Nationalbibliografie; detaillierte bibliografische Daten sind im Internet über http://dnb.dnb.de abrufbar.

Trotz sorgfältiger inhaltlicher Kontrolle übernehme ich keine Haftung für die Inhalte externer Links. Für den Inhalt der verlinkten Seiten sind ausschliesslich deren Betreiber verantwortlich.

Die automatisierte Analyse des Werkes, um daraus Informationen, insbesondere über Muster, Trends und Korrelationen gemäß §44b UrhG („Text und Data Mining") zu gewinnen, ist untersagt.

Lektorat: Mentorium GmbH, Berlin
Korrektorat: Mentorium GmbH, Berlin
Umschlaggestaltung: Megam von designenlassen.de

Verlag: BoD · Books on Demand GmbH, In de Tarpen 42, 22848 Norderstedt, bod@bod.de

Druck: Libri Plureos GmbH, Friedensallee 273, 22763 Hamburg

ISBN: 978-3-7597-3758-8

Dieses Buch ist auch als E-Book erhältlich.

# Inhaltsverzeichnis

I

II

## Abbildungsverzeichnis

## Tabellenverzeichnis

# Der Auftakt

# 1 Einleitung

## Welche Absichten verfolge ich bei der Veröffentlichung dieses Buches und welchen Nutzen dürfen Sie daraus erwarten?

Dieses Buch geht auf vier Schlüsselelemente der Gesundheit ein: auf den Ernährungs-, den psychologischen-, den sportlichen- und den Bewusstseinsparameter. Alle Parameter sind jeweils ein wichtiges Kapital Ihrer holistischen Gesundheit. Ich biete Ihnen meine praxisnahe, erprobte Erfahrung in Kombination mit meinem autodidaktisch erlangten Wissen an, sodass Sie das vorliegende Buch nicht nur als reines Unterhaltungsmedium, sondern auch zu Ihrer individuellen Entwicklung nutzen können.

Weshalb gibt es Momente, welche von hoher Konzentration gekennzeichnet sind, und Phasen völliger Verträumtheit? Warum unterscheidet sich die Schlafqualität jeden Tag von neuem? Woher kommt die spürbare Ambivalenz zwischen Angst und Mut? Solche Fragen beschäftigen mich. Das Leben spielt sich in der Regel in einem gleichbleibenden, alltäglichen Rahmen ab und wir leben, mit hoher Wahrscheinlichkeit, in der gleichen Welt wie gestern. Also wie kommt es dazu, dass verschiedene Menschen die gleiche Situation von Tag zu Tag unterschiedlich bewerten? Ausschlaggebend dafür sind die sogenannten Neurotransmitter, oder auch Hormone. Jeder gesunde Mensch möchte Kontrolle über seine eigenen Gedanken und über die körperliche sowie psychische Gesundheit haben.

Die Fragen, die ich zu ergründen versuche, basieren zu einem grossen Teil auf dem Eruieren welche Neurotransmitter im Körper vorhanden sein müssen, um eine optimale psychische Homöostase zu erreichen. Das Ziel ist es, Ihnen einen Beweis zu erbringen, welcher belegt, dass viel menschliches Leiden vorwiegend aus einem Mangel an bestimmten Nährstoffen liegt, die in einer Armut an Neurotransmitter-Konzentrationen in Ihrem Gehirn mündet. Die Folge sind so genannte

# Einleitung

falsche Emotionen. Hierzu später mehr. Sobald diese Diskrepanz beseitigt ist, sind grosse Teile der grassierenden Probleme gelöst.

Hier möchte ich ansetzen, indem ich jedem diesen logisch nachzuvollziehenden psychischen Mechanismus näherbringe. Es gilt offen darzulegen, dass das essenzielle psychische Gleichgewicht gegeben sein muss, bevor zu Medikamenten, Spritzen oder Ähnlichem gegriffen wird, damit unechte von echten Emotionen unterschieden werden können. Durch das Heranziehen von Studien, Literatur und Erfahrungen werden zunächst geistige Eckpunkte festgelegt, welche schliesslich in neue Handlungs- und Denkgewohnheiten münden sollen, sodass das alte Glaubensparadigma von Angst und Depressionen erschüttert wird.

Ich möchte die signifikante Auswirkung von Neurotransmittern auf die Psyche erläutern. Nicht nur psychogene Essstörungen wie Anorexie, Bulimie oder ähnliches beeinflussen das Essverhalten, auch umgekehrt haben Lebensmittel einen direkten Einfluss auf die Psyche. Die Möglichkeit, dass eine unzureichende Kostform, in der verschiedene Mikro- sowie Makronährstoffe fehlen, dazu geführt haben könnte, dass eine psychische Störung (in diesem Fall eine unechte Emotion) mit möglichen Folgeschäden vorliegt, wird zu wenig in Betracht gezogen, um die doch sehr präsente Wechselwirkung zu benennen.

Ein grosser Anteil der Gesundheit hängt nicht nur von unserer Nahrungszufuhr ab, sondern auch von der körperlichen Aktivität sowie unserer Denkweise. Wenn hier angesetzt wird, ergibt sich ein exponentielles Wachstum, hin zu einer physisch und psychisch gesünderen Gesellschaft. Dieses Ziel wird in erster Linie damit erreicht, dass diese Informationen im Bekanntenkreis und danach allenfalls in der Arbeit mit Klienten weitergegeben werden, welche das besagte Ziel unterstützen. Bei erfolgreichem Erleben ergibt sich eine wellenartige Ausbreitung dieses Wissens.

# Einleitung

Im Anschluss an die Ausführungen zum ersten Gesundheitsschlüssel der Ernährung wird tiefer darauf eingegangen, dass die Motivation, die Hormone, die Resilienz sowie das Wohlbefinden aus drei weiteren wesentlichen Schlüsseln, die nachfolgend im Buch beschrieben werden, bestehen.

Dieses Buch haben Sie im Optimalfall nicht nur zur informellen Wissensaneignung oder zur Unterhaltung gekauft, sondern für Ihre eigene Metamorphose.

Die Frage danach, wo die Gesundheit beginnt und wo sie aufhört, begleitet mich schon länger in meinem Leben. Die Verbindung von Körper, Geist und Seele ist essenziell. Aber wo soll ich anfangen? Durch langjährige gedankliche Ausrichtung auf dieses Thema wurde ich selbst zu einer homogenen Masse mit dieser Thematik.

Wie Nietzsche bereits sagte: «Wenn du lange genug in den Abgrund blickst, blickt der Abgrund in dich hinein.» - Friedrich Nitzsche, deutscher Philosoph, 1844–1900. Das heisst, wir werden zu dem, was wir permanent denken und fühlen, handle es sich dabei um etwas Positives oder Negatives. Somit schliesst sich der Kreis.

Ich werde Ihnen in diesem Buch darlegen, was vollumfängliche Gesundheit bedeutet. Gesundheit spiegelt sich nicht nur in der Unversehrtheit des Körpers wider, sondern auch in der Perspektive auf die Welt und dem alltäglichen Glücksempfinden. In diesem Auftakt möchte ich Ihnen ein wohlbekanntes Zitat von Arthur Schopenhauer (deutscher Philosoph, 1788–1860) präsentieren:

**«Gesundheit ist nicht alles, aber ohne Gesundheit ist alles nichts.»**

# Einleitung

Im Kern bedeutet dies, dass wir in der Maslow'schen Bedürfnispyramide eine Stufe nach oben rutschen, wenn wir auf allen Ebenen gesund sind.

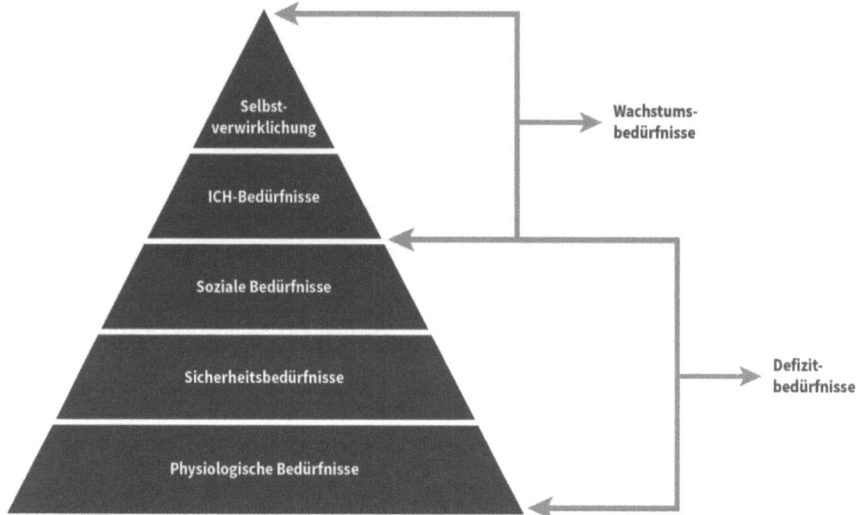

**Abbildung 1:** fünfstufige Bedürfnishierarchie von Abraham Maslow

(US-amerikanischer Psychologe)

Mit einer optimalen Gesundheit in allen Variablen stehen Sie auf der sozialen Stufe (soziale Bedürfnisse) völlig sicher am oberen Ende. Danach kommen subjektive Wünsche und Sehnsüchte, welche Sie weiter nach oben tragen werden. Jedoch muss die Einhaltung der Prämisse der Sicherheit, welche Sie auf den unteren Stufen aufgebaut haben, gewährleistet bleiben. Die Frage, wie und ob Sie aufsteigen können, wollen wir nun gemeinsam in diesem Buch beantworten.

**Lassen Sie uns starten!**

# 2 Gesundheitsschlüssel: Ernährung

## 2.1 Ernähre ich mich gesund? Was bedeutet überhaupt gesunde Ernährung?

Ich unterstelle Ihnen, dass Sie sich mit so einer Fragestellung schon einmal auseinandergesetzt haben. Ansonsten hätten Sie dieses Buch nicht in der Hand. Hinzu kommt, dass Sie die fundamentale Erkenntnis mitbringen, dass gesunde Ernährung selbstverständlich nicht eine allumfassende Gesundheit erzeugt, sondern hier kommen weitere wichtige Komponenten dazu. Aber hierzu später mehr.

In meiner Arbeit, in Büchern sowie im Austausch mit Laien sowie Experten über die Ernährung wurde mir bewusst, dass es enorme Unterschiede darin gibt, was aktuell als «gesund» gilt. Dazu kann ich nur sagen, dass wir alle Individuen sind, die verschiedene Ambitionen verfolgen, und nicht jede Ernährungsform passt zu jedem Menschen. Jede Kostform hat dennoch, mehr oder weniger, ihre Daseinsberechtigung. Lernen Sie sich diesbezüglich kennen, überlegen Sie, welche Ernährungsstrategie Sie an Ihre Ziele bringt.

Was braucht es, damit eine Ernährungsweise perfekt auf Sie zugeschnitten ist? Sollte sie in Ihren Alltag integrierbar sein, hat sie Potenzial, langfristig Ihr Begleiter zu sein? Wie ist Ihr Schlaf, fühlen Sie sich wohl, fit sowie vital, erreichen Sie Ihre gesetzten Ziele? Diese und weitere Fragen dürfen Sie sich selbst beantworten, das kann Ihnen niemand abnehmen. Aber ich kann Ihnen versprechen, sobald Sie sich in dieser Persönlichkeitsfacette noch besser selbst kennengelernt haben, werden Sie eine Leichtigkeit in Ihrem Alltag erfahren, die Sie auf andere Lebensbereiche übertragen können. Jeder einzelne Bereich hängt mit allen anderen Bereichen zusammen. Wie im Kleinen, so im Grossen.

Ich habe mein Ziel erreicht, wenn ich Ihnen verständliche und leicht umsetzbare Tricks sowie Erfahrungswerte auf Ihren Lebensweg mitgeben darf. Die folgende

# Gesundheitsschlüssel: Ernährung

Aussage von Vera Felicitas Birkenbihl (deutsche Managementtrainerin) erachte ich hier als sinnvoll:

«Sehen Sie das Leben als Supermarkt an. Sie werden niemals alles kaufen, sondern legen nur die Produkte (Werte, Informationen, Umfeld) in Ihren Einkaufswagen, (Ihr Lebensweg) die Sie als richtig empfinden.»

Laufen Sie mit einer Offenheit durch Ihr Leben und setzen Sie sich mit den auf Sie zukommenden Aufgaben, Informationen sowie Menschen auseinander und leiten hiervon für Ihr eigenes Leben die bestmögliche Option ab. Dazu möchte ich Ihnen auf einem Silbertablett möglichst viele wirksame Auswahlmöglichkeiten servieren und Sie selbst dürfen entscheiden, mit welchen Sie weiterarbeiten und welche Sie zu einem anderen Zeitpunkt anwenden möchten. Was ist nun ernährungsspezifische Gesundheit? Das objektive Wissen über diese Fragen beruht auf einem nahezu gleich grossen gemeinsamen Konsens:

## Wasser:

Wir als Menschen müssen im Schnitt ca. 1,5 Liter bis ca. 2,5 Liter Wasser pro Tag trinken, je nach Ernährungsform, Gewicht, Alter, Wetterbedingung, Berufung sowie sportlicher Betätigung.

## Gemüse und Früchte:

Empfohlen wird ein Konsum von Gemüse sowie Früchten unter dem Motto «5 am Tag» mit einem Volumen von ca. 650 g.

## Tierisches Eiweiss:

Ein moderater tierischer Eiweisskonsum gilt als empfehlenswert. Die empfohlenen Mengen gehen hier allerdings weit auseinander, von 100 g rotem Fleisch (oder einem Äquivalent) am Tag bis zu einer Ernährungsform, die Ketogene Diät genannt wird, bei der maximal 50 g bis 80 g Kohlenhydrate gegessen werden und der Rest aus Eiweissen und Fetten besteht. Hierzu werden grösstenteils tierische Produkte konsumiert.

## Wein:

Falls Sie ein genüsslicher Weintrinker sind, haben Sie ganz bestimmt schon von der Aussage gehört, dass täglich ein Glas Wein, das heisst ca. 20 g Alkohol am Tag, gesund ist. Neuere Forschungen besagen, dass drei Gläser Wein in der Woche bezüglich der erhofften positiven Effekten ausreichen. Hören Sie hier auf Ihren Körper, was er Ihnen mitteilen möchte. Wenn Sie primär Rotwein trinken, um in den Genuss der versprochenen positiven Effekte zu kommen, dann gebe ich Ihnen hier eine Alternative: Resveratrol, OPC oder Traubenkernextrakt sind die Grundbausteine der antioxidativen, zellerneuernden sowie der Cholesterin regulierenden Wirkung im Wein und sind daher auch in Nahrungsergänzungsmitteln oder Trauben enthalten.[1]

## Kaffee:

Beim Kaffeekonsum bewegt sich der Konsens zwischen einer und drei Tassen am Tag. Sie kennen bestimmt auch die Menschen in Ihrem Umfeld, die vor dem Schlafengehen noch einen Espresso trinken und danach gut einschlafen können. Hier ist die Frage zu stellen (weil es in der Regel gute Kaffeetrinker sind), ob dies an dem in Mitleidenschaft gezogenen Rezeptor des Gehirns liegt, dass Adenosin und Koffein nicht mehr in symbiotischer Wechselwirkung zueinander stehen und der entsprechende Rezeptor irreparable Schäden aufweist oder gar nie eine erkennbare Wirkung nach dem Konsum von Koffein zu erwarten war. Darüber hinaus wurde an der Universität Basel in einer doppel-blind randomisierten Studie nachgewiesen, dass der tägliche Konsum von Kaffee/Koffein die graue Substanz im Gehirn reduziert. Die graue Substanz, die unser Gehirn wie eine Hülle umgibt, ist vor allem für die Gedächtniskonsolidierung zuständig. Das heisst, für die Verarbeitung dessen, was wir im Laufe des Tages gelernt und erlebt haben. Durch diesen Prozess werden Erfahrungen in unserem synaptischen Neuronennetz impliziert, um in Zukunft auf einen erweiterten Erfahrungsfundus zurückzugreifen zu können. Im Zuge dessen wird in Betracht gezogen, dass zusätzlich der IQ leidet.[2] Nach allem, was ich recherchiert habe, lautet der Satz: Die Dosis macht das Gift. Weniger ist mehr und nichts ist am besten, ist meine Schlussfolgerung. Dennoch sprechen wir hier von einem Genussmittel und sollten es, wenn wir es brauchen, mit Bedacht einsetzen. Sie kennen nun die Theorie und können selbst entscheiden, wie Sie mit diesem Wissen in der Praxis umgehen. Behalten Sie auch hier im Kopf, dass Koffein (je nach Menge) bis zu vierzehn Stunden signifikant im Körper seine Wirkung beibehalten kann und eine Halbwertzeit von vier Stunden aufweist. Dazu kommt, dass Koffein den Schlaf beeinträchtigt, auch nach diesen vierzehn Stunden. Wie dem auch sei, versuchen Sie ab 15:00 Uhr, wenn Sie es bis anhin noch nicht ausprobiert haben, für einen gewissen Zeitraum, keinen Kaffee mehr zu trinken und dokumentieren Sie Ihren Schlaf, um allenfalls eine Veränderung wahrzunehmen. Eine gesunde, sehr zu empfehlende Alternative wäre der Guayusa Tee. Mit seinem hohen Gehalt an Antioxidantien, L-Theanin (fördert Alpha-Gehirnwellen zur entspannten Fokussierung), Theophyllin (wirkt bronchienerweiternd) und Theobromin (wirkt entspannend sowie anregend) ist er ein gesunder Muntermacher.

Was diese oben genannten Bereiche angeht, gibt es die grössten Überschneidungen. Es kann dennoch objektiv oder vielleicht doch nur subjektiv falsch sein, diesen Richtlinien zu folgen. In letzter Instanz entscheiden Sie, was und wieviel Ihnen guttut!

Bevor ich Ihnen körperdefinierende oder muskelaufbauende Empfehlungen auf Ihren Lebensweg mitgebe, versuchen Sie sich an folgendem Gedankenexperiment. Beobachten Sie Ihre Gedankengänge. Was wäre, wenn?

Stellen Sie sich vor, ein unerwartetes Ereignis tritt ein …

Ein spezielles Gas tritt auf unserem Planeten aus, dass unsere aktuelle Körperkonstitution für IMMER einfriert. Wir werden unser Gewicht nicht mehr verändern können.

# Gesundheitsschlüssel: Ernährung

1) Jetzt, da Sie wissen, dass Sie für immer den gleichen Körper haben werden, wie wollen Sie Ihr Leben weiterleben? Wollen Sie irgendetwas anders machen?

2) Wollen Sie fortfahren, sich Vorwürfe zu machen über Ihr Aussehen? Vergessen Sie nicht, es ist nicht Ihre Schuld, dass das Gas ausgetreten ist, welches nun jede Veränderung unmöglich macht.

3) Werden Sie einen Weg finden, mit der Situation fertigzuwerden und sie zu tolerieren?

4) Wie können Sie damit sinnvoller umgehen? Was können Sie für sich tun?

5) Wenn Sie sich nicht so viele Sorgen über Ihren Körper machen würden, wohin würden Sie Ihre frei werdende Energie dann lenken?

Dieses Gedankenexperiment soll Ihnen verdeutlichen, dass Ihr Bild über sich selbst mehr Gewicht hat als Ihr effektives Aussehen. Ist Ihnen schon einmal aufgefallen, dass Sie innerhalb einer Woche, innerhalb von Tagen oder sogar am gleichen Tag unterschiedliche Meinungen zu Ihrem Körper haben? Und das trotz gleichbleibenden Gewichts? Unter der Prämisse, dass Sie keine Crash-Diät durchführen, behält der Körper mehr oder weniger immer das gleiche Gewicht bei und dennoch beurteilen wir ihn anders. Hier ist wichtig zu verstehen, dass unser Glück nicht davon abhängig ist, wie wir aussehen, also wie schwer oder leicht wir sind, sondern in welchem Bewusstseinszustand wir die Welt betrachten.

Das war der erste kleine Appell an Ihr Bewusstsein. Gelegentlich werde ich Sie im Verlauf des Buches wieder darauf hinweisen, um Ihnen im optimalen Fall eine neue Art zu «sehen» mitzugeben. Beobachten Sie sich selbst auch im Alltag. Sie können nur gewinnen. Weiter geht's.

## 2.2    Echte von unechten Emotionen Unterscheiden lernen

Die Tiefe der menschlichen Psyche ist nicht ansatzweise zu begreifen und darum sollten wir vorerst unserem Gehirn die von ihm benötigten Nährstoffe bereitstellen, damit er diese in seiner natürlichen Weise verstoffwechselt. Damit erreichen wir eine Differenzierung von «echten» und «unechten» Emotionen. Wut, Trauer, Glück oder Ähnliches gibt es immer in einer echten sowie unechten Version. Selbstverständlich ist jedes Gefühl echt, jedoch bezieht sich diese Begrifflichkeit auf die Entstehung.

**Zum Beispiel**: Es gibt zwei Personen, welche beide gleichermassen Trauer verspüren. Bei Klient Nummer 1 gilt als Auslöser ein Trauma in der Vergangenheit (echte Emotion) und bei Nummer 2 liegt es an dem unzureichenden Nährstoffhaushalt (unechte Emotion). Mischformen der beiden Ausprägungen sind jedoch die Regel.

Die Emotionen, welche auf Nährstoffmangel oder eine Hormon-Heterostase (Ungleichgewicht) zurückzuführen sind, sind demnach unecht. Wir alle kennen die klassische Unterzuckerung im Alltag und erleben als Resultat die zu erwartende Angespanntheit, Unkonzentriertheit oder die reduzierte Affektregulierung. Das ist ein sehr bekanntes Phänomen, das sich nicht nur im Blutzuckerspiegel widerspiegelt, sondern auch in unserem Wohlbefinden.

Unsere Zufriedenheit oder unser Glück sind generell keine Konstanten, sie weisen eher eine hohe Variabilität auf. Woher kommt das? Die Vergangenheit ist geschrieben. Die genetische Prädisposition ist festgelegt. Dennoch verändern wir von Situation zu Situation unser Bewusstsein sowie unsere Bedeutung, welche wir der Welt auferlegen. Sind es äussere Einflüsse, welche unsere Bedeutungsgebung bestimmen, oder entscheiden wir uns selbst, welche Bedeutung wir zulassen und welche nicht?

Durch die Mechanismen der Epigenetik besteht die Möglichkeit, die DNA-Stränge sowie eine Kaskade von Enzymen zu aktivieren oder zu deaktivieren. Das heisst, die Zellen sind nach der genetischen Blaupause, welche von den Eltern mitgegeben wurde, immer noch adaptiv (über Umwelt, Emotionen, Gedanken), sodass die Möglichkeit zur Veränderung gegeben ist. Diese lohnenswerte Option kann aber nicht bewusst eingesetzt werden, wenn das Leben den Menschen lebt und der

Mensch das Leben nicht im vollsten Bewusstsein wahrnimmt. Dem Ganzen unterliegt auch ein biologischer Rhythmus, der eine deutliche Auswirkung auf das Bewusstsein hat. Der Mensch hat einen freien Willen, welcher bei jeder Entscheidung dahingehend zum Tragen kommt, dass entschieden werden kann, ob das Leben in eine positive oder negative Richtung gesteuert wird. Hierzu gehört auch die Wahl, ob gesunde, nährstoffreiche Lebensmittel konsumiert werden oder Produkte, welche dem diametral entgegengesetzt sind. Der erste Schritt ist, sich selbst wieder ans Steuerrad zu setzen und zu entscheiden, wo es langgehen soll. Der jetzige ewige Moment ist der einzige, den Sie haben.

Im Alltag sieht es aber dann doch meistens ein wenig anders aus und es wird einem von der Umwelt auferlegten Plan gefolgt. Durch dieses Verhalten verharrt das Bewusstsein von Situation zu Situation im gleichen Zustand. Die Bedeutung, welche der Welt auferlegt wird, bleibt starr und birgt kein Potenzial zur Entfaltung.

**Sind es äussere Einflüsse oder entscheidet der Mensch, welche Gefühle er zulässt?**

Um die Gefühlswelt zu decodieren und einen hohen Grad an Bewusstsein zu erlangen, bedarf es auch dementsprechender Ressourcen in Form von Nährstoffen. Wenn diese nicht vorhanden sind, hat der Mensch wenig bis kein Affekt-Regulierungspotenzial und ist von externen Faktoren beeinflussbar. Das Ergebnis ist, dass die Keime für unechte Emotionen gedeihen und dass auf die Umwelt reagiert wird, anstatt in der Welt zu agieren. Sie sind dann sozusagen der Ball in einem Flipperautomaten. Ich weiss, niemand möchte bewusst in dieser Lage stecken, aber wieso ist das dann bei so vielen Menschen der Fall? Wir haben uns schon so verstrickt in unsere Gefühle und Gedanken. Wir brauchen einen Befreiungsschlag.

**Wir sind nicht das Gefühl, sondern die Instanz, die das Gefühl registriert.**

## 2.3 Die klare Differenzierung von echten und unechten Emotionen

Wenn es um Liebe oder Hass, Freude oder Trauer, Apathie oder Energie etc. geht, handelt es sich immer um zwei Gefühle der gleichen Mess-Skala. Liebe und Hass sind die gleiche Emotion in unterschiedlicher Ausprägung. Jetzt gilt es herauszufinden, ob die Emotionen echt sind oder nicht. Ihre gesundheitliche Autonomie ist enorm wichtig, gehen Sie also nicht direkt zu einem Experten auf dem jeweiligen Gebiet, sondern lösen Sie Ihre Probleme, so gut es geht, allein. Bei jedem Gang zu einem Spezialisten geben Sie dieser Person mehr Macht über Ihre Gesundheit. Im Gegenzug sinkt Ihre Selbstwirksamkeit, sodass Ihnen Ihre Zügel des Lebens immer mehr aus den Händen gleiten. Lassen Sie es nicht so weit kommen. Ihr Körper besitzt alle benötigten Fähigkeiten, um sich zu heilen. Glauben Sie an ihn und Ihren Geist. Beobachten Sie sich über einen längeren Zeitraum und seien Sie absolut ehrlich zu sich selbst. Sie können nur davon profitieren, auch wenn es zu Beginn womöglich schwer sein kann, in den eigenen Spiegel zu schauen. Lassen Sie regelmässig Ihre Blutwerte in einem Walk-in-Labor testen. Hier werden die Grundpfeiler Ihrer Gesundheit abgesteckt. Die wichtigsten Werte, die Sie benötigen, um eine erste Unterscheidung zwischen echten und unechten Emotionen zu treffen, sind folgende

Für den Mann:

- DHEA (Dehydroepiandrosteron-Sulfat)
- FSH (Follitropin)
- Estradiol (E2)
- freies Testosteron
- Testosteron total
- LH (Lutropin)
- Prolactin
- SHBG (Sexualhormonbindendes Globulin)
- Gesamtcholesterin

# Gesundheitsschlüssel: Ernährung

Für die Frau:

- Androstendion (A2)
- Estradiol (E2)
- FSH (Follitropin)
- Prolactin
- SHBG (sexualhormonbindendes Globulin)
- Gesamtcholesterin

Weitere allgemeine Messungen, welche sinnvoll sind:

- Magnesium
- Eisen (freies Eisen) und Ferritin (Eisenspeicher)
- Kalium
- Natrium
- Schilddrüse T3, T4 und TSH
- CRP-Entzündungswert (C-reaktives Protein)
- Holotranscobalamin (aktives Vitamin B12)
- Vitamin D (25-OH) (Calcidiol)

Dies sind die gängigsten hormonellen / Nährstoff-Parameter, um unechten Emotionen herauskristallisieren zu können. Wenn Sie die Möglichkeit haben, lassen Sie alle Werte analysieren. Falls es zu viele Werte auf einmal sind, fragen Sie sich vorerst, wie es bei Ihnen in einer von einem Labor vorgefertigten Hormon-Blockanalyse aussieht. Gibt es irgendwelche Auffälligkeiten? Wenn nein, dann lassen Sie vorweg nur die unterste Auflistung messen. Auf dem Dokument, das Ihnen zugeschickt wird, sehen Sie Ihren Wert sowie Ihre Position im Rahmen der evidenzbasierten Werte. Anhand von diesen Richtlinien erfahren Sie, wie weit und ob Sie ausserhalb der Norm liegen. Damit haben Sie einen möglichen Indikator, weshalb es Ihnen aktuell noch schlecht geht. Wenn Sie sich plus/minus innerhalb der Werte wiederfinden und immer noch ein Leiden haben, versuchen Sie sich an den geschlechtsspezifischen Messungen. Diese Werte haben weitaus grössere

Auswirkungen auf die menschliche Biologie. Ein Intervall von drei bis sechs Monaten ist bei einer Ernährungsumstellung angebracht.

Es sind jedoch nicht nur die Hormone oder Nährstoffe, die eine Wirkung auf den Körper haben, sondern auch die Neurotransmitter in unserem Gehirn. Mehr dazu im nächsten Kapitel.

## 2.4 Die substanziellen Enzyme der Realitätswahrnehmung

Wir haben etliche unterschiedliche ineinandergreifende Enzym-Reaktionen in unserem Körper, welche durch permanente Rückkoppelung arbeiten. Wenn Sie nur ansatzweise erahnen, wie viele Reaktionen in Ihrem Körper zu jeder Sekunde stattfinden, werden Sie Ihren Körper als wahres Wunder ansehen. Um im Kontext zu bleiben, sind hier nur die wichtigsten zu erwähnen: die MAO (Monoaminooxidase) sowie die COMT (Catechol-O-Methyltransferase). Bei diesen Enzymen kommt der Genetik in Bezug auf die Abbaugeschwindigkeit eine bedeutsame Rolle zu. Jedes menschliche Gehirn ist sehr genau auf die eigene DNA eingestimmt und innerviert etliche Regelkreise, die immerfort Signale senden und erhalten. Allerdings schafft es die Wissenschaft bei diesem Punkt nicht, zu einem eindeutigen Ergebnis bezüglich dessen zu kommen, ob unsere Gene zu 0 %, zu 25 % oder zu 50 % determiniert sind oder ob doch die Epigenetik einen viel grösseren Stellenwert hat als anhin gedacht. Im schlimmsten Fall haben Sie immer noch fünfzig Prozent Restentwicklungsfreiheit. Nutzen Sie das.

Die Monoaminooxidase und die Catechol-O-Methyltransferase sind die massgeblichen Enzyme beim Abbau von aktivierenden Neurotransmittern wie Serotonin und die Katecholamine (Noradrenalin, Adrenalin, Dopamin). Aufgrund geringfügiger genetischer Veränderungen kann die Abbaugeschwindigkeit individuell sehr unterschiedlich sein. Grundsätzlich gilt, dass es in der Wissenschaft 3 Grundformen gibt:

# Gesundheitsschlüssel: Ernährung

- Slow-COMT/MAO = langsamer Abbau
- High-COMT/MAO = schneller Abbau
- Intermediate-COMT/MAO = mittelschneller Abbau.

Wie oben erwähnt baut jeder Körper, basierend auf seiner genetischen Prädisposition, Neurotransmitter unterschiedlich schnell ab. Dies führt wiederum unter anderem dazu, dass jeder Mensch ein anderes Weltbild hat, den Alltag individuell bewältigt und auf Stresssituationen spezifisch reagiert. Hinzu kommen Umweltfaktoren und die einzigartige Biografie, die jeder aufweist. Alle diese Merkmale resultieren in subjektiven Handlungen. Von aussen betrachtet wirkt die Handlung womöglich unsinnig, aber die Intention der Person war wohlgewählt, ob auf bewusste oder unbewusste Weise. Wie können wir überhaupt irgendetwas über die Verhaltensweisen von anderen Menschen sagen, wenn es so unglaublich viele Einflussfaktoren gibt?! Leben und leben lassen, heisst das Motto.

Kommen wir nun zum langsamen Abbau der Katecholamine, also dem Slow-COMT. Ein langsamer Abbau bedeutet, dass im synaptischen Spalt der jeweilige Neurotransmitter länger bestehen bleibt. In den guten Phasen des Lebens schwingen diese Menschen wie ein Pendel im Flow des Lebens mit. Ein eher positives Weltbild herrscht vor. Sie sind sozial, freundlich und glücklich. Hinzu kommt, dass die Betroffenen durch die hohe Konzentration an Dopamin tendenziell kreativer sind.

In den schwierigeren Phasen kommt es unter dieser genetischen Ausprägung eher zu einer inneren Unruhe, zu Angstgefühlen, einem Gedankenkarussell oder Panikattacken. Das innervierte gesunde Soziale, welches normalerweise an den Tag gelegt wird, geht auf in grossen Sorgen über sich selbst und auch über andere Menschen. Wenn Sie sich jetzt fragen, ob Sie zu dieser Gruppe gehören, könnte Ausdauersport ein Hinweis darauf sein. Wenn Sie nach einem klassischen Cardio-Training von 115 bis 125/130 Herzschlägen pro Minute ca. eine halbe Stunde arbeiten und sich danach durchaus wohl und immens entspannter fühlen als in Ihrem normalen Alltagszustand, könnte es sein, dass Sie ein Slow-COMTer sind.

# Gesundheitsschlüssel: Ernährung

Generell wird durch Sport das Gehirn auf eine normale Funktionalität herunterreguliert, aber hier sticht das Herzkreislauf-Training unter diesen Umständen besonders aus.

Das Pendant des Slow-COMTers ist der High-COMTer. Die Katecholamine werden im Gehirn schnell abgebaut. Das Resultat sind eher kühlere Menschen, welche sich weniger auf Gefühle stützen als auf ihren Verstand. Sie sind logischer veranlagt und steuern im Leben bei stürmischen Zeiten das Schiff sicherer durch diese Phasen. Der Vorteil dieser Gattung Mensch ist, dass sie Adrenalin und Noradrenalin dementsprechend auch schneller abbauen und dadurch weniger Stress im Körper übrigbleibt. Wenn gesunde soziale sowie emotionale Konstellationen vorherrschen, darf hier erwähnt werden, dass diese Art Menschen eher als Fels in der Brandung wahrgenommen wird und nicht als Fähnchen im Wind. Die Kehrseite der Medaille ist ein Nicht-Spüren des eigenen wahrhaftigen Energielevels; das Vorhandensein einer fast immerzu treibenden intrinsischen Motivation, welche in verschiedenen Lebensbereichen sehr erfolgreich machen kann, führt zu der Gefahr, über das Ziel hinauszuschiessen und in einem Burnout zu enden.

Wir kommen zum Slow-MAO-Typus (Monoaminooxidase). Betroffene Personen zeichnet eine hohe Fluidität in den Gedanken sowie im Geist aus. Durch dies sind sie in der Regel mit einem höheren Intelligenzquotienten ausgestattet. Je nach Konditionierung gesellt sich noch Kreativität dazu. Mit dieser Ausprägung ist das heutige Leben einiges schwerer zu meistern als das unserer Vorfahren. Es resultiert schnell in einer sinnlichen Überreizung, weil diese Person umfangreicher und stärker wahrnimmt. Wenn dieser Schlag Menschen keine Ressourcen besitzt, um sich selbst vor den einprasselnden Reizen zu schützen, werden sie als eher impulsiv, reizbar sowie launisch wahrgenommen.

Zu guter Letzt kommen wir zum High-MAO-Typen, der von einem schnellen Abbau von Serotonin gekennzeichnet ist. Diese Menschen sind in der Regel die Ruhe selbst und daher im zwischenmenschlichen Kontext sehr umgänglich. Durch die High-MAO-Ausprägung sind es bedächtige Menschen, welche nicht einfach drauflos reden, sondern eher zuhören und sich Zeit nehmen um sich zuerst Gedanken darüber machen, bevor sie etwas sagen. Hinzu kommt, dass sie durch das nicht genügend vorhandene Serotonin eher zu depressiven Verstimmungen bis hin zu Depressionen neigen.

Nachdem wir uns nun die verschiedenen Ausprägungen von COMT und MAO angeschaut haben, ist es wichtig, noch tiefer in die praktischen Implikationen dieser genetischen Unterschiede einzutauchen. Die Art und Weise, wie wir auf unsere Neurotransmitter reagieren, beeinflusst nicht nur unsere Stimmung und Denkweise, sondern auch unsere Fähigkeit, mit Stress umzugehen und unser allgemeines Wohlbefinden zu erhalten.

## PRAKTISCHE STRATEGIEN FÜR SLOW COMT-TYPEN

Für Menschen mit langsamem COMT-Abbau ist es essenziell, regelmässige Ruhephasen in den Alltag zu integrieren. Entspannungstechniken wie Yoga oder Meditation sind der Schlüssel, um die innere Unruhe zu mindern und ein Gleichgewicht zu finden. Auch kreative Tätigkeiten wie Malen, Schreiben oder Musizieren sind wertvolle Möglichkeiten, die überschüssige mentale Energie in produktive Bahnen zu lenken. Es ist entscheidend, ein Umfeld zu schaffen, das positiven sozialen Austausch fördert. So werden die sozialen und freundlichen Tendenzen unterstützt und die Angstgefühle reduziert.

## PRAKTISCHE STRATEGIEN FÜR HIGH COMT-TYPEN

Für die schnellen COMT-Typen ist es ratsam, strukturierte und logische Ansätze in den Alltag zu integrieren. Organisation und Planung helfen, den Überblick zu behalten und Stress zu minimieren. Sie sollten sich bewusst Zeit für emotionale Reflexion nehmen, um einem Burnout vorzubeugen. Ausgewogene körperliche Aktivität, insbesondere Sportarten, die Körper und Geist gleichermassen fordern, wie beispielsweise Klettern oder Kampfsport, sind hier das Mittel der Wahl.

## PRAKTISCHE STRATEGIEN FÜR SLOW MAO-TYPEN

Menschen mit langsamer MAO-Aktivität profitieren von einer Umgebung, die ihre Kreativität und Intelligenz fördert. Dies kann durch stimulierende Gespräche, anspruchsvolle Projekte und die ständige Suche nach neuen Herausforderungen erreicht werden. Gleichzeitig sollten sie darauf achten, sich gewohnheitsmässig Zeit für Ruhe und Erholung zu nehmen, um einer Überreizung vorzubeugen. Techniken wie Achtsamkeit und sensorische Abschirmung helfen ihnen, die Vielzahl an Reizen zu managen und die Impulsivität zu kontrollieren.

## PRAKTISCHE STRATEGIEN FÜR HIGH MAO-TYPEN

Für schnelle MAO-Typen ist es wichtig, ein Gleichgewicht zwischen Aktivität und Erholung zu finden. Obwohl sie oft die Ruhe selbst sind, sollten sie auf Warnsignale für depressive Verstimmungen achten und aktiv dagegen ansteuern. Dies kann durch positive soziale Interaktionen, moderate Bewegung und eventuell professionelle Unterstützung geschehen. Ihre bedächtige Natur kann genutzt werden, um in kritischen Situationen Ruhe zu bewahren und anderen als stabilisierende Kraft zu dienen.

### Übergreifende Tipps

Unabhängig von Ihrer genetischen Prädisposition ist es von entscheidender Bedeutung, ein tiefes Verständnis für Ihre eigenen Bedürfnisse und Grenzen zu entwickeln. Es ist ratsam, auf den eigenen Körper und Geist zu hören und die täglichen Routinen dementsprechend anzupassen. Eine ausgewogene Ernährung, ausreichender Schlaf und die Pflege sozialer Beziehungen sind essenziell. Zudem ist es empfehlenswert herauszufinden, welche Aktivitäten und Menschen einem Energie geben und welche eher erschöpfen. Selektieren Sie weise. So ist es Ihnen möglich, Ihre Ressourcen optimal zu nutzen und ein erfülltes Leben zu führen.

Es sei darauf hingewiesen, dass eine genetische Prädisposition keine endgültigen Urteile und nicht einmal ein absolutes Axiom darstellt, wie ich im Buch schon erklärt habe. Sie bieten lediglich eine Grundlage, auf der Sie aufbauen können, um

# Gesundheitsschlüssel: Ernährung

Ihre eigene Balance zu finden und ein erfülltes Leben zu führen. Nutzen Sie die in diesem Buch vorgeschlagenen Tipps und Informationen, um Ihren einzigartigen Weg zu einem gesunden und zufriedenen Leben zu gestalten. Die Fähigkeit, die eigene Lebensgeschichte zu gestalten und die Lebensqualität zu verbessern, ist jedem Individuum innewohnend. Eine Selbstanalyse kann Aufschluss darüber geben, in welchem Kontext sich eine Person verortet. Dabei ist zu berücksichtigen, dass sich die Ausprägungen der genannten Faktoren in unterschiedlichen Kombinationen manifestieren. Östrogen wirkt sich zudem hemmend auf die Bildung von MAO sowie COMT aus, was dazu führt, dass Frauen aufgrund von Schwankungen innerhalb des Zyklus verstärkt betroffen sind. Es kann festgehalten werden, dass Menschen, insbesondere Frauen, die sich an den äusseren Grenzen des Spektrums befinden, hochgradig anfällig für Angstzustände, Depressionen und jegliche psychische Dysbalance sind. Auch hier gilt es das eigene Schicksal anzunehmen, wie es ist. Was sollten Sie sonst machen? Versuchen Sie, die in diesem Buch vorgeschlagenen Tipps und Informationen anzuwenden, um ein besseres Lebensgefühl zu erhalten. Es ist von entscheidender Bedeutung, dass Sie erkennen, welche Faktoren Ihnen Kraft schenken und Ihnen als Ressource dienen. In Ihrem Leben geht es ausschliesslich um Sie selbst. Achten Sie auf sich.

Unsere Gesellschaft ist von Burnouts und Depressionen gekennzeichnet. Das heisst, wir benötigen eine gesunde, antreibende Kraft und eine erhöhte Resilienz. Es geht nicht darum, im oberen roten Bereich noch mehr zu leisten, sondern um das Generieren einer gesunden Homöostase innerhalb unseres biologischen Systems. Weil unsere Psyche sehr anpassungsfähig ist, befinden wir uns in einem ständigen Assimilierungsprozess. Das heisst, wir wissen gar nicht mehr, was ganzheitliche Gesundheit eigentlich bedeutet, weil wir uns so sehr an unseren Status quo gewöhnt haben. Plötzliche Schwindelanfälle, Herzrasen, Panikattacken, permanente innere Unruhe, Abgeschlagenheit, Energielosigkeit oder Depression gehören effektiv nicht zu einem gesunden Leben dazu. Über multifaktorielle kardiovaskuläre Störungen wie Bluthochdruck, Herzrhythmusstörungen, Arteriosklerose bis hin zu Schlaganfällen und einer komplett aus dem Lot gekommenen Herzfrequenzvariabilität möchte ich erst gar nicht schreiben. Sie sind offensichtlich nicht gesund. Versuchen Sie, im Leben nicht einfach irgendwie durchzukommen und zu «überleben», sondern holen Sie das Beste aus sich heraus. Ein Schritt zurück, zwei vorwärts. Sie sind es wert. Stress kann all das oben Genannte erzeugen und verstärken. Mein Ziel ist es, Ihnen durch dieses vorliegende Buch ein besseres Verständnis für den Umgang mit Stress zu ermöglichen. In jedem Kontext sind Anspannung sowie Entspannung in einem mehr oder weniger gleichmässigen Takt die Zauberworte. Sie sollten grundsätzlich einen eher niedrigeren Puls ansteuern, damit Ihr Herz weniger arbeiten muss. Stellen Sie sich mal vor, man würde Sie kopieren. Jetzt lebt die Kopie mit einer Herzfrequenz von, sagen wir, sportlichen 60 Schlägen pro Minute im Ruhepuls. Ausgehend von einer Woche wären das in der Summe 604'800 Schläge. Das Original, also Sie, hat hingegen einen Ruhepuls von 100 Schlägen pro Minute. Daraus ergibt sich eine Summe von 1'008'000 Schlägen nach einer Woche. Schon nach nur einer Woche stellt sich der Abstand als signifikant heraus. Wie sieht es wohl nach einem Monat, einem Jahr oder gar nach einem ganzen Leben von ca. achtzig Jahren aus? Was ich hier aufzeigen möchte, basiert auf der existenziellen Notwendigkeit, sich zu bewegen und zu entspannen, damit das Herz zur Ruhe kommen kann. Das Herz hat irgendwann seinen ersten Schlag und irgendwann den letzten getan. Wenn Sie nicht auf diese Kostbarkeit achten, ist es eines Tages müde von Ihrem anstrengenden Leben und gibt seine Arbeit auf. Leider oder vielleicht zum Glück sind wir Menschen ziemlich solide, was unseren Körper angeht. Wir können zum Beispiel mit Adipositas bei einem BMI-Wert, der bei über 35 liegt, noch immer diese Belastung verkraften und sterben im Schnitt «nur» zehn Jahre früher. Nach diesem Fakt wären dann anstatt der durchschnittlichen achtzig Jahre nur noch siebzig übrig. Wenn wir davon ausgehen, dass man fünfzig Jahre mit diesem Körper gelebt hat, finde ich das eine beachtliche Leistung unseres Körpers. Oder Personen, die ihr ganzes Leben lang geraucht haben und trotzdem älter werden als gewisse Menschen, die dies nicht taten, zeigen für mich deutlich auf, wie widerstandsfähig der Körper sein kann. Daher sagte ich oben «leider». Durch diese Widerstandkraft sehen sich die meisten nicht allzu stark dazu gezwungen, etwas aktiv zu ändern. Oder sie denken sich: «Jaja, wird schon irgendwie funktionieren.» Aber ich weiss, Sie sind anders. Disziplinierter. Zielstrebiger. Geduldiger. Aber nun weiter im Text.

Unser Gehirn besteht, grob gesagt, aus drei Teilen. Der jüngste Teil ist die Grosshirnrinde, welche uns klar von den Tieren unterscheidet. Intellekt, Kreativität und Intelligenz sind hier verankert. Danach folgt der mittlere Teil, das limbische System oder auch Säugetiergehirn. Wie der Name schon sagt, sind wir in diesem Bereich auf der Entwicklungsstufe eines klassischen Säugetiers. Fähigkeiten und Funktionen wie das Gedächtnis, das Lernen, der Antrieb, die Nahrungsaufnahme, die Verdauung, Emotionen und der Selbsterhaltungstrieb sind hier lokalisiert. Der biologisch älteste Teil ist der Hirnstamm. In diesem Teil sind wir unseren Reptilienbewohnern gleich. Die Gehirnsektoren sind selbstverständlich nicht mit riesigen Wänden getrennt, damit jeder für sich arbeiten kann, sondern es entstehen zu jedem Moment etliche Kommunikationsknotenpunkte innerhalb der verschiedenen Abteilungen.

Sobald wir aber gestresst sind, schaltet unser Gehirn automatisch in primitivere Areale wie den Hirnstamm zurück. Kampf, Flucht oder das Einfrieren (absolute Blockade) sind hier die einzigen Tools, welche angewendet werden können. Dies entspricht nicht wirklich einem umfangreichen Repertoire. Evolutionsbiologisch haben alle Schnellwarnsysteme ihre Daseinsberechtigung, jedoch sind wir definitiv weiter als das – die meisten von uns zumindest. Da Sie dieses Buch in der Hand halten und sich dieses Wissen einverleiben, gehören Sie zu der gewinnenden Seite. Der erste Schritt ist immer die Information, danach kommt der zweite Schritt mit deren Integration in den Alltag.

An dieser Stelle möchte ich Ihnen einen kurzen, aber bitte nicht zu unterschätzenden Technik für den Umgang mit Ihrem Gehirn mitgeben. Bei immerzu achtsamer Konzentration auf die im Folgenden erklärten Zonen werden Sie mehr Glück, Freude und inneren Frieden verspüren. Diese Gefühlseigenschaften stehen diametral dem Reptiliengehirn gegenüber. Je mehr Sie den Fokus darauf legen, desto mehr kultivieren Sie eine innere Ruhe. Es geht um Ihre beiden Amygdalae. Die Amygdala, auch Mandelkern genannt, gibt es auf der rechten und linken Gehirnhälfte und ist jeweils ca. drei Zentimeter hinter der Schläfe lokalisiert. Unter psychischer sowie physischer Belastung wird eine erhöhte Aktivität in den Mandelkernen beobachtet, einem Teil des Gehirns, der für die Verarbeitung von Gefühlen, allen voran, Angst und Stress zuständig ist. Gleichzeitig wird eine reduzierte Aktivität im präfrontalen Kortex beobachtet, einem Teil des Gehirns, der für die Regulierung von Emotionen und die Entscheidungsfindung zuständig ist. Man sieht gewissermassen schwarz/rot.

*Also, wie funktioniert es nun?*

Gehen Sie zuallererst zu Ihrer Schläfe und tauchen dann ca. drei Zentimeter in ihr Gehirn ein. Relativ schnell werden Sie etwas wahrnehmen. Vielleicht ist es am Anfang noch diffus oder fragmentiert, aber irgendetwas ist spürbar. Bleiben Sie bei dieser Empfindung. Falls Sie noch nie eine Wahrnehmungsübung absolviert haben, wissen Sie womöglich nicht, ob es richtig ist, was Sie spüren oder machen. Haben Sie keine Sorge. Es geht nur darum, etwas in diesem Bereich wahrzunehmen. Allenfalls spüren Sie ein Ziehen, einen Druck oder ein Pochen. Bleiben Sie eine Weile bei dieser Empfindung, damit Sie beim nächsten Mal eine Referenz haben, um anzudocken. Jetzt gehen Sie von diesem Punkt aus zu Ihrem linken präfrontalen Cortex. Dieser für Ihre Persönlichkeit interessante Teil liegt direkt hinter Ihrer linken Stirnseite. Versuchen Sie eine Verbindung aufzubauen. Das Ziel ist, dass Sie Ihre linke Stirnseite, auch Stirnlappen genannt, besser durchbluten. Hier ergibt sich eine positive Rückkoppelung. Ihrem Gehirn wird signalisiert, dass diese Zone mehr genutzt wird, und dementsprechend wird deren Wichtigkeitsgrad in Ihrem System erhöht. Dies wiederum führt dazu, dass mehr autonome Aufmerksamkeit auf dieses Gebiet gerichtet wird und Sie noch mehr von den oben aufgezählten positiven Effekten profitieren dürfen. Es gibt einen eklatanten Unterschied zwischen dem linken Stirnlappen und dem rechten Stirnlappen. Einfach heruntergebrochen, ist der rechte Lappen eher für destruktive sowie düstere Gedanken zuständig.[1] Wir wagen zu behaupten, dass wir uns ziemlich gut kennen und wissen, wie es uns in der Vergangenheit mit all unseren Gefühlen und Gedanken ging. Jedoch ist bewiesen, dass unser Gehirn uns phänomenale Geschichten über uns selbst erzählen kann, damit sie auch in unser eigenes konstruiertes Weltbild passt. Gedanke sowie Gefühle können trügen. Daher möchte ich Ihnen an dieser Stelle eine weitere Empfehlung aussprechen. Erstellen Sie mit Excel, Word oder einfach von Hand eine Tabelle mit vier Spalten. Chronologisch nach Tageszeit sollten sie in dieser Reihenfolge angeordnet werden: nach dem Aufstehen, Mittag, nach der Arbeit sowie vor dem Schlafengehen. In die Zeilen schreiben Sie jeweils Ihr momentanes Wohlbefinden mit Werten auf einer Skala von 1–10 auf, dazu ergänzen Sie ein paar kurze Zeilen, in denen Sie notieren, wie Sie sich fühlen. Durch die Arbeit mit Ihrem präfrontalen Cortex und dieser Tabelle als Diagnoseutensil werden Sie eine deutliche Verbesserung Ihres allgemeinen Wohlbefindens erwerben und auch langfristig behalten können. Durch das Aufschreiben hat Ihr Gehirn keine Möglichkeit mehr, Sie auszutricksen. Sie haben alle Daten schwarz auf weiss vor sich. Hinzu kommt: Je öfter und länger Sie Ihre Achtsamkeit auf den linken Stirnlappen legen, desto schnell werden Sie Ihren verdienten inneren Frieden finden.

Aber kommen wir zu unserem alten angelegten biologischen Verhaltensmuster zurück. Die Kampf-Flucht-Freeze-Reaktionen auf externe Gegebenheiten sind so tief in unserem unbewussten Verhalten verankert, dass wir nur noch begrenzt eingreifen können, sobald eine gewisse Schwelle überschritten ist. Durch anhaltenden Stress (dabei zählt immer die subjektive Wahrnehmung dessen) werden über den Allostase-Adaptionsprozess die Weichen für einen negativen Feedbackkreislauf gestellt. Damit werden falsche synaptische Kommunikationsbrücken etabliert, welche nach einem induzierten Erleben langfristig zu inadäquatem Verhalten führen. Auf eine unvermittelt auftretende Situation reagieren Sie übermässig heftig,

---

[1] Um Ihnen eine Vorstellung von den Auswirkungen einer Beschädigung des linken Stirnlappens zu vermitteln, sei an dieser Stelle auf den Fall von Phineas Gage verwiesen.

obwohl es nüchtern betrachtet keinen Grund dafür gibt. Dies kennen wir wohl alle. Auslösende Situationen im Strassenverkehr oder im Rahmen von sozialen Auseinandersetzungen gibt es zur Genüge. Die Wichtigkeit einer gesunden Gehirn-Neurotransmitter-Homöostase ist markant. Neben unseren Hormonen, allen voran Östrogen sowie Testosteron, welche Sie hoffentlich schon reguliert haben, wenn Sie diese Zeilen lesen, sind die Neurotransmitter die omnipotenten Taktgeber.

Sobald Sie sich selbst eine grundlegende positive Verhaltensstruktur aufgebaut haben, möchte ich Ihnen im Folgenden erläutern, wie Sie einen gesunden Neurotransmitter-Haushalt, basierend auf der vorhergehenden Analyse der Enzym-Typen, in Ihrem Gehirn generieren.

# 3   Die 4 primären Neurotransmitter

Weiter geht es mit dem Eruieren Ihres Neurotransmitter-Pools[3]. Die genaue Anzahl dieser Botenstoffe, welche in unserem Körper vorhanden sind, wird noch erforscht. Ich möchte nur die vier wichtigsten erwähnen, damit Sie direkt damit arbeiten können. Die bekanntesten sind Serotonin und die Katecholamine (Dopamin, Noradrenalin, Adrenalin). GABA sowie Acetylcholin sind hingegen weniger bekannt, aber nichtsdestotrotz genauso wichtig. Unsere Neurotransmitter werden von einer Vielzahl von Faktoren beeinflusst, darunter Wahrnehmungen, Emotionen, Gedanken und körperliche Aktivität. Eine unausgewogene Ernährung, Elektrosmog, Erkrankungen, Toxine, Erreger sowie zusätzlich traumatische oder negative Erfahrungen können dazu führen, dass sie sich weiter abbauen. Stress in der Partnerschaft wirkt sich auf alle Neurotransmitter gleichermassen aus und kann zu einer allgemeinen Vertiefung der negativen Konsequenzen führen. Je negativer die Gefühle sind, desto mehr identifiziert sich der Geist mit ihnen und lässt sich von dem Sog hinunterziehen. Die Möglichkeiten, dem entgegenzuwirken, sind allgegenwärtig. Hierfür wird eine ausreichende Zufuhr von Baustoffen für die Neurotransmitter benötigt. Wenn dies zu jederzeit gewährleistet ist, kann die Spreu vom Weizen getrennt werden, also die unechten von den echten Emotionen. Die Ernährung ist ein grundlegender Parameter. Nicht nur für den Körper, sondern auch für die Psyche. Die Signifikanz, die ein Lebensmittel für die Gehirnchemie haben kann, ist enorm. Die Scheinwerfer der Mainstream-Medien dürfen dieses Potenzial gerne tiefer beleuchten, damit an der Wurzel (Ursache/gesunde Ernährung) begonnen wird und nicht bei einem Ast (Symptom). Literatur, Studien sowie Wissen ist zur Genüge vorhanden. Daher birgt dieser fruchtbare Boden ein enormes Entfaltungspotenzial in der Gesellschaft, wenn ihm hierzu mehr Raum gegeben wird. Als Introduktion starten wir mit dem bekanntesten Neurotransmitter.

# Die 4 primären Neurotransmitter

## 3.1  Serotonin

Serotonin wird auch das Glückshormon genannt. Über 95 % des Botenstoffes werden in den Zellen des Magen-Darm-Traktes hergestellt, der Rest im Gehirn. Weil Serotonin im Blutkreislauf die Blut-Hirn-Schranke normalerweise nicht passieren kann, ergeben zwei unabhängige Entstehungsorte Sinn.

Das Serotonin, welches im Magen-Darm-Trakt hergestellt wird, ist eher für körperliche Funktionen zuständig. Der Blutdruck, die Blutgerinnung, die Darmperistaltik und das Herz-Kreislauf-System gehören unter anderem zu seinen Aufgabengebieten. Was uns aber mehr interessiert, ist die Produktion in unserem Gehirn. An dieser Quelle wird unsere psychische Verfassung gemessen. Besitzen wir einen Mangel an den Kofaktoren (Vitamin B3, B6, Magnesium, Zink) und/oder Baustoffen (L-Tryptophan/5-HTP), um die Synthese des Serotonins voranzutreiben, besteht die Möglichkeit, dass wir folgende Symptome erleiden:

- Depressionen und Angstzustände
- aggressive Verstimmung
- chronische Muskelschmerzen
- innere Unruhe und Verspannung
- Probleme der Gedächtnisleistung
- Migräne und chronische Kopfschmerzen
- Störung des Sättigungsgefühls
- Schlafstörungen (Ein- und Durchschlafstörungen)[4]

Dieser Mangel ist das Ergebnis verschiedener Parameter. Einer davon ist die Ernährung. Mögliche Punkte könnten sein, dass Sie zu wenige Proteine (mindestens 1 g pro Kilogramm Körpergewicht am Tag) und gesunde Fette zuführen oder dass Sie einem regelmässigen Konsum von koffeinhaltigen Getränken oder süssstoffhaltigen Light-Produkten, Nikotin, Zucker und Alkohol nachgehen.

## Die 4 primären Neurotransmitter

Ein grosses und weit verbreitetes Resultat von Nährstoffmangel sind Depressionen. Es ist bekannt, dass bei Depressiven weniger Rezeptoren vorhanden sind, um das Serotonin im Gehirn spürbar zu machen. Genau das Gleiche geschieht nach einer mehrmonatigen Einnahme von Serotonin-Wiederaufnahme-Hemmern (SSRI). Im Folgenden gebe ich einen interessanten Bericht von Prof. Dr. med. Gerhard Gründer wieder, um die getriggerten Mechanismen zu erklären:

«Wie dieses Phänomen entsteht, lässt sich gut anhand von SSRI-Antidepressiva beschreiben. SSRI steht für selective serotonin reuptake inhibitor, zu Deutsch Selektive Serotonin-Wiederaufnahme-Hemmer. Diese Medikamente blockieren den Serotonin-Transporter. Dadurch kann eine Nervenzelle, die den Botenstoff Serotonin ausgeschüttet hat, diesen nicht wieder aufnehmen. Deswegen erhöht sich die Serotonin-Konzentration im synaptischen Spalt, also zwischen zwei Nervenzellen. Durch dieses vermehrte Angebot an Serotonin werden Rezeptoren herunterreguliert, das heißt ihre Zahl und ihre Empfindlichkeit für den Botenstoff nehmen ab. Durch diese Veränderungen auf Rezeptor-Ebene und die nachgeschalteten Prozesse in der Nervenzelle erklärt man sich die antidepressive Wirkung des Medikaments. Wenn man nun das Medikament absetzt, dann wird der Serotonin-Transporter nicht mehr blockiert. Nun kann das Serotonin wieder vermehrt in die ausschüttende Nervenzelle aufgenommen werden. Dadurch sinkt die Serotonin-Konzentration wieder relativ plötzlich. Dabei verändern sich die Rezeptoren nicht sofort, weil diese Prozesse Tage bis Wochen erfordern.»[5]

Wenn hier zu lange mit Medikamenten mitgeholfen wurde, sind auch mögliche irreparable Schädigungen an der adaptiven Funktion des Rezeptors zu erwarten. Es gibt allerdings nicht nur den psychisch gesunden Menschen und den Depressiven. Ein Schwarz-Weiss-Denken ist hier unangebracht. Die psychische Verfassung wird in etliche Farbtöne unterteilt und variiert über Tage bis Wochen. Dies zeigt eine übliche Schwankung an, welche eine relative Konstante im Leben bildet. Auch die Intensität sowie Häufigkeit der Schwankung ist ein persönlicher, auf das eigene Leben abgestimmter Rhythmus. Medikamente wie Serotonin-Wiederaufnahme-Hemmer docken an die Serotonin-Rezeptoren an und verweilen länger im synaptischen Spalt. Durch diese Manipulation wird dem Gehirn ein Signal gesendet, das ein positives Gefühl erzeugt. Es sei darauf hingewiesen, dass zur Erreichung dieses natürlichen Zustandes keine Medikamente erforderlich sind. Stattdessen werden im Verlauf des Buches eine Reihe von gesünderen alternativen Möglichkeiten präsentiert, die das Leben bereichern können.

Des Weiteren werden durch akuten Stress Ihre Gene, welche unzureichend Serotonin produzieren, abends oder im Winter (sobald zu wenig Licht von Ihrer Retina signalisiert wird) oder durch mangelnde Bewegung weiter belastet.

## 3.1.1 Das Wohlfühl-Gen

Es gibt ein Gen, welches massgeblich an der Resilienz, sprich dem adäquaten Umgang mit starken negativen Emotionen, sowie dem Wohlbefinden im Alltag beteiligt ist. Es nennt sich das 5HTTLPR (Serotonin Transporter Promoter Polymorphismus). Durch empirische Wissenschaft konnte ein kausaler Zusammenhang zwischen den unterschiedlichen Allelen des 5HTTLPR und dem Vorkommen von Depressionen und/oder einem fruchtbaren Boden für Angststörungen erkannt werden. Durch die Arbeit von Prof. Dr. Clemens Kirschbaum sowie Prof. Dr. Burkard Brocke konnte nachgewiesen werden, dass es unterschiedliche Länge-Variationen des Gens gibt.[6]

In der Wissenschaftsgrundlage von IE Becker, Kapitel 1.2007, Einführung und Grundlagen, wird das serotonerge System mit einem kurzen Allel (S) und einem langen Allel (L) beschrieben. In seltenen Fällen kommen drei weitere Allele vor.[7] Wie in der Studie von Kirschbaum und Brocke herrscht auch hier die generelle Meinung vor, dass Menschen mit der kurzen Genvariante als vulnerabler und Menschen mit der langen Genvariante als resilienter gelten.

# Die 4 primären Neurotransmitter

Es entzieht sich meinem Erklärungsvermögen, wie ein hochkomplexes Lebewesen wie der Mensch hauptsächlich nur zwei verschiedene Gene diesbezüglich haben kann, welche für die raffiniert konstruierte Psyche zuständig sind. Ein Schwarz-Weiss-Denken ist in diesem Fall, unter der Heranziehung meines aktuellen Informationsparadigmas, dem Sachverhalt nicht angemessen. Daher schliesse ich mich den oben genannten Professoren an und stimme dem Gedankengut zu, dass es unterschiedlich stark ausgeprägte Variationen in einem Spektrum gibt, welche durch Lebenserfahrungen (Epigenetik) geschwächt oder gekräftigt werden. Dem gehen die prägenden Erfahrungen, welche in der Kindheit erlebt wurden, voraus – jedoch ohne Garantie auf Kontinuität.

## 3.1.2 Welche Auswirkung hat der Neurotransmitter Serotonin?

Die Länge des Serotonin-Transporter-Promoter-Polymorphismus-Gens hat weitreichende Folgen. Die Signifikanz richtet sich nach der Länge der Variante:

- Der grösste Speicher von Serotonin im Blut findet sich in den Thrombozyten. Serotonin (5HT) auf den Thrombozyten variiert in ihrer Anzahl unter unterschiedlichen «Allelen». Die DNA kann sich von einem Individuum zum anderen unterscheiden, je nachdem, wo sie sich auf einem Chromosom befindet. Diese unterschiedlichen Varianten eines Gens heissen Allele. Unterschiedliche Allele bewirken oft, dass das entsprechende Merkmal im Phänotyp unterschiedlich ausgeprägt ist. Das zeigt sich auch bei der Wirkung von Antidepressiva. Ein depressiver Klient braucht wahrscheinlich in den ersten Wochen eine höhere Dosis, weil weniger Rezeptoren vorhanden sind. So können die Rezeptoren wieder ihre volle Wirkung entfalten. So die Theorie.

- Im Hirnstamm ist eine geringere Anzahl von 5-Hydroxytryptamin-Transportern (5HTT) aufzufinden beim Vorhandensein einer Depression und im Umkehrschluss bei einem S-Allel.

# Die 4 primären Neurotransmitter

- Die 5HTTLPR-Längenvariation beschreibt die Expressionsfähigkeit von 5HTT. Das heisst, ein kurzer Weg inneviert depressive und ängstliche Persönlichkeitszüge.

- Das 5HTTLPR-Gen regelt den An- und Abtransport von Serotonin im Gehirn und ist für den Abbau von Noradrenalin zuständig. Auch hier gilt das L-Allel als das potentere Gen, um seine Arbeit optimal zu erledigen.[8]

Unten aufgeführt ist eine Abbildung, welches das bisher Beschriebene grafisch darstellt:

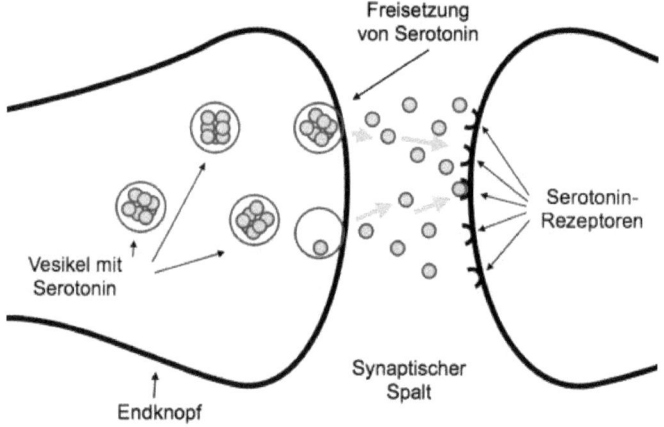

**Abbildung 2:** die Serotonin Übertragung im synaptischen Spalt

Eine prägnante sowie rudimentäre Erklärung für das Wohlbefinden ist Folgende: Je mehr Serotonin-Rezeptoren vorhanden sind, desto mehr Andockstellen werden angeboten, die das Serotonin verwerten, damit eine gesunde, stabile Psyche erreicht werden kann. Der Übergang von einer Synapse zur anderen wird als Neurotransmission bezeichnet. Egal von was für einer Startposition, also genetischen Prädisposition, Sie beginnen, das Bestmögliche, was Sie tun können, ist mit den vorherrschenden Gegebenheiten das kalkuliert Höchste aus sich herauszuholen. Die Ernährung ist hier ein bedeutender Faktor. Haben Sie eine angemessen hohe

# Die 4 primären Neurotransmitter

Zufuhr von Bausteinen, welche Sie benötigen, um Serotonin herzustellen, fühlen Sie sich zufrieden mit der Welt. Die Konzentration ist erhöht, Sie sind optimistisch, entspannt und die zwischenmenschlichen Kontakte laufen geschmeidig ab. Das tönt gut und wir alle wollen das haben. Jedoch sind ein paar Hürden zu beachten.

Tryptophan konkurriert mit den Aminosäuren Leucin, Valin, Tyrosin und Isoleucin. Das heisst, Sie können noch so viel Tryptophan über die Nahrung oder Nahrungsergänzungsmittel einnehmen, wenn Sie zu einer Mahlzeit gleichzeitig eine entsprechende Menge Proteine essen, wird nur ein geringfügiger Teil an der adäquaten Stelle im Gehirn ankommen. 5-HTP kann ungehindert über die Bluthirnschranke ins Gehirn vordringen und konkurriert nicht mit anderen Aminosäuren. Serotonin und/oder L-Tryptophan hingegen, können diese Sicherheitsvorkehrung nicht oder nur bedingt überwinden. Wie Sie es schaffen, das scheue Serotoninhormon durch die Blut-Hirn-Schranke zu geleiten, erkläre ich Ihnen jetzt.

Kombinieren Sie L-Tryptophan mit Kohlenhydraten, wobei kurzkettige, schnell verwertbare Kohlenhydrate präferiert werden sollten. Zudem sollte darauf geachtet werden, dass der Anteil an Proteinen im Kohlenhydrat-Lebensmittel gering ist, um eine Verschleierung des Tryptophans zu verhindern. Durch das Insulin, welches nach einer Mahlzeit ausgeschüttet wird, wird der Neurotransmitter Serotonin direkt in das Gehirn transportiert und muss die «Fahrt» nicht mit anderen Aminosäuren teilen. Eine andere Option besteht darin, eine Frucht (Bananen, Pflaumen, Datteln, Ananas) zu essen. Hier befindet sich schon das fertige Serotonin in einem perfekten Milieu (schnell verwertbare Zuckermoleküle wie Fructose und Glucose mit wenigen Aminosäuren, welche stören könnten), um in Ihr Gehirn zu gelangen.

Der Werdegang der Aminosäure L-Tryptophan ist wie folgt:

1. L-Tryptophan wird zunächst mit Hilfe von Enzymen zu 5-Hydroxy-Tryptophan (5-HTP) umgewandelt. Dazu werden unter anderem die Vitamine B3 und B6 sowie Magnesium benötigt.

# Die 4 primären Neurotransmitter

2. 5-HTP wird anschliessend mit Hilfe von Vitamin B6 zu Serotonin weiter-verarbeitet. Diesen Schritt übernimmt das Enzym Hydroxy-Tryptophan-Decarboxylase, das jedoch erst vom Spurenelement Zink aktiviert werden muss.

**L-Tryptophan → 5-HTP → Serotonin → Melatonin**

Folgende Lebensmittel sind klassische L-Tryptophan- sowie Serotonin-Förderer:

- Cashewnüsse
- Kürbiskerne
- Walnüsse
- Bananen
- Datteln
- Parmesankäse
- Sojabohnen

Damit der Aufbau reibungslos stattfinden kann, bedarf es gewisser Kofaktoren, welche unabdingbar sind. Dazu gehören Vitamin B3 sowie B6[9], Magnesium und Zink. In der Regel ist ein Mangel an B-Vitaminen eher selten. Dennoch kann er vorkommen in einer Schwangerschaft, bei langfristigem Stress oder übermässigem Sport. B-Vitamine finden Sie vor allem in Getreide- oder Vollkornprodukten, Hülsenfrüchten und Eiern. Auch sieht es mit Magnesium und Zink nicht gut aus unter den oben genannten Umständen. Um den Magnesiumpegel zu erhöhen, nehmen Sie Sonnenblumenkerne, Walnüsse oder Mandeln zu sich. Für Zink hingegen brauchen Sie Haferflocken, Linsen oder Paranüsse (enthalten zusätzlich eine gute Portion Selen, konsumieren Sie maximal drei Stück am Tag wegen des erhöhten Anteils an Radioaktivität). Eine weitere Option besteht darin, diese Kofaktoren zu supplementieren. Der Serotoninpool muss immer randvoll mit Molekülen sein. Wenn das der Fall ist, kann Ihr Gehirn fröhlich loslegen und mit diesem gefüllten Tank positive Gefühle und Gedanken übertragen. Da in diesem Punkt das grösste Manko in der Gesellschaft vorherrscht, erzielen Sie eine signifikante Verbesserung, wenn Sie sich genügend darauf fokussieren, kontinuierlich Baustoffe und Kofaktoren einzunehmen. Bedenken Sie, dass Ihre Serotoninproduktion unterbrochen werden kann, wenn Sie schwanger sind, sich viel von Fertigprodukten ernähren, zu wenig Sonnenlicht abbekommen, insbesondere wenn Sie oft einen Sonnenbrille tragen, selten Sport treiben oder sich generell zu wenig bewegen. Wie es um Ihr Glückshormon steht, wenn Sie zu alldem noch akutem Stress ausgesetzt sind, muss ich Ihnen nicht mitteilen.

**Wo stehen Sie mit Ihren Emotionen?**

Emotionen sind ein wichtiger Teil unseres Lebens und beeinflussen uns in vielerlei Hinsicht. Emotionen bringen uns Freude und Glück, aber sie können auch Schmerz und Leid bringen. Entweder sind Sie mit starken Emotionen konfrontiert und Sie werden überwältigt oder aber Sie können lernen, mit Ihren Emotionen umzugehen und herauszufinden, warum es wichtig ist zu verstehen, was Sie fühlen. In diesem Buch begeben wir uns auf eine Reise, um herauszufinden, was für einen Stellenwert Emotionen in Ihrem Leben haben. Wir betrachten die unterschiedlichen Emotionen, die uns antreiben, und lernen mit ihnen umzugehen. Wir untersuchen, wie Sie Ihre Vergangenheit, Umwelt und Beziehungen beeinflussen und wie Sie lernen können, sich selbst besser zu verstehen, um Ihre Emotionen besser zu kontrollieren.

Mit praktischen Übungen und Tipps, die Sie in Ihrem täglichen Leben anwenden können, hilft Ihnen dieses Buch, Ihre Gefühle besser zu verstehen und ein glücklicheres, erfüllteres Leben zu führen.

Es ist wichtig, ein Grundverständnis davon zu haben, wo Sie sich gefühlsmässig befinden, wenn Sie mit Ihrer eigenen Behandlung anfangen, damit Sie Ihre Fortschritte effektiv einschätzen können. Wenn Sie das Glas immer halb leer anstatt halb voll sehen oder sich in jeder Situation in Frage stellen, wenn Sie sich immer wieder fragen, was wäre, wenn dies und jenes passieren würde, kann das auf einen Botenstoff-Mangel hindeuten. Beobachten Sie sich im Alltag: Wie sind Ihre

# Die 4 primären Neurotransmitter

Gedankengänge, wie empfangen Sie Herausforderungen, wie ist der Umgang im zwischenmenschlichen Bereich? Weitere ausschlaggebende Themen sind Selbstwertprobleme, Zwangsstörungen, sich an allem schuldig fühlen, erhöhte Aggressivität usw. Im bestmöglichen Falle dokumentieren Sie Ihr Verhalten, Ihre Gedanken sowie Gefühle und starten dann die empfohlene Lebensweise. Wenn Ihnen diese Empfehlungen über einen Zeitraum von mindestens einem Monat nicht weiterhelfen, lassen Sie Ihre Kynurenin-[10] und IDO-Aktivität messen. Diese Marker sind eng verbunden mit Ihrem Tryptophanstoffwechsel. Sie können im Einzelfall auch eine Wirkung auf Ihre psychologische Verfassung haben.

Trotz des Sonderstatus, den das Serotonin in der Synthese hinsichtlich der psychischen Gesundheit geniessen darf, sollte es nicht glorifiziert werden. Die «Serotonin-Hypothese» wurde schon lang widerlegt.

Nur weil bei depressiven Patienten tiefe Werte gemessen werden, ist die vermeintlich deduktive Schlussfolgerung, dass Serotonin der einzige auslösende Akteur für eine Depression ist, falsch. Heute ist bekannt, dass etliche weitere Parameter herangezogen werden müssen, um eine tiefergreifende Diagnose zu stellen. Sobald Sie ausschliessen können, dass Ihre Stimmung nicht durch einen Serotoninmangel betrübt ist, können Sie weiter zu den Katecholaminen gehen.

## 3.2 Katecholamine

Die Neurotransmitter Dopamin, Noradrenalin sowie Adrenalin bilden die Katecholamine und sie stellen einen zentralen Faktor bei Funktionen wie den kognitiven Leistungen, dem Gedächtnis und der Informationsverarbeitung dar. Dopamin wirkt belebend und antriebssteigernd, weil es direkt auf unsere Botenstoffe Noradrenalin und Adrenalin wirkt. Die bekannteste Krankheit, welcher Dopamin zugrunde liegt, ist Parkinson. Hier ist die Umwandlung von L-Tyrosin (Baustoff für das Hormon) zu L-Dopa (Vorstufe von Dopamin) gestört. Bei einem Manko im Dopamin-Stoffwechsel haben die folgenden destruktiven Symptome den perfekten Nährboden:

## Die 4 primären Neurotransmitter

- Suchterkrankungen[11]
- Übergewicht
- tiefe Müdigkeit
- Parkinson
- Konzentrationsprobleme
- Lethargie/Apathie

Ein zu hoher sowie ein zu niedriger Dopamin-Spiegel haben eine nicht vorteilhafte Wirkung auf unser Gemüt. Das Fundament für Ängste, Traurigkeit oder gar Depressionen und Schizophrenie ist gegeben. Die Erkrankungen ADS und ADHS basieren auf einem nicht funktionierenden Dopamin-Stoffwechsel. Der Neurotransmitter wird zu schnell abgebaut, was wiederum dazu führt, dass das Gehirn keinen Filter mehr besitzt, um all die einprasselnden Geräusche und Informationen selektiv oder umfassend zu blockieren, was eigentlich ein normaler Prozess von einem Gehirn-Areal, dem Thalamus, wäre. Die Folgen davon sind Aufmerksamkeitsprobleme und Konzentrationsstörungen. Erkennen Sie sich wieder?

Wenn Sie Ihre Energie, Motivation und das Erleben von positiven Gefühlserlebnissen fördern möchten, sind Sie mit Dopamin an der richtigen Stelle. Der Grundbaustoff ist die Aminosäure L-Tyrosin.

**L-Tyrosin/L-Phenylalanin → L-Dopa →**

**Dopamin → Noradrenalin → Adrenalin**

Lebensmittel mit einem hohen Gehalt an Tyrosin sind Erdnüsse, Gouda und weisse Bohnen. Um das volle Wirkungspotenzial kennenlernen zu dürfen, rate ich Ihnen, sich ein Supplement mit L-Phenylalanin oder L-Tyrosin[12] zu besorgen. In physischen oder mental herausfordernden Momenten können diese Aminosäuren die herabgesetzte Gedächtnisleistung und Informationsverarbeitung korrigieren.[13] Zusätzlich wirken sie auch auf die herabgesetzte Stimmung während einer anspruchsvollen Situation. Die isolierte Nahrungsergänzungsmittel Einnahme wird eine prominentere Wirkung erzeugen, als dies von einem komplexen Lebensmittel

# Die 4 primären Neurotransmitter

zu erwarten ist. In einem Lebensmittel konkurrieren viele Aminosäuren um den gleichen Transporter und nur die am häufigsten vorkommende gewinnt schlussendlich. Das heisst, egal was Sie essen, es kommt niemals zu 100 % an. Wie Sie bis anhin sicher schon bemerkt haben, ist das Thema Nahrungsergänzungsmittel ein Sachverhalt, welches wir spezifisch für unsere Ziele verwenden dürfen, um optimale Ergebnisse zu erzielen. Aber es gilt, dass Sie zuvor Grundkenntnisse über die einzelnen Lebensmittel besitzen sollten, erst danach sollten Sie mit weiteren Optimierungsmöglichkeiten ergänzen. Auch für die Synthese von den Katecholamine (Dopamin, Noradrenalin und Adrenalin) werden Kofaktoren benötigt. Dazu gehören Vitamin B6, Zink und Vitamin D. Welche Lebensmittel Vitamin B6 sowie Zink enthalten, wissen Sie bereits. Bei Vitamin D empfehle ich Ihnen grundsätzlich eine Supplementierung mit Vitamin D3. Sie dürfen diese Empfehlung getrost vergessen, wenn Sie innerhalb sonniger Breitengrade beheimatet sind und Ihre Haut (mindestens 40 %) regelmässig in einer wohldosierten Menge der Sonne aussetzen. Wie es um Ihre Vitamin-D-Werte steht, haben Sie durch eine Blutanalyse bestimmt schon eruieren können. Durch diese weise Entscheidung haben Sie Ihren Vitamin-D-Spiegel im Blick und rutschen nicht in eine Über- oder Unterdosierung. Tendenziell empfehle ich Ihnen, sich bei Vitamin D eher am oberen Ende der evidenzbasierten Messskala einzupendeln. In Stresssituationen erhöht sich der Bedarf an Dopamin und Noradrenalin. Je länger der Mensch in dieser Situation verweilt, desto mehr sinken der Dopamin-Spiegel im Gehirn und damit die kognitive Leistungsfähigkeit sowie gleichermassen die Stimmung. In diesen Momenten bedarf es einer noch besseren Selbstfürsorge in Bezug auf die Ernährungsauswahl und Psyche. Es gilt zu beachten, dass die Aminosäuren L-Tryptophan und L-Phenylalanin/L-Tyrosin den gleichen Transporter im Körper benötigen. Hier kann es zu einem Ungleichgewicht kommen, wenn Sie versuchen, einen höheren Spiegel zu erreichen, indem Sie beide Substanzen gleichzeitig einnehmen. Optimalerweise sind die Katecholamin-fördernden Substanzen am Morgen bis ca. 15 Uhr aktiv. Ab 17 Uhr wechselt dies zu den Serotonin-fördernden Substanzen. Noch besser wäre es, sie nicht am gleichen Tag einzunehmen.

# Die 4 primären Neurotransmitter

Tryptophan konkurriert mit anderen Aminosäuren wie Phenylalanin, Tyrosin, Valin, Leucin und Isoleucin um den gleichen Transporter an der Blut-Hirn-Schranke (BH-Schranke). Diese Aminosäuren zählen zu der Gruppe der grossen neutralen (LNAA) bzw. verzweigtkettigen Aminosäuren (BCAA). Ein niedriges Verhältnis von Tryptophan zu den konkurrierenden Aminosäuren wurde wiederholt bei depressiven Patienten beobachtet, während die freie, nicht proteingebundene Form des Tryptophans die BH-Schranke passieren kann. Voraussetzungen für eine maximale Tryptophan-Aufnahme sind demnach ein hoher Anteil an freiem Tryptophan in der gesamten Tryptophan-Menge im Blut und eine geringe Konzentration konkurrierender Aminosäuren (LNAA, BCAA). Pharmakokinetische Untersuchungen (Wechselwirkung von einem Stoff und der Biologie eines Menschen) deuten darauf hin, dass ausreichend hohe Dosen von Tryptophan (mindestens 1–1,5 g pro Einzeldosis) verabreicht werden müssen, um die notwendigen hohen Konzentrationen an freiem Tryptophan an der BH-Schranke zu erreichen. In diesen Untersuchungen konnte zudem gezeigt werden, dass die Konzentration an freiem Tryptophan nur innerhalb der ersten zwei bis drei Stunden nach oraler Aufnahme ausreichend hoch ist, um eine effektive Aufnahme ins Gehirn zu gewährleisten. Um die zentrale Serotoninsynthese zu stimulieren, scheint es zudem notwendig, dass ein Schwellenwert im Verhältnis von Tryptophan zu den konkurrierenden Aminosäuren im Plasma (Tryptophan-/LNAA-Verhältnis) überschritten wird.[14] Ich hoffe, an diesem Punkt konnten Sie schon einige Punkte beherzigen und Sie fühlen sich schon besser als zuvor.

## 3.3 GABA

Ein weiterer Kandidat, der einen grossen Einfluss auf Ihre Psyche hat, ist GABA (γ-Aminobuttersäure).[15] Eine verminderte Nervenreizung führt zu einer erhöhten Resilienz Ihres Gehirns, was wiederum eine verminderte Stressanfälligkeit zur Folge hat. Der Botenstoff wirkt daher vor allem entspannend, ausgleichend und schlaffördernd. Das heisst, bei einem Mangel entstehen folgende Symptome:

# Die 4 primären Neurotransmitter

- Kopfschmerzen
- chronische Erschöpfung
- mangelnde Konzentrationsfähigkeit
- Angstzustände und/oder Panikattacken
- gesteigerte Nervosität und innere Unruhe
- Stimmungsschwankungen
- mangelnde Fähigkeit zu entspannen
- Gereiztheit
- Schlafstörungen
- Depressionen

Diese destruktiven Symptome können sich nicht nur bei einem GABA-Mangel offenbaren, sondern sie zeigen sich auch bei einem Mangel an Vitamin B6. Bei einem Vitamin-B6-Mangel entsteht mehr Glutamat und weniger GABA. Dadurch ist Ihr Körper mehr auf Erregung als auf Entspannung gerichtet. Die Wirkung von Glutamat steht konträr zur Wirkung von GABA. Es agiert paradoxerweise stimulierend und anregend, obwohl sie ihre Baustoffe aus der gleichen Quelle, dem L-Glutamin, beziehen. Wie in jeder Zelle des Körpers wird hier eine Homöostase zwischen diesen Neurotransmittern anvisiert. Es kann nicht gleichzeitig eine hohe Präsenz von GABA und Glutamat im Gehirn vorhanden sein, sie tauschen ihre Position anhand des Biorhythmus ab. Hier geht die Wechselwirkung von Sympathikus und Parasympathikus aus.

Sympathikus = Aktivitätssteigerung (Glutamat)

Parasympathikus = Regenerationsphase (GABA)

Unter diesem Mechanismus treten häufig Dauerstress, mangelnde Fähigkeit zur Entspannung bis hin zu Depressionen auf. Mittlerweile gilt als gesichert, dass hierbei eine Störung des GABA-/Glutamat-Gleichgewichts eine bedeutende Rolle spielt.[16]

**L-Glutamin → Glutamat → GABA**

# Die 4 primären Neurotransmitter

Die Lebensmittel mit einem signifikanten Gehalt an GABA sind rar gesät. Hier kommt dazu, dass die Wissenschaft trotz eines langjährigen Diskurses offene Fragen, zum Beispiel nach dem Passieren der Blut-Hirn-Schranke, nicht vollständig beantworten kann. Nichtsdestotrotz kann man sich der positiven Ergebnisse nach einer GABA-Einnahme erfreuen. Die Hypothese basiert auf einer Erklärung, welche dem enterischen Nervensystem eine taktgebende Rolle zuweist. Das enterische Nervensystem ist das sogenannte zweite Gehirn beziehungsweise der Magen-Darm-Trakt. Der Neurotransmitter entfaltet seine Wirkung ebenso im Gastrointestinaltrakt wie im Gehirn. Durch dieses Wissen kann abgeleitet werden, dass eine Einnahme von Nahrungsergänzungsmitteln oder Lebensmitteln mit einem GABA-Gehalt, egal über welchen Weg, einen Einfluss auf das Wohlbefinden ausüben kann.

Eine koreanische Forschungsgruppe hat den Gehalt von GABA im Trockengewicht (TW) in verschiedenen Lebensmitteln bestimmt. Dabei erzielten folgende Lebensmittel die höchsten Werte in absteigender Reihenfolge:

- Brauner Reis (Keime): 718 nmol/g
- Spinat: 414 nmol/g
- Brauner Reis (Sprossen): 389 nmol/g
- Gersten-Sprossen: 326 nmol/g
- Bohnen (Sprossen): 302 nmol/g
- Bohnen: 250 nmol/g
- Mais: 199 nmol/g
- Gerste: 190 nmol/g
- Haselnüsse: 188 nmol/g

Dabei haben die Forscher festgestellt, dass der GABA-Gehalt in Keimen und Sprossen höher ist als in anderen Teilen der Pflanze. Das sieht man zum Beispiel Anhand von Reis, Bohnen oder Gerste. Die Forscher haben herausgefunden, dass das Gehirn-Glückshormon GABA von Enzymen aus dem Grundstoff

# Die 4 primären Neurotransmitter

Glutamat hergestellt wird. Während der Keimung ist die Aktivität der dafür verantwortlichen Glutamat-Decarboxylase (GAD) besonders hoch.[17] Ausserdem gibt es Studien aus Asien, die sich mit der GABA-Konzentration in fermentierten Lebensmitteln befasst haben. Laut diesen Studien können verschiedene Lactobacillus-Stämme GABA herstellen, und zwar als Nebenprodukt ihres Stoffwechsels.[18]

Zusammenfassend sind die drei oben erwähnten Neurotransmitter die Hauptakteure im Wunderwerk Mensch. Insgesamt gibt es laut dem aktuellen Forschungsstand jedoch ca. 100 weitere Neurotransmitter, die weitere Subkategorien bilden, welche alle in einer symbiotischen Kaskade miteinander agieren und kommunizieren.

Jedoch gilt hier der Leitsatz:

**Keine Wirkung ohne Nebenwirkung!**

Alle Zellen interagieren miteinander. Jeder Teil des Körpers strebt eine Homöostase an. Das führt dazu, dass ein Ungleichgewicht in Bezug auf nur einen Neurotransmitter schon direkte Einflüsse auf den gesamten Zellkommunikationsablauf hat. Dennoch können hier erste Eckpunkte durch eine grobe Aufteilung in Serotonin, Dopamin und GABA fixiert werden. Einen Neurotransmitter isoliert zu betrachten, lässt etliche relevante Daten aussen vor. Jedoch haben sie einen Wirkungsschwerpunkt in der Psyche, welchen sie jeweils bedienen. Damit können erste Indikatoren sowie Klassifizierungen für Ihre Psyche herausgearbeitet werden.

Klassifizierung der Symptomatik

Um Ihnen eine Referenz an die Hand zu geben, wie ein Mangel aussehen könnte, möchte ich hier ein paar Beispiele nennen. Wenn Sie von Schlafproblemen geplagt sind, wird mit hoher Wahrscheinlichkeit ein niedriger Serotonin- und/oder GABA-Spiegel in Ihnen vorherrschend sein. Hier mit einer Gabe von Dopamin-fördernden Substanzen zu arbeiten, ist kontraindiziert. Wenn der Schlaf jedoch ein Niveau erreicht, bei dem Sie sagen, es sei für Sie stimmig, Sie aber dennoch

# Die 4 primären Neurotransmitter

grosse Mühe haben zu entspannen und einzuschlafen, liegt es wohl eher am GABA-Haushalt. Zeigen sich apathische oder lethargische Persönlichkeitszüge, liegt ein Dopamin-Mangel vor. Ist das Leben düster und uninteressant, sind womöglich ein Serotonin- und Dopamin-Mangel die Hauptprotagonisten. Gehören ängstliche und zwanghafte Facetten zu Ihrer Persönlichkeitsstruktur, fehlt Ihnen eine gesunde Serotonin- und/oder Dopamin-Homöostase. Ist Prokrastinieren ein wohl bekanntes Phänomen in Ihrem täglichen Handeln, dann liegt hier ein Dopamin-Mangel vor. Müssen Sie für eine Prüfung lernen oder etwas lesen und können sich wenig merken, dann kann ein Mangel aus allen drei Substanzen die Ursache davon sein, wobei das Dopamin als Initiator fungiert, das GABA für den entspannten Fokus zuständig ist und das Serotonin dafür, das Gelernte im Gedächtnis zu verarbeiten.

Zur besseren Übersicht und effizienteren Arbeit mit sich selbst, habe ich die Neurotransmitter in ihren Stärken und Einsatzmöglichkeiten tabellarisch dargestellt. Bei einem **Mangel** werden folgende Parameter tangiert:

**Tabelle 1**: spezifischer Mangel einzelner Neurotransmitter

| Parameter | Schlaf | Motivation | Resilienz | Entspannung | Gedächtnis |
|-----------|--------|------------|-----------|-------------|------------|
| Serotonin | × | ± | × | ± | × |
| Dopamin | ± | × | ± | ± | × |
| GABA | × | ± | × | × | ± |

Legende: ± mittlere bis starke Wirkung, × starke Wirkung

## Die 4 primären Neurotransmitter

Schlussendlich ist jede einzelne Zelle in unserem Körper wichtig, weil alle miteinander interagieren. Allerdings ist der Schwerpunkt bei allen unterschiedlich. Das heisst, die oben genannten Neurotransmitter sind definitiv unsere Hauptakteure. Aber ich möchte noch einen weiteren Spieler hinzufügen, der unverkennbar wichtige Aufgaben in unserem Körper und vor allem in unserer Psyche übernimmt.

## 3.4   Acetylcholin

Der letzte im Bunde ist Acetylcholin. Der Neurotransmitter Acetylcholin ist auch ein wichtiger Botenstoff für kognitive Funktionen, vor allem für die neuronalen Mechanismen des Gedächtnisses. Acetylcholin ist ausserdem wichtig, damit wir aufmerksam und wachsam bleiben und weiterhin lernen können. Unser Gehirn liebt diesen Stoff, er ist sozusagen das Benzin im Motor. Zusätzlich hilft es dabei, das Arbeitsgedächtnis und das Langzeitgedächtnis zu steuern. So können wir Informationen besser sowie schneller verarbeiten. Dadurch wird die Gehirnleistung insgesamt verbessert. Nebenbei hat Acetylcholin auch eine Wirkung auf die Regulation des Blutdrucks, die Darmperistaltik, die Herzfrequenz und die Kommunikation zwischen Gehirn und Muskeln. Das heisst, bei einem Mangel zeigen sich folgende Symptome:

- Alzheimer/Demenz
- Konzentrationsstörungen
- Vulnerabilität (emotional instabil)
- Erinnerungs- und Gedächtnisprobleme
- chronische Entzündungen
- trockener Mund und trockene Augen

Um auch diesen unliebsamen Weggefährten den Garaus zu machen, greifen Sie zu Eiern, Fisch, Erdnussbutter, Rosenkohl oder Brokkoli und achten Sie darauf, dass genügend Kofaktoren wie Magnesium und Vitamin B1 in Ihrem biologischen System vorhanden sind. Generell fahren Sie besser, wenn Sie genügend

# Die 4 primären Neurotransmitter

B-Vitamine einnehmen. Sie helfen der Konzentration und Entspannung. Des Weiteren besteht auch die Möglichkeit, Ihr Botenstoff-Acetylcholin anzukurbeln mit EPA und DHA (Krillöl oder Algenöl), Ginkgo Biloba[19], Cholin sowie DMAE[20].

Wenn Sie bis hierhin gelesen sowie alle bisher beschriebenen Parameter berücksichtigt und die Anweisungen erfüllt haben, liegt der letzte Schritt darin, Ihren Darm in Augenschein zu nehmen. Es wird Ihnen mit Sicherheit in verschiedenen Bereichen Ihres Lebens unter der Prämisse, dass Sie die Kapitel über die Neurotransmitter sowie die Hormone beherzigt haben, schon viel besser gehen. Sie wollen Ihren vollen Enthusiasmus zurück, keine Frage. Das heisst, der Darm muss auch berücksichtigt werden. Der Darm ist eng verbunden mit unserem Gehirn und dementsprechend mit unserer Psyche und dem Vagusnerv.

Der Vagusnerv

## 4 Der Vagusnerv

Der Vagusnerv hat seinen Ursprung im Stammhirn – im Wesentlichen in der Region des Gehirns, welche für die überwiegende Mehrheit der automatisch ablaufenden Funktionen des Körpers zuständig ist, diese verarbeitet und steuert. Folgende Leiden können bei einem nicht optimal arbeitenden Vagusnerv entstehen[21]:

- Alzheimer
- Bluthochdruck
- Diabetes
- Krebs
- erhöhter Cholesterinspiegel
- Herz-Kreislauf-Erkrankungen
- Arthritis

Hier zu erwähnen ist der Vagusnerv, der als «Autobahn» fungiert. Dabei werden das zentrale sowie enterische (Vegetative) Nervensystem angesteuert. Durch diesen permanenten Kontakt von Darm und Gehirn wird das Mikrobiom (Darmflora), welches sich im Darm in Form von verschiedenen Bakterien angesiedelt hat, auch gerne als «Psychobiom» betitelt. Hinzu kommt, dass mehr Signale über die Darm-Hirn-Achse vom Darm über den Vagusnerv zum Gehirn gesendet werden als in die umgekehrte Richtung. Bis zu 90 % der Signale, welche nach oben gesendet werden, stammen aus dem Darm und nur 10 % kommen aus dem Gehirn zurück. Mit lediglich diesem Wissen ausgestattet, sollte die grundlegende Wahrheit des folgenden Zitates jedem deutlich werden:

**«Du bist, was du isst / Der Mensch ist, was er isst»**

**Ludwig Feuerbach, deutscher Philosoph und Anthropologe, 1804–1872**

Ein funktionierender gesunder Darm nimmt die maximal mögliche Dosis an Nährstoffen auf. Das heisst, bei einem verkürzten Darm oder einem gestressten Organismus, in dem sich der Dünn- und Dickdarm wortwörtlich zusammenziehen,

54

# Der Vagusnerv

gehen sehr viele essenzielle Nährstoffe, welche unserer psychischen und körperlichen Gesundheit zuträglich sind, verloren. Bevor wir zu der Darmsanierung kommen, versuchen Sie Ihren Sympathikus über den Vagusnerv zu entspannen. Der
Sympathikus ist der Antagonist des Parasympathikus, also Anspannung steht der
Entspannung gegenüber. Der Sympathikus (Anspannung) ist für eine erhöhte
Leistungsbereitschaft in dafür vorgesehenen Situationen verantwortlich. Er wird
bei körperlicher Belastung oder in Stresssituationen aktiviert und versetzt den Körper in Kampf- oder Fluchtbereitschaft. Im Gegenzug drosselt er dafür die Verdau-
ungsfunktionen. In unserer heutigen schnelllebigen, technogenen Welt gibt es keinen Säbelzahntiger mehr, der unserem Körper kurzfristig signalisiert, dass
möglichst schnell etwas passieren muss, sondern der heutige «Kampf» besteht in
unserem «ganz normalen» Alltag. Privater sowie beruflicher Stress, zwischen-
menschliche Konflikte, Traumata in Form von Posttraumatischen Belastungsstö-
rungen (PTBS) etc. zählen zu diesen andauernden Stressfaktoren. In diesem Kontext benötigt unser Körper mehr Nährstoffe und simultan dazu verliert er die
Fähigkeit, genügend «Baustoffe» aufzunehmen – ein Teufelskreis.

Der Vagusnerv als Angelpunkt ist verbunden mit jeglichen Organen sowie mit dem
Gehirn und fungiert als Kommunikator, indem er kontinuierlich Signale sendet.
Das heisst, dass zum Beispiel die Verdauung zurückgefahren wird, die Atmung
flacher wird und/oder unser Herz schneller pumpt, wenn wir in unserem
Kampf- oder Fluchtmodus sind. [22] Die meisten Ängste haben jedoch keinen realen
Grund und unsere Herzfrequenz ist permanent auf einem ungesund hohen Ni-
veau. Die Folgen eines Körpers, der ständig unter Stress steht, sind zerstörerisch.
Zu den oben genannten Symptomen kommen Verdauungsprobleme und Schlaf-
probleme hinzu. Das alles können Sie mit einfachen Übungen richten, welche den
Vagusnerv stimulieren. Dadurch fährt Ihr Parasympathikus (Entspannung) seine
Arbeit hoch, um Ihr System herunterzufahren.

Die Methoden und Übungen, die in diesem Kapitel besprochen werden, sind alle
nachweislich wirksam, um den Vagus-Tonus zu erhöhen. Beachten Sie, dass der
Vagusnerv nicht einfach nur ein signalgebender Nerv ist, sondern aus vier

weiteren separaten Komponenten besteht, von denen jede einzelne stimuliert werden kann, um die Signalübertragung und Aktivierung optimal zu gewährleisten.

1. Das Hautgefühl im mittleren Bereich der Ohrmuschel: Massieren Sie diesen Bereich leicht mit Ihrem Zeigefinger und Daumen.
2. Die motorische Innervation von Rachen und Kehlkopf: Singen, Summen und Gurgeln kann hier Abhilfe schaffen.
3. Die parasympathische Entspannung von Herz, Lunge und anderen Organen: Summen mit dem Urton A-U-M und Atemtechniken.

## Atemübungen

Die Atmung ist ein enorm wichtiges Werkzeug für unsere psychische Gesundheit. Sie innerviert unseren ganzen Körper und hat dementsprechend eine grosse Wirkung. Um zu ermitteln, ob Sie in Ihren Brustkorb oder in Ihren Bauchraum atmen, gibt es eine simple Möglichkeit:

Setzen Sie sich aufrecht auf einen Stuhl. Legen Sie die linke Hand auf Ihre Brust und die rechte auf Ihren Bauch. Atmen Sie tief ein. Bewegt sich Ihre linke Hand mehr als Ihre rechte, dann atmen Sie nicht richtig. Während der Einatmungsphase sollte sich der Bauch mehr heben und senken als die Brust.

Kein Problem! Alles, was Sie sich angelernt haben, können Sie wieder abtrainieren. Das Trainieren Ihrer tiefen Bauchatmung führt zu vielen positiven Konsequenzen. Sie werden ruhiger, resilienter und Ihre Herzfrequenzvariabilität verbessert sich. Eine Methode bietet sich besonders an, weil sie schnell und ohne grossen Aufwand durchzuführen ist.

Nehmen Sie Ihre linke Hand und krümmen Ihren Zeige- und Mittelfinger, damit sie auf Ihren Handinnenflächen liegen. Die restlichen Finger bilden ein L. Drücken Sie den Daumen auf Ihren linken Nasenflügel und atmen durch den rechten Nasenkanal ein. Jetzt drücken Sie mit Ihrem Ringfinger den rechten Nasenflügel zu und lassen die Luft durch den linken Nasenkanal langsam hinausfliessen. Danach atmen Sie wieder im linken Nasenkanal ein und drücken anschliessend mit dem Daumen den linken Nasenflügel zu und lassen die Luft langsam wieder hinaus. Atmen Sie auch bei dieser Übung tief in den Bauch. Hiermit erreichen Sie eine Entspannung des Parasympathikus sowie eine Gehirnsynchronisation.

Die nächste Atemtechnik lautet wie folgt:

- Setzen Sie sich aufrecht hin, ohne Ihren Rücken anzulehnen.
- Atmen Sie stark aus, um möglichst viel Luft aus der Lunge zu bringen.
- Legen Sie die linke Hand auf die Brust und die rechte auf dem Bauch, direkt über den Bauchnabel.
- Atmen Sie 5–7 Sekunden tief durch die Nase ein, dabei soll sich Ihr Bauch vorwölben.
- Halten Sie den Atem 2–3 Sekunden an.
- Atmen Sie 6–8 Sekunden durch den Mund aus, wobei der Bauch sich wieder senken darf.
- Halten Sie den Atem 2–3 Sekunden an, ohne dass weitere Luft in die Lunge gelangt.
- Wiederholen Sie die Schritte 4 bis 7 so oft, wie sich das für Sie angenehm anfühlt oder über eine festgelegte Zeit.

Nehmen Sie sich täglich Zeit für Ihre Atmungstechniken. Sie werden sich langfristig dankbar dafür sein. Je öfter Sie diese Methoden beherzigen, desto mehr sind Sie gewappnet, in stressigen Situationen die Ruhe zu bewahren. Gerade in stressigen Situationen kann es Ihnen helfen, bei sich zu bleiben. Um das Optimum aus diesen Übungen herauszuholen, atmen Sie durch die Nase ein, anstatt durch den Mund. Wenn Sie Ihr Leben lang eine unbewusste Brustatmung praktiziert haben, ist die Gefahr gross, dass Sie zwar im Alltag eine Verbesserung der Atmung erreichen, aber im Schlaf wieder in die alten Atemgewohnheiten zurückfallen. Geben Sie nicht auf, es braucht Zeit, bis sich ein neues Atemmuster einstellt.

# Der Vagusnerv

## Summen

Eine weitere Möglichkeit, den Vagusnerv zu stimulieren und somit eine Beruhigung des Sympathikus zu erzielen, ist es zu summen. Wenn Sie tief aus der Kehle summen, aktivieren Sie diese Muskeln und bringen sie zum Schwingen. Durch dieses Vorgehen wird der Vagusnerv dazu aufgefordert, Signale an das Gehirn zu senden. Währenddessen lokalisieren Sie Ihr drittes Auge (Epiphyse) zwischen den Augenbrauen, oberhalb der Nasenwurzel. Wenn Sie einen leichten Druck in dieser Region verspüren, sind Sie auf dem richtigen Weg.

Durch ein wenig Übung kommen Sie immer schneller in einen Entspannungszustand, welcher Ihnen hilft, den Atem zu steuern sowie die Gedanken zu entschleunigen. Des Weiteren verbessert sich nachweislich die Verdauung und die Entzündungswerte im Körper gehen zurück.

**«Unsere grösste Schwäche liegt im Aufgeben.**
**Der sicherste Weg zum Erfolg ist immer, es doch noch einmal**
**zu versuchen.»**

**Thomas Alva Edison,**
**US-amerikanischer Erfinder und Elektroingenieur, 1847–1831**

Stellen Sie sich Ihr Wunschebenbild als Wachsfigur vor. Sie haben die Möglichkeit, jede Eigenschaft zu verändern, welche Sie aktuell noch an sich stört. Bis Ihr Unterbewusstsein dies jedoch realisiert, benötigt es seine Zeit – wie bei einer Wachsfigur, die Zeit in Anspruch nimmt, um sie ummodellieren zu können. Sie werden sich zu 100 % verändern, wenn Sie Geduld beweisen. Aber Sie werden getestet, wie stark Sie die gewünschte Veränderung möchten. Und wenn Sie nur lange genug eine neue Gewohnheit in Ihrem Leben implementieren, haben Sie sich als würdig erwiesen und es wird Ihnen zuteilwerden.

# Der Vagusnerv

## Achtsamkeitstraining

Achtsamkeitstraining ist eines der wenigen wissenschaftlich fundierten Werk-
zeuge, das Ihnen tatsächlich helfen kann, mit den negativen Gefühlen von Stress
umzugehen. Die beliebteste Form des Achtsamkeitstrainings ist die Meditation.
Meditation ist wie ein Knopf, der Ihren Geisteszustand zurücksetzt. Es ist, als
würde man den Cache seines Gehirns leeren. Andere Vorteile der Meditation sind
weniger dokumentiert, aber es gibt gute wissenschaftliche Beweise für die Verringerung von Angstzuständen und Depressionen. Es ist nicht jedermanns Sache,
aber der einzige Weg besteht darin, eine Weile wirklich dranzubleiben und es zu
versuchen. Die meisten Menschen haben Mühe zu beginnen. Das ist auch der
Grund, wieso Meditation am Anfang so schwer ist. Wir werden direkt mit dem konfrontiert, was uns im Alltag als Rauschen in unserem Gehirn permanent unter-
schwellig verfolgt.

Achtsamkeitsmeditation konzentriert sich einfach für ein paar Minuten auf etwas,
was keine emotionale Reaktion hervorruft, wie z. B. einen Würfel, eine Kerze oder
Ihre eigene Atmung. Eine etwas fortgeschrittenere Technik wäre es, sich auf das
dritte Auge, die Zirbeldrüse oder physiologisch die Epiphyse, zu konzentrieren.
Die Zirbeldrüse ist für die Produktion von Melatonin verantwortlich, einem Hormon,
das die roten Blutkörperchen verjüngt und dem Alterungsprozess entgegenwirken
kann, während sie gleichzeitig verhindert, dass die körpereigenen Systeme her-
untergefahren werden. Während Sie entspannt auf Ihrem Yogakissen oder Stuhl
sitzen, schliessen Sie die Augen und richten Ihren Blick auf die Innenseite Ihrer
Stirn. Wohin die Aufmerksamkeit gelenkt wird, folgt die Energie und der Geist dient
als Wegweiser für diese Energie. Während der Meditation liegt der Schwerpunkt
darauf, die Aufmerksamkeit auf das Zentrum des Geistes zu lenken. Dies kann
auf geistiger Ebene durch die Konzentration auf den Geist und auf körperlicher
Ebene durch die permanente Ausrichtung der Augen auf die Mitte der Stirn geschehen. Bei dieser Übung geht es darum, die gesamte Energie und das Bewusstsein auf das Zentrum des Gehirns zu richten und dabei einen rhythmischen Atem
und eine Stille beizubehalten. Nach einer kurzen Zeit spüren Sie zwischen Ihren

Augenbrauen an Ihrer Nasenwurzel einen dumpfen Druck. Das ist sehr gut. Die Zirbeldrüse wird aktiviert. Nun geht es nur noch darum, die Augen nach oben gerichtet zu halten und bei dieser Empfindung zu bleiben. Führen Sie diese Übung etwa 10–30 Minuten täglich durch. Je länger, desto tiefer ist die Verbindung, die Sie herstellen können. Es ist einfacher, in einer ruhigen, nicht stimulierenden Umgebung oder in einer entspannten Position mit geschlossenen Augen und mit Ohrstöpseln zu meditieren.

Durch dieses Vorgehen ergibt sich eine Gehirn-Kohärenz. Das heisst, dass die linke und die rechte Gehirnhälfte in einer perfekten Symbiose zusammenarbeiten. Das wiederum stellt den Neurotransmittern das optimale Wirkungsmilieu zur Verfügung. Meditation ist von Natur aus eine passive Bewältigungsstrategie, wobei Meditation auch die aktive Bewältigung erfolgreicher macht. Es ist also hilfreich zu meditieren, bevor man an einem Problem arbeitet. Ruhe hilft uns, klarer zu denken und Probleme rationaler sowie überlegter anzugehen. Eine andere Möglichkeit besteht darin, simplere Bewältigungsstrategien anzuwenden, wie z. B. sich den eigenen Erfolg vorzustellen oder sich selbst aufzumuntern. Diese Strategien können tatsächlich helfen, Stress abzubauen. Selbstgespräche und positive Bilder reduzieren Stress und Lampenfieber.[23] Sie können auch im Fitnessstudio vor schweren Sätzen damit arbeiten. Experimentieren Sie damit.

**Gehen Sie in die Natur**

Ein weiterer Tipp mit guter wissenschaftlicher Untermauerung ist es, in die Natur zu gehen. Dies reduziert den Stress in verschiedenen Situationen erheblich. Selbst Krebs ist in grüneren Gebieten weniger verbreitet. In die Natur zu gehen, ist natürlich toll, aber nicht immer praktisch. Glücklicherweise kann selbst etwas so Einfaches, wie einige Pflanzen im Zimmer zu haben, den Stresspegel deutlich reduzieren. Also kaufen Sie sich ein paar Pflanzen. Schauen Sie, ob Sie einen Weg zur Arbeit oder zum Fitnessstudio nehmen können, der Sie etwas mehr Landschaft aussetzt, auch wenn es ein kleiner Umweg ist. Und versuchen Sie öfter in die Natur zu gehen, gerade wenn das Leben stressig ist.

# Der Vagusnerv

## Seien Sie flexibel

Das Leben läuft oft nicht wie geplant ab. Die Dinge laufen nicht so, wie man es sich wünscht. Und so erlebt man Stress. Oftmals ist dieser Stress jedoch unnötiger Neurotizismus und Sie haben zu jeder Zeit andere Entscheidungsmöglichkeiten, die genauso gut sind wie Ihr ursprünglicher Plan. Sie müssen nur Ihren ursprünglichen Plan loslassen.

**«Wenn du dich entspannst, akzeptierst du;
das Dasein zu akzeptieren ist die einzige Möglichkeit,
sich zu entspannen.»**

**Osho, indischer Philosoph, Gründer der Bhagwan Bewegung, 1931–1990**

**Loslassen und Flexibilität sind Schlüsselqualitäten**, die Ihnen helfen, mit den Veränderungen und Herausforderungen des Lebens fertig zu werden. Loslassen bedeutet, die Vergangenheit, Ängste, Sorgen und andere Dinge loszulassen, die Sie nicht kontrollieren können. Das wird Ihnen helfen, sich auf das Hier und Jetzt zu konzentrieren und Ihre Energie auf positive Dinge zu fokussieren.

Flexibilität hingegen bedeutet, bereit für Veränderungen zu sein und sich an neue Situationen anzupassen. Es bedeutet, offen für neue Ideen und Perspektiven zu sein und Meinungen oder Handlungen nach Bedarf anzupassen. Loslassen und Flexibilität zusammen helfen Ihnen sich auf das zu konzentrieren, was Sie kontrollieren können, und bereit zu sein, sich an neue Herausforderungen anzupassen, um ein glücklicheres, weniger stressiges Leben zu führen. Fixieren Sie sich also nie zu stark auf Ihren ursprünglichen Plan. Die Flexibilität im Umgang mit Problemen macht Sie widerstandsfähiger gegen Stress. Anstatt Ihren Plan um jeden Preis durchzuziehen oder ganz aufzugeben, sollten Sie, wenn mal etwas nicht wie erwartet läuft, die Situation neu bewerten: Was ist mein Fixstern und was sind meine Optionen oder Möglichkeiten? Handelte es sich vielleicht um ein falsch gestecktes Ziel, das mehr Ihrem Ego diente als sonst wem? Womöglich sollten Sie

auch dankbar sein, dass Sie von Ihrem Ziel abgebracht wurden, um sich neu auszurichten. Alles hat seinen Grund.

Um auf die Ernährung zurückzukommen, möchte ich noch einen weiteren Faktor
erwähnen, der Unruhe in Ihr körperliches System bringt, nämlich die unregelmäs-
sige Nahrungsaufnahme.

Ein schlechter Essrhythmus ist fast genauso schädlich wie die Auswahl der Lebensmittel. Die Regelmässigkeit Ihres Essensrhythmus hat kleine, aber erhebliche
physiologische Auswirkungen. Das bedeutet, Sie essen Lebensmittel zu Zeiten, in
denen Ihr zirkadianer Rhythmus nicht an die Verdauung der Nährstoffe angepasst
ist. Das führt zu einer leichten Störung des postprandialen Stoffwechsels – also
der Art und Weise, wie Ihr Körper auf Nahrung reagiert – mit den folgenden negativen Auswirkungen:

- höheres Nüchtern-, Gesamt- und LDL-Cholesterin («schlechtes» Cholesterin),
- verminderte postprandiale Insulinempfindlichkeit; das heisst, wenn Sie
  zu einem Zeitpunkt essen, an dem Ihr Körper nicht daran gewöhnt ist,
  produzieren manche Menschen mehr Insulin, als es normalerweise der
  Fall wäre,
- höherer Blutzuckerspiegel,
- eine Störung des zirkadianen Rhythmus des Appetits, die zu mehr Hunger führt,
- eine Störung des zirkadianen Rhythmus der Cortisol-Produktion und ein
  Anstieg der gesamten Cortisol-Produktion während des Tages,
- höherer Blutdruck,
- ein geringerer thermischer Effekt der Nahrung als Folge einer verminderten Insulinempfindlichkeit; wenn Sie zu ungewohnten Zeiten essen, steigt
  Ihr Stoffwechsel während der Verdauung der Nahrung nicht so stark an
  wie üblicherweise. In einer Studie verringerte sich der thermische Effekt

der Nahrung während des zweiwöchigen Übergangs von einem regelmässigen zu einem unregelmässigen Mahlzeitenmuster um fast 50 %.
Das heisst, wenn Sie normalerweise bei 25 % liegen, könnte ein unregelmässiges Mahlzeitenmuster diesen Wert auf 12,5 % senken und damit den täglichen Gesamtenergieverbrauch um 12,5 % verringern. Wieso
sollte man also gegen den Körper arbeiten, wenn er sich bei einer guten
Behandlung direkt bedankt?

Auch das häufige Snacken wird mit einer langfristigen Fettzunahme in Verbindung
gebracht, nicht jedoch die Häufigkeit der Mahlzeiten an sich. Das heisst, bevor
eine Diät gehalten wird oder auf Nahrungsergänzungsmittel zurückgegriffen wird
etc., sollte Sie einen für sich passenden Rhythmus eruieren, in dem Sie langfristig
Mahlzeiten zuführen können. Einige Forscher sind sogar der Meinung, dass ein
regelmässiges Essverhalten eine wichtige Gewohnheit ist, um über 100 Jahre alt
zu werden. Durch die erhebliche Wirkung des enterischen/vegetativen Nervensystems auf den Körper, gehen wir näher auf den Stellenwert des Darms ein.

# 5 Darmpassage

Unser Mikrobiom hängt stark mit unserer Psyche zusammen, daher ist es wichtig, für eine gesunde Darmflora zu sorgen.[24] Zu lange oder kurze Darmpassagen sind kontraproduktiv. Der Darm weiss genau, wie er arbeiten muss, jedoch kommt er aus der Ruhe, wenn er enorm grosse Mengen künstlicher Produkte und/oder auf einen Schlag verschiedene Makronährstoffe verdauen muss. Letzteres ist problematisch, weil unterschiedliche Enzyme benötigt werden, um Fett, Kohlenhydrate oder Eiweiss zu spalten.

Der Verdauungsprozess beginnt in der Mundhöhle. Durch die mechanische Kaubewegung wird der Lebensmittelbrei eingespeichelt, zerkleinert und erwärmt. Lassen Sie sich Zeit beim Kauen. Damit gewinnen Sie Energie zurück, welche Ihnen ansonsten bei der Verdauung von zu grossen Stücken verloren gegangen wäre. Generell inneviert der Prozess des Verdauens hohe Energiekosten, welche sich nur unnötig weiter kumulieren, wenn Sie die Lebensmittel nicht genügend lang zerkauen. Im Speichel befindet sich die Alpha-Amylase, das erste Enzym, das Kohlenhydrate spaltet.

Weiter gelangt der Lebensmittelbrei in den Magen. Hier wird das Enzym Pepsin aus Pepsinogen und Salzsäure hergestellt. Pepsin ist für die Proteinspaltung zuständig. Im Magensaft ist auch noch der Intrinsic-Faktor enthalten, der unerlässlich ist für die Vitamin-B12-Aufnahme, welche später stattfindet. Danach kommt der Zwölffingerdarm. Im ersten Abschnitt werden Gallensaft aus der Leber und das Bauchspeichelsekret aus der Bauchspeicheldrüse eingespritzt. Der Gallensaft dient dem Verbinden der Nahrungsfette und der Mizellen-Bildung. Der Bauchspeichel enthält Enzyme zur Kohlenhydrat-, Fett- und Eiweissverdauung und dient der Alkalisierung des Nahrungsbreis. In den weiteren Dünndarmabschnitten werden ergänzende Enzyme wie Maltase, Saccharase oder Lactase hinzugefügt, um die restlichen Nährstoffbruchstücke zur absorbierbaren Endstufe zu spalten.

## Darmpassage

Diese kurze, rudimentäre Beschreibung der Verdauung sollte Ihnen ein Bild verschaffen, wie viele Vorgänge in die Verdauung involviert sind. Sobald Sie hinuntergeschluckt haben, haben Sie keinen grossen Einfluss mehr auf den weiteren Verlauf. Daher ist es angebracht, an den Stellschrauben zu hantieren, an denen wir bewusst beteiligt sind. Das heisst, kauen Sie den Brei gut durch und speicheln Sie ihn ein. Ein Richtwert liegt bei 25-mal kauen, bis man den Brei hinunterschluckt.

Neben der erhöhten Energie, welche Sie durch eine verbesserte Verdauung erwarten dürfen, kann diese Ihnen nebenbei beim Abnehmen helfen. Durch das achtsame und langsamere Essen werden Sie weniger konsumieren, als es sonst der Fall wäre, weil das Sättigungshormon Leptin erst nach ca. 15–20 Minuten ausgeschüttet wird.

Ein weiterer Parameter für eine gesunde Verdauung ist die Zeit der Darmpassage. Hierfür gebe ich Ihnen eine simple Methode mit, um Ihre Verdauungszeit bei Bedarf zu ermitteln:

1. Nehmen Sie ein Glas Wasser und füllen Sie es mit einem Esslöffel Sesam.
2. Trinken Sie es, ohne den Sesam zu kauen.
3. Notieren Sie jetzt die Uhrzeit.
4. Achten Sie beim nächsten und jedem weiteren Stuhlgang darauf, ob sich Sesamsamen darin befinden.
5. Notieren Sie die Zeiten und schauen Sie immer wieder nach, bis Sie keine Samen mehr finden.

Der optimale Zeitpunkt, wann sich die ersten Samen zeigen sollten, ist etwa zwölf Stunden nach dem Verzehr, die letzten Samen sollten spätestens zwanzig Stunden danach im Stuhl erscheinen. Wenn Sie etwa sechzehn Stunden nach der Einnahme Sesamsamen sehen, ist das ein Hinweis auf eine optimale Verdauung.

# Darmpassage

Selbstredend sollten Sie auch darauf achten, mindestens zwei Tage vor dem Experiment keinen Sesam mehr zu essen, um ein klares Ergebnis zu erzielen.

Scheidet der Körper die Samen zu schnell wieder aus, deutet das auf einen Verdauungstrakt hin, der zu wenig arbeitet und zu wenige Nährstoffe aufnimmt. Der Vagusnerv ist blockiert und gibt keine optimalen Signale weiter. Benötigt der Darm hingegen äusserst lange, um zu verdauen, verweist dies auf einen Vagusnerv, welcher langsam feuert. Wenn Sie alle Empfehlungen, die in diesem Buch beschrieben werden, beherzigen und dennoch eine zu schnelle oder zu langsame Verdauung haben, erscheint es sinnvoll, Ihr Darmmikrobiom testen zu lassen. Damit erfahren Sie mehr über die nicht optimale Darmpassagezeit und die potenziell mangelhafte Signalübertragung und können aktiv dagegen vorgehen. Auch könnte eine Darmsanierung angebracht sein. Im Folgenden Kapitel gebe ich Ihnen einen Einblick darin, wie diese vonstattengehen könnte.

# 6 Fasten

Eine Rundum-Erneuerung ist sinnvoll, wenn Sie sich in den letzten Jahren oder sogar Jahrzenten ein destruktives Mikrobiom angegessen haben. Durch das Fasten haben Sie die Möglichkeit, den Reset-Knopf zu betätigen und beinahe einen Neuanfang zu generieren. Es können chronische Schmerzen, Allergien und eine betrübte Stimmung ausgemerzt werden, wenn Sie nach dem Fasten eine gesunde Ernährung verfolgen und nicht wieder in die gleichen Muster zurückfallen. Wenn Sie im Alltag nicht schon Intervall-Fasten praktizieren, hat Ihr Körper nun das erste Mal Zeit, sich selbst zu regenerieren. Der Körper hat alles, was er benötigt, um sich wiederaufzubauen, nur unterbrechen wir diesen Heilprozess mit einer ständigen Nahrungszufuhr.

Der Prozess heisst Autophagie. Autophagie bedeutet nichts anderes als "sich selbst verzehren". Er bezeichnet dabei nichts Geringeres als den natürlichen Prozess der Zellerneuerung, -reinigung und -regeneration. Diese Funktion ist für den Körper also von entscheidender Bedeutung, wenn es um Krankheit und Altern geht. Bei der Autophagie werden beschädigte Zellstrukturen erkannt und anschliessend in winzig kleine Bausteine zerlegt. Diese Bausteine werden dann entweder wiederverwendet oder über den Stoffwechsel abgebaut. Zu den Zellen, die währenddessen erkannt und reorganisiert werden, zählen beispielsweise defekte Proteine oder anderweitig fehlerhafte Zellelemente. Falls diese nicht mehr für den Aufbau neuer Zellen eingesetzt werden können, nutzt der Organismus sie häufig auch als eigenen nutzbaren Brennstoff. Dadurch erreichen Sie eine Verjüngung, welche proportional zur vergangenen Zeit, in der noch nie eine Fastenkur gemacht worden ist, an Effektivität gewinnt. Der Autophagie-Prozess ist demnach ein sehr effizientes System zur Energiegewinnung, das dem Prozess der Energiegewinnung aus Fettreserven, in der Ketose (Fettstoffwechsel), ähnelt. Dieser wird durch ein genügend langes Kaloriendefizit eingeleitet. Es lagern sich kontinuierlich Fett und zelluläre Abfälle in Ihrem Körper ab. Diese Giftstoffe beeinträchtigen auf lange Sicht die Funktionsweise der betroffenen Zellen. Die Autophagie hat vor allem

# Fasten

zwei Ziele: Schutz des Organismus vor Krankheitserregern und Energieersparnis. Meines Erachtens ist das sinnvollste Fasten das Fasten nach Buchinger. Es gewährleistet eine kontinuierliche Mikronährstoff-Zufuhr innerhalb dieser Zeit. Dies wiederum unterstützt auf sanfte Art gerade Neulinge in diesem Bereich dabei, diese Methodik kennenzulernen.

## Buchinger-Fasten

Otto Buchinger vereinte naturheilkundliche Elemente, schulmedizinische Diagnostik und physiologisches Verständnis. Heute wird dieser Ansatz als integrativmedizinisches Konzept bezeichnet. Herr Buchinger litt an schweren Gelenkserkrankungen, welche er erfolgreich mit Fasten behandelte. Durch dieses Erfolgserlebnis widmete er sein Leben einer Methodik, die der Prävention, der Therapie und auch als spirituelle Übung diente.

Beim Buchinger-Fasten werden neben Wasser und Kräutertees, Gemüsebrühen und Säfte verabreicht.

## Intervallfasten

Bei dieser Fastenart wird «normal» weiter gegessen, jedoch gibt es den Unterschied, dass man die Zeitdauer der Nahrungszufuhr eingrenzt. Bei Männern liegt der Zeitrahmen in der Regel bei acht Stunden Nahrungszufuhr und sechzehn Stunden fasten. Bei Frauen sind es zehn Stunden Nahrungszufuhr und vierzehn Stunden fasten. Dies sind allgemeine Richtlinien und keineswegs als Absolutum zu verstehen. Das heisst, wenn Sie sich nach einem Fasten von sechzehn beziehungsweise vierzehn Stunden blendend fühlen, dann dürfen Sie nach eigenem Ermessen die vorgegebene Zeit überschreiten. Achten Sie jedoch immer auf Ihren Körper, was er Ihnen für Signale vermitteln möchte.

Wenn Sie sich jedoch noch nie über Ihre Essintervalle Gedanken gemacht haben, dann beginnen Sie langsam, ins Intervallfasten einzusteigen. Sie müssen nicht direkt sechzehn bzw. vierzehn Stunden fasten, sondern gehen Sie von Ihrem grundsätzlichen Essrhythmus aus und rechnen Sie eine Stunde dazu, in der Sie der Nahrungszufuhr länger abstinent bleiben. Eine halbe Stunde später führen Sie die erste Mahlzeit zu und eine halbe Stunde früher sind Sie mit dem Abendessen fertig. Diese Zeiten werden Sie kaum bemerken und dennoch kommen Sie dem Intervallfasten einen Schritt näher.[25] Nach zwei bis drei Tagen können Sie eine erste Standortbestimmung festlegen. Je nach Bedürfnis dürfen Sie sich in der Fastenzeit, mit einer halben Stunde pro Mahlzeit steigern. Warten Sie danach wieder zwei bis drei Tage ab und hören Sie auf Ihren Körper. Machen Sie nur so lange weiter, wie Sie sich psychisch und physisch wohlfühlen. Alles andere ergibt keinen Sinn!

Intervallfasten ist in einem gesunden Mass für jeden geeignet. Eine Kalorie ist nicht gleich eine Kalorie. Dies zeigt sich sehr treffend beim Intervallfasten. Gehen wir von einer generellen Tagesration aus, welche monozygote, das heisst eineiige, Zwillinge zu sich führen. Wir nehmen eineiige Zwillinge als Beispiel, weil deren genetisches Erbgut zu 99 % identisch ist und deshalb gut gezeigt werden kann, welche Wirkung eine bestimmte Verhaltensweise erzeugt. Ebenso besitzen sie den gleichen sozioökonomischen Status. Sie essen die gleichen Lebensmittel, nur einzig der Zeitrahmen der Lebensmittelzufuhr unterscheidet sich. Der eine isst direkt, wenn er aufsteht, und nimmt den letzten Biss zu sich, bevor er zu Bett geht. Der andere isst dieselben Lebensmittel, jedoch in einem Zeitrahmen von acht Stunden.

Das Ergebnis ist, dass der Zwilling, welcher Intervallfasten praktizierte, stetig abnehmen konnte. Natürlich hat das Abnehmen auch seine Grenzen und eine längere Fastenperiode birgt nicht grundsätzlich grösseres Potenzial für den Fettabbau.

Wenn Sie zu den Menschen gehören, die vier bis sechs Mahlzeiten pro Tag zu sich nehmen, sich mit Nahrungsergänzungsmitteln versorgen und Behälter mit Lebensmitteln mit sich herumtragen, kann sich das Intervallfasten wie der heilige Gral einer leichten Diät anfühlen. Für Menschen, die sich an regelmässige

# Fasten

Essintervalle mit drei Mahlzeiten pro Tag gewöhnt haben, kann das intermittierende Fasten hingegen mit Umsetzungsschwierigkeiten verbunden sein. Da Fastenperioden von mehr als sechzehn Stunden das Risiko des Muskelabbaus erhöhen (insofern in den acht Stunden nicht akribisch darauf geachtet wird, welche Makronährstoffe konsumiert werden) und keine weiteren Vorteile in Bezug auf die Verringerung des Hungergefühls oder die Gesundheitsergebnisse zu bieten scheinen, ist es für Kraftsportler generell ratsam, nicht länger als sechzehn Stunden zu fasten.

Intermittierendes Fasten kann sich nachteilig auf die Insulinsensitivität einer Person auswirken und hat anfangs das Potenzial, die spontane körperliche Aktivität und das geistige Energieniveau in der neuen, ungewohnten Esspause einzuschränken. Es ist zu beachten, dass ein direkter Übergang von einem „normalen" Essintervall von ca. zwölf Stunden auf acht Stunden nicht empfehlenswert ist. Ein sprunghaftes Vorgehen begünstigt die erwähnten Defizite. Das Hungergefühl wird langfristig nicht beeinträchtigt, ausser bei Personen mit einem sehr geringen natürlichen Hungergefühl am Morgen (oder um die Fastenzeit herum). Es gibt jedoch auch Personen, denen es trotz aller Widrigkeiten leichter fällt, in eine Fastenroutine zu kommen, nämlich sitzenden/inaktiven Männern und Personen mit einem geringen natürlichen Hungergefühl während der Fastenzeit.

Alternierendes Fasten (einen Tag essen, einen ganzen Tag fasten) hat sich in der Forschung überraschend gut bewährt. Für schlanke oder krafttrainierende Personen ist es jedoch nicht geeignet, da hier ein zu hohes Kaloriendefizit entsteht. Wenn Sie zu der genannten Personengruppe gehören und Sie dennoch alternierendes Fasten als interessant empfinden, dann versprechen stattdessen PSMF-Perioden Erfolg. Sie erzeugen ein grosses, aber kurzfristiges Energiedefizit, ohne das Muskelwachstum zu stark zu beeinträchtigen.

# Fasten

## Proteinschonendes modifiziertes Fasten

Das proteinschonende modifizierte Fasten (protein sparing modified fast, PSMF) ist die Lösung für Sportler. Denn wir wissen, dass sogar komplette Fastentage für den Fettabbau geeignet sind. Nutzen Sie diese Chance und profitieren Sie davon, indem Sie grosse Energiedefizite ausserhalb des anabolen Zeitfensters einbauen. Sie sollten ausserhalb des anabolen Zeitfensters Defizite einbauen, um Kalorien freizusetzen, die Sie in Ihre anabolen Zeitfenster einbringen können. Dort werden sie zum Muskelwachstum umgewandelt. Sie sollten auf das vollständige Fasten an jedem zweiten Tag verzichten und stattdessen das sogenannte proteinsparende modifizierte Fasten (PSMF) durchführen. Eine PSMF ist ein Intervall, in dem die kontinuierliche Mahlzeitenfrequenz beibehalten wird, die Mahlzeiten jedoch auf die optimale Proteinzufuhr mit kalorienentsprechenden Mengen der anderen zwei Makros angepasst werden (Fett und Kohlenhydrate, aber mit der höchstmöglichen Menge an Ballaststoffen). Das PSMF ist eine sehr erfolgreiche medizinische Praxis für fettleibige Personen mit wenigen Komplikationen.[26] Bei schlankeren Personen kann ein PSMF jedoch nicht ohne übermässigen Muskelabbau aufrechterhalten werden, da das kumulierende Energiedefizit zu gross wird. Wenn Sie diese Methode auf Zeiten ausserhalb des anabolen Zeitfensters beschränken, können Sie einen sehr zeiteffizienten Fettabbau erreichen und die potenziellen Vorteile des alternierenden Tagesfastens mit einer optimaleren Nährstoffaufteilung nutzen.

Kalorienzyklen mit PSMF-Phasen sind ein weiteres wirksames Mittel, um den Hunger zu regulieren. Der Schlaf wirkt wie eine Art Reset-Knopf für den Hunger und reduziert diesen deutlich. Nach einem Energiedefizit von 75 % am Fastentag steigt die Energieaufnahme nur um ca. 7 %. Der subjektive Hunger steigt am Morgen nach dem PSMF leicht an, die appetitregulierenden Hormone werden jedoch nicht beeinflusst. Der Schlaf führt also zu einer fast vollständigen Wiederherstellung des Hungergefühls nach dem Fasten und nur zu einer minimalen Kompensation am nächsten Tag. PSMF hat auch eine appetitzügelnde Wirkung im Vergleich zu einer niedrigen, aber nicht extrem niedrigen Kalorienzufuhr. Es ist

# Fasten

wissenschaftlich erwiesen, dass Menschen bei einer sehr niedrigen Energiezufuhr weniger hungrig sind als bei einer nicht so niedrigen. In einer Studie berichteten die Teilnehmer über weniger Hunger bei einer Diät mit 330 kcal im Vergleich zu einer Gruppe, die die gleiche Mahlzeit mit 780 kcal zu sich nahm. In einer anderen Studie verloren die Teilnehmer bei einer 500 kcal-Diät signifikant mehr Gewicht als bei einer 1200 kcal-Diät. Trotzdem hatten sie bei 500 kcal weniger Hunger als bei 1200 kcal. Die appetitzügelnde Wirkung von PSMF lässt sich durch die vermehrte Produktion von Ketonkörpern und die Ausschüttung von Endorphinen erklären. Eine gute PSMF bedeutet nicht, sich ausschliesslich von Proteinshakes zu ernähren. Auch wenn Proteinshakes eine gute Möglichkeit sind, viel Eiweiss zu sich zu nehmen, sind Mikronährstoffe, Ballaststoffe und die Einhaltung der unten aufgeführten Regeln nach wie vor wichtig. PSMF-Mahlzeiten bestehen in der Regel aus ballaststoffreichem Gemüse oder Obst in Kombination mit vollwertigen Eiwessquellen. Wie wäre es zum Beispiel mit Quark mit Erdbeeren, Zucchinisuppe mit Fleischbällchen aus 1 % Rindfleisch oder Weissfisch und Pak Choi in Sojasauce? Ein richtiges PSMF sollte sich nicht wie eine Folter anfühlen und ist eher als eine äusserst gesunde, kurzfristige Diät zu verstehen, denn als ein Fasten. Konkret sollte eine PSMF-Periode wie folgt aussehen:

- Eiweiss wird, wie üblich, in optimaler Menge konsumiert – das heisst 1,6 g/kg als Sportler; ansonsten 1 g/kg.
- Die Gesamtenergieaufnahme wird an trainingsfreien Tagen minimiert. Sie umfasst als gesamte Tageskalorien das 9,7-fache der Proteinzufuhr, um ein nachhaltiges PSMF zu erzielen. Das bedeutet, dass ein PSMF-Tag mit einer Proteinzufuhr von 120 g ein Kalorienbudget von 120 g x 9,7 kcal/g = 1164 kcal hat.
- Die Ballaststoffzufuhr sollte, wie es die Kriterien erlauben, so hoch wie möglich gehalten werden.
- Alle wichtigen Mikronährstoffe und/oder Nahrungsergänzungsmittel sollten weiterhin eingenommen werden.

# Fasten

## Fettabbau generell optimieren

Auch der Fettabbau stellt ein in der Gesellschaft sehr bekanntes und oft belastendes Thema dar. Grundsätzlich ist er einfach zu handhaben, aber wenn das Unterbewusstsein Programme/Muster abspielt, die für Ihren Fettabbau nicht förderlich sind, können Sie kaum etwas mit Ihrem Tagesbewusstsein bewerkstelligen, zumindest nichts von langer Dauer. Dennoch sind es auch oft nur die falschen Gewohnheiten, die zu einem bestimmten Lifestyle führen. Auf das Unterbewusstsein werde ich tiefer eingehen, wenn ich zu den psychologischen Parametern komme. Wenn Sie sich entschieden haben, Gewicht zu verlieren und Ihren Körper in Topform zu bringen, sind Sie auf dem richtigen Weg. Der Fettabbau kann jedoch eine Herausforderung sein und es ist wichtig, die richtigen Schritte zu unternehmen, um Ihre Ziele zu erreichen. Anfangen möchte ich mit einigen grundlegenden Tipps, die Ihnen helfen, Ihren Fettabbau zu optimieren.

## Sich ausgewogen ernähren:

Eine ausgewogene Ernährung mit viel Obst, Gemüse, Vollkornprodukten, genügend Eiweiss und gesunden Fetten ist der Schlüssel zum Fettabbau. Vermeiden Sie verarbeitete Lebensmittel und zu viel Zucker sowie Transfette (entstehen beim Frittieren oder starken Erhitzen von kaltgepressten Ölen wie Raps-, Sonnenblumen-, Distelöl etc.). Braten Sie lieber mit Kokosöl.

## Viel Wasser trinken:

Wasser beschleunigt Ihren Stoffwechsel und hilft Ihnen, hydratisiert zu bleiben. Das ist wichtig für den Fettabbau. Es gibt eine Regel, die besagt, dass Ihr Körper pro Liter, den Sie trinken, ca. 100 kcal verbrennt. Es sollte klar sein, dass Sie nicht erwarten können, zehn Liter zu trinken und dann 1000 kcal zu verbrennen, sondern diese Regel spielt nur eine signifikante Rolle bei den ersten 2 – 3 Litern.

# Fasten

## Moderat Sport treiben:

Körperliche Aktivität ist wichtig, um den Fettabbau zu fördern und gleichzeitig Muskeln aufzubauen. Trainieren Sie mindestens dreissig Minuten pro Tag oder 3–4-mal intensiv in der Woche.

## Genug Schlaf bekommen:

Ausreichend Schlaf ist wichtig für den Fettabbau, da Leptin, ein Hormon, das den Appetit reguliert, während des Schlafs produziert wird.

## Stress vermeiden:

Stress kann den Pegel des Hormons Cortisol erhöhen, was den Fettabbau erschweren kann. Vermeiden Sie Stress oder bauen Sie Stress mit Entspannungstechniken wie Yoga oder Meditation ab.

## Halten Sie sich an Ihren Trainings- und Ernährungsplan:

Kontinuität ist der Schlüssel zum Erfolg beim Fettabbau. Halten Sie sich an Ihren Trainings- und Ernährungsplan und vermeiden Sie Ablenkungen. Es gilt zwischen einer rigiden und einer flexiblen Esskontrolle zu unterscheiden. Die rigide besagt: nie mehr Alkohol, nie mehr Süsses, nie mehr Fast Food etc. Dass diese strikten Aussagen nicht nachhaltig fruchten, wissen Sie selbst. Ein gesunder Umgang mit mehr oder weniger allen Lebensmitteln sollte an der Tagesordnung sein. Dementsprechend sollten Sie langfristig eine flexible Esskontrolle anstreben. Das heisst, es darf auch einmal Schokolade oder eine Pizza sein, solange der Konsum nicht überhandnimmt und Sie auch einen Genuss darin finden, ohne sich danach schlecht zu fühlen. Es kann auch hilfreich sein, die ersten drei oder vier Wochen auf alles zu verzichten, um den gewohnten Kreislauf zu durchbrechen, und danach titriert, falls noch nötig, einzelne «böse» Lebensmittel in Ihren Ernährungsalltag wieder einzuführen.

# Fasten

## Seien Sie geduldig:

Der Fettabbau ist ein Prozess und er kann einige Zeit dauern, bis Sie Ihre Ziele erreichen. Seien Sie geduldig und feiern Sie Ihre Fortschritte, auch wenn sie klein sind.

Mit diesen Tipps können Sie Ihren Fettabbau optimieren und Ihre Ziele erreichen. Denken Sie daran, dass Gesundheit und Wohlbefinden kein Ziel sind, sondern ein Zustand, den Sie jeden Tag pflegen.

Ich habe Ihnen hier eine kurze Zusammenfassung erstellt, damit Sie bei Bedarf das Buch kurz öffnen können und alles an einem Ort komprimiert vorfinden:

## Goldene Regeln für einen schönen und gesunden Körper

- Kaffee durch Grüntee ersetzen oder zumindest ohne Milch und ohne Zucker trinken
- Milch und Milchprodukte grösstenteils vermeiden
- Zucker vermeiden
- Margarine vermeiden (aus ungesättigten/mehrfach ungesättigten Pflanzenölen werden über einen Herstellungsprozess die giftigen Transfette erzeugt)
- Konfitüre vermeiden oder nur in geringen Mengen (viel Einfachzucker)
- Brot in der Diätphase ganz weglassen (aufgrund des enthaltenen Weizens, Glutens und der Hefe)
- Zopf, Hotdog, Sandwiches und allgemein Weissbrot strikt vermeiden
- Coca Cola (auch Zero), Red Bull und Süssgetränke vermeiden
- Fertiggerichte vermeiden (viel Zucker, Salz und chemische Stoffe enthalten, die den Fettstoffwechsel verlangsamen oder komplett stoppen)
- Schnitzel, Pommes und allgemein Frittiertes unbedingt vermeiden
- Light-Produkte vermeiden

- Kroketten vermeiden und allgemein Kartoffeln nur geschwellt/Salzkartof-feln und nicht frittiert, gebacken, gebraten oder weiterverarbeitet (Chips)
- Speck und fettiges Fleisch max. 2 – 3-mal in der Woche
- Spaghetti in der Diätphase ganz vermeiden, Vollkornpasta kann eventu-ell später wieder hinzugefügt werden (hohe Kalorien und Kohlenhydrat-dichte und nicht eine der besten Kohlenhydratquellen)
- Eis vermeiden
- Fondue und Raclette weglassen
- Pide/Pizza vermeiden
- Käse wenn möglich vermeiden (hoher Gehalt an Fett und viele Kalorien - ausser Harzerkäse)
- Alkohol vermeiden (leere Kalorien, bremst den Stoffwechsel)
- Fertigsaucen vermeiden
- Rahm vermeiden oder zumindest stark einschränken
- Croissant und Backwaren vermeiden (Transfette & Zucker)
- Bier vermeiden (zu hoher Glykämischer Index und leere Kalorien - Dick-macher Nr. 1)
- Fertig-Salatsaucen vermeiden, Salatsauce besser aus Olivenöl oder Leinöl, Essig und Kräutern
- Milchschokolade vermeiden (schwarze Schokolade mit min. 70 %, bes-ser 100 % Kakaoanteil ist ab und zu erlaubt)
- Kohlenhydrate wie Reis, Kartoffeln und Buchweizen sind wichtig, damit Ihr Stoffwechsel funktioniert.
- Sie sollten genügend Vitamine und Mineralstoffe zu sich nehmen, damit der Stoffwechsel funktioniert. In der heutigen Zeit mit den aktuellen Bö-den ist es schwer, an die Menge, die Ihr Körper benötigt, heranzukom-men. Daher empfehle ich Ihnen, ausgewählte Nahrungsergänzungsmit-tel zu sich zu nehmen.

# Fasten

- Pro Tag können Sie 2–3 Eier essen – als Frau mit wenig Bewegung eher eine Portion, bei einem Mann mit viel Bewegung eher drei Portionen (Eier enthalten wichtige Fettsäuren und Eiweiss).
- Wasser sollten Sie mind. 1.5–2.5 Liter trinken (+ 1 Liter pro Stunde Training).
- Zusätzlich sollten Sie Wasser mit Zitrone trinken (Fettverbrenner).
- Morgens und tagsüber Grüntee (bis spätestens 15 Uhr) trinken (regt den Fettstoffwechsel an)
- Brennnesseltee trinken (entwässert - unterstützend bei Wassereinlagerungen in den Beinen)

# 7 Fruktose

Viele Menschen sind unsicher, ob und wie viel Fructose sie essen dürfen, weil Mythen darüber kursieren, dass sie dick machen würde. Hier wäre es schön, wenn es mehr Aufklärung und Differenzierung gäbe. Glukose und Fruktose sind die beiden wichtigen Stoffwechselprodukte, die bei der Verarbeitung von Kohlenhydraten entstehen – ganz egal, woher diese Kohlenhydrate stammen. Glukose ist eine ganz wunderbare Kraftstoffquelle für viele Zellen, insbesondere für Muskelzellen und das Gehirn.

Fruktose kommt in der Natur vor allem in Honig, Früchten und Gemüse vor. Fruktose wird auch indirekt in Form von Sorbitol konsumiert, einem Zuckeralkohol, der in Obst und Gemüse vorkommt. Sorbitol wird in der Leber in Fruktose umgewandelt.

Die Aufnahme von Fruktose ist jedoch im Vergleich zu Glukose etwas langsamer. Sie kann nicht durch Insulin oder Training angekurbelt werden. Aus diesem Grund kommt Fruktose bei Ausdauersportlern, die ihre Speicher sehr schnell wieder auffüllen müssen, nur selten zum Zug – wenn überhaupt, dann in Form von wässrigen Früchten. Daher ist Glukose die bevorzugte Kraftstoffquelle für Muskeln. Ein Teil der Fruktose wird bereits im Dünndarm zu Glukose verstoffwechselt. Während die Glukose in grossen Mengen ins Blut gelangen kann, wird der grösste Anteil an Fruktose bereits in der Leber verstoffwechselt, da viele Gewebearten Fruktose leider nicht so effizient als Energiequelle nutzen können, wie wir uns das wünschen würden. Ein Teil der Fruktose wird von den Nieren verstoffwechselt.

In der Leber kann mit Fruktose so einiges passieren. Der Grossteil der Fruktose wird in der Leber ganz normal in Glukose umgewandelt und anschliessend als Leberglykogen gespeichert. Fruktose kann aber auch zu Pyruvat abgebaut werden. Dieses kann dann über den Citratzyklus oder über die Fermentation zu Laktat als Energiequelle genutzt werden.

# Fruktose

## Fruktose-Toxizität

Trotz des vielseitigen Fruktose-Stoffwechsels ist die Fruktose-Absorption bei vielen Menschen eher gehemmt. Etwa 60 % der Leute sind nicht in der Lage, Fruktosemengen im Bereich von 20 g bis über 50 g vollständig aufzunehmen. Wenn man die absorbierbare Menge überschreitet, kann über Osmose Wasser in die Gedärme fliessen. Jedoch könnte die gesellschaftliche Angst hinsichtlich des Fructose-Stoffwechsels reduziert werden, wenn Sie verstehen, wieviel Früchte Sie essen müssten, um diese kritische Schwelle zu überschreiten. Ein Apfel hat auf 100 g ca. 5,6 g Fructose, eine Banane ca. 4,3 g und ein Fruchtsaft ca. 6,7 g. Im Umkehrschluss würde dies bedeuten, dass Sie 892 g Äpfel, 1,2 kg Bananen und 700 ml Fruchtsaft trinken müssten, um zu dieser Schwelle zu gelangen. Die Angaben wieviel Fructose in einem Lebensmittel enthalten ist, schwanken enorm und daher ist es schwer hier eine durch und durch aussagekräftige Antwort zu geben. Sogar in diesem hypothetischen Szenario werden Sie, unter der Prämisse, dass Sie völlig gesund sind, in der Regel keine Probleme haben. Weil eine Frucht logischerweise in sich komplett aus der Natur kommt und etliche weitere bioaktive Sekundär-Pflanzenstoffe enthält, welche in Symbiose mit der Fructose stehen. Viele davon kennt die Ernährungswissenschaft noch gar nicht, geschweige denn «Otto Normalverbraucher». Aus diesem Grund liegt die Gefahr eher bei einer zu hohen Einnahme von «isolierter» Fruktose bzw. Zuckeralkoholen, welche zu Durchfall, Magenkrämpfen und Blähungen führen. Dies wird wiederum leicht mit Fettzuwachs verwechselt, was eine weit verbreitete Fruktosephobie zur Folge hat. Die wahrhaftige «böse» Fructose, also die isolierte und nicht in einer symbiotischen Verbindung stehende Fructose, finden Sie in etlichen verarbeiteten Nahrungsmitteln wie Softdrinks, Gebäck, Süssungsmitteln, Brotaufstrichen, Süssigkeiten, Kuchen, Torten ... etc. Es wird auf dem Produkt als Fruchtzucker/Fruktose, Fruktosesirup, Fruktose-Glukosesirup, Glukose-Fruktosesirup, fructosereicher Maissirup, Isoglucose oder Fruchtsaftkonzentrat gekennzeichnet. Behalten Sie beim Lesen der folgenden Zeilen diese Differenzierung im Hinterkopf.

# Fruktose

Die Fruktose-Malabsorption ist jedoch nicht nur ein verdauungstechnisches Problem. Das Anhäufen von Fruktose und ihren Zwischenprodukten kann toxisch sein und zu einer Vielzahl von gesundheitlichen Beschwerden wie Hypoglykämie und Azidose führen.

Ein weiteres wichtiges Thema im Zusammenhang mit einer hohen Fruktoseaufnahme ist die De-novo-Lipogenese (DNL) in der Leber. Die DNL führt zu einer Anhäufung von Triglyceriden in der Leber. Diese Anhäufung kann dazu führen, dass die Leber Insulin nicht mehr richtig verarbeitet. Dadurch kann es zu chronischen Entzündungen kommen. Fettsäuren in der Leber sind auch dafür verantwortlich, dass sehr kleines LDL-Cholesterin (VLDL) produziert wird. Eine Anhäufung von VLDL und Triglycerid im Blut kann mutmasslich ein Risikofaktor für Herz-Kreislauf-Erkrankungen sowie verstopfte Arterien sein.

Die Toxizität von Fruktose und ihr Potenzial für die Leberlipogenese haben ihr leider einen schlechten Ruf eingebracht. Deshalb zeigen sich zahlreiche Menschen beim Verzehr von vielen Früchten oder viel Gemüse zurückhaltend. Doch das ist ein Irrtum. Sportler, die sich vollwertig ernähren möchten, sollten auf Früchte und Gemüse nicht verzichten. Denn der Verzehr von Fruktose in seinem natürlich vorkommenden Milieu birgt für sie aus mehreren Gründen viel weniger Gesundheitsrisiken als die Vermeidung von Früchten und Gemüse.

Erstens kann der gleichzeitige Verzehr von Glukose die passive Aufnahme von Fruktose über die begleitende Wasseraufnahme fördern. Daher stellen vor allem industriell verarbeitete Lebensmittel, die mit Fruktose gesüsst sind, ein prekäres Gesundheitsrisiko dar und sollten vermieden werden. In Obst und Gemüse beträgt das Verhältnis von Fruktose zu Glukose im Durchschnitt etwa 1:1, und es sind vor allem die süssen Pflanzen, die überhaupt nennenswerte Mengen an Fruktose enthalten. Daher ist das Risiko einer Fruktose-Toxizität im Rahmen einer Mischkost, die auf vollwertigen Lebensmitteln basiert, dementsprechend gering.

# Fruktose

Zweitens haben nur tägliche Fruktosezufuhren über ~100 g, hauptsächlich in Form von verarbeiteten Lebensmitteln, ein signifikantes Potenzial für gesundheitliche Komplikationen, da sie die metabolische Kapazität des Dünndarms und der Leber überschreiten. Einige Studien haben sogar festgestellt, dass keine negativen Auswirkungen auf die Gesundheit bei gesunden Personen vorliegen, die acht Wochen lang täglich 150 g Fruktose zu sich genommen haben. Das praktische Risiko einer derart hohen Fruktose-Aufnahme ist bei einer vollwertigen Ernährung im Allgemeinen gering, da sie den Verzehr von zehn bis zwanzig Einheiten der meisten Früchte erfordert. Darüber hinaus ist das Risiko im Vergleich zu verarbeiteten Lebensmitteln und Erfrischungsgetränken in der Regel deutlich geringer, da Früchte und Gemüse viel langsamer verdaut werden, sodass der Dünndarm mehr Zeit hat, die Fruktose zu verstoffwechseln, bevor sie die Leber erreicht. Bevor Sie sich Sorgen um Ihre Gesundheit machen, sollten Sie wissen, dass nur bei einer Fruktoseintoleranz (mit erhöhtem Gesundheitsrisiko) langfristige Schäden auftreten können, die sich zunächst in Verdauungsproblemen oder Ähnlichem äussern.

Drittens bietet körperliche Betätigung einen deutlichen Schutz vor Fruktose-Toxizität.[27] Durch die Entleerung von Leberglykogen wird Fruktose eher zur Aufstockung der Leberglykogenspeicher verwendet, als dass sie in Lipide umgewandelt wird. Fruktose kann auch als Brennstoff für die Muskeln direkt oder nach der Umwandlung in Laktat oder Glukose metabolisiert werden.

Das Resümee lautet, dass Früchte und Gemüse nicht gemieden werden sollten, nur weil sie Fruktose enthalten. Sie sind im Allgemeinen sehr gesund und dürfen Grundnahrungsmittel in Ihrer Ernährung darstellen. Vermeiden Sie insbesondere industriel hergestellte Produkte, die mit isolierter Fructose gesüsst worden sind. Damit der Fokus nicht nur auf den Kohlenhydraten liegt, sollte auch auf den zweiten Makronährstoff Fett näher eingegangen werden. Dabei gilt es zunächst die ungesunden Transfette zu thematisieren.

# Fruktose

## Transfette

Die ungesunden Transfette sind berüchtigt. Künstliche Transfettsäuren können die Zellmembranen verzerren und daher mit schwerwiegenden Hirn- und Herztoxizitäten in Verbindung gebracht werden, zum Beispiel koronaren Herzkrankheiten, Depressionen und der Alzheimer-Krankheit. Künstliche Transfette sind so giftig, dass es Lebensmittelherstellern in vielen Ländern, darunter auch in der EU, nicht erlaubt ist, im Einzelhandel Lebensmittel mit mehr als 2 g Transfetten auf 100 g herzustellen.

Transfette sind aber immer noch in frittierten Lebensmitteln in Restaurants und anderen Einrichtungen zu finden, die nicht dem Einzelhandel angehören. Da geht es weniger um die Gesundheit als um das gustatorische Erleben. Transfette entstehen, wenn mehrfach ungesättigte Fettsäuren über einen längeren Zeitraum sehr hoher Hitze ausgesetzt werden. Das passiert zum Beispiel, wenn pflanzliche Öle, die viele einfach und mehrfach ungesättigte Fettsäuren enthalten, frittiert werden. Kokosöl oder -fett ist zum Braten völlig legitim, weil es gesättigte Fettsäuren enthält, die auch bei hoher Hitze in ihren Fettmolekülketten stabil bleiben. Transfette entstehen auch durch Hydrierung, ein Verfahren, das oft zur Herstellung von Margarine und Frittieröl verwendet wird. Dadurch werden die Fette fester und bei Raumtemperatur stabiler, wie die meisten natürlichen gesättigten Fette.

Wenn in einem Produkt teilweise hydrierte Öle, Rapsöl oder Margarine enthalten sind und nicht ausdrücklich angegeben ist, dass es 0 g Transfette pro 100 g enthält, sind mit hoher Wahrscheinlichkeit Transfette enthalten. Sogar bei einer vollständigen Hydrierung bleiben Restbestandteile dieser giftigen Fette bestehen. Für eine optimale Gesundheit ist es am besten, den Konsum von künstlichen Transfettsäuren zu vermeiden.

# Fruktose

Anders als bei den Kohlenhydraten sind bestimmte Fettsäuren sowie 21 spezifische Aminosäuren für den Menschen essenziell. Daher achten Sie darauf, welches Fett und in welchem Ausmass Sie dieses zuführen. Die Menge ist nach dem Ziel zu eruieren.

Grundsätzlich ist eine für die meisten angemessene Verteilung folgende: 45 % Kohlenhydrate, 35 % Fett und 20 % Eiweiss, bezogen auf den gesamten Kalorienbedarf des Tages. Unter der Prämisse, Ihre Lebensmittelauswahl ist kongruent, bewegen Sie sich mit dieser Zusammensetzung am oberen Rand der natürlichen biologischen Hormonproduktion. Wenn es Ihnen nicht zusagt, dieses Kontingent an Fett einzunehmen, bietet sich eine Zusammensetzung von 50 % Kohlenhydraten, 25–30 % Fett und 20–25 % Eiweiss an. Auch das Thema Cholesterin hat, wie im Folgenden erklärt, seine Eigenheiten.

# 8 Cholesterin

Wie oft angenommen ist Cholesterin nicht per se schlecht, sondern dient als wichtige Lebensgrundlage für unsere Biologie. Sterole, auch Steroidalkohole genannt, sind eine Untergruppe der Steroide. Ihr Körper verwendet Cholesterin, um körpereigene Steroide herzustellen.

Milchprodukte, Eier und Fleisch sind übliche Nahrungsquellen für Cholesterin. Mit dem Vorbehalt, dass der Körper gesund ist und insbesondere die Schilddrüse einwandfrei funktioniert, übt Nahrungscholesterin kaum einen signifikanten Einfluss auf den Cholesterinwert des Körpers aus. Trotz des schlechten Rufs, den Cholesterin im Laufe der Jahre wegen seiner Verwicklung in Herz-Kreislauf-Erkrankungen erhielt, dient es als Vorläufer für viele andere wichtige Steroide im Körper, darunter die Folgenden:

- die Gallensäuren
- steroidale Sexualhormone wie Östrogene, Androgene und Progesteron
- die Nebennierenrindenhormone
- Vitamin D

Bis vor gar nicht so langer Zeit wurde der Cholesterinwert herangezogen, um die Schilddrüsenfunktion zu testen. Eine Schilddrüsenunterfunktion führt unweigerlich dazu, dass weniger Fett aus dem Blut in die Leber transportiert wird. Die Folge ist ein Anstieg der Blutwerte von Cholesterin und Triglyceriden. In erster Linie ist das sogenannte "böse" LDL-Cholesterin betroffen. Die Anzahl der Rezeptoren, die das LDL-Cholesterin normalerweise aus der Blutbahn in die Leberzellen transportieren, ist eindeutig vermindert. Jedoch muss hier auch klar erläutert werden, dass die Konzentration des LDL ausschlaggebend dafür ist, ob es unsere Gesundheit zuträglich ist oder nicht. Unter Berücksichtigung dessen stellt sich die Frage, wie oft heutzutage noch die Schilddrüse auf ihre Funktionstüchtigkeit getestet wird, wenn sich die Werte für Cholesterin und die Triglyceride nicht mehr im

# Cholesterin

Referenzbereich aufhalten. Es werden zu schnell Medikamente verschrieben, welche die Symptome behandeln und nicht an der Wurzel ansetzen, bevor schliesslich zu eliminierenden Massnahme gegriffen wird.

Es gibt einen grassierenden Begriff namens «Die Cholesterin-Lüge», der verwendet wird, um die gängige Meinung über Cholesterin und Herzkrankheiten in Frage zu stellen. Die Anhänger dieser Sichtweise argumentieren, dass der Zusammenhang zwischen hohen Cholesterinwerten und Herzerkrankungen übertrieben oder falsch dargestellt wird. Im Folgenden werden die wichtigsten Argumente und Daten dieser Sichtweise aufgeführt:

**Überbewertung von Cholesterin:** Es wird behauptet, dass Cholesterin in der Öffentlichkeit und von vielen Gesundheitsbehörden als Hauptfaktor für Herzkrankheiten dargestellt wird. Einige Studien zeigen jedoch, dass andere Faktoren wie Entzündungen, Insulinresistenz und Lebensstil (z. B. Ernährung, körperliche Aktivität, Rauchen usw.) eine ebenso wichtige oder sogar wichtigere Rolle spielen können. Glauben Sie nicht alles, was Ihnen Ihr Hausarzt mitteilt, sondern bleiben Sie, so gut, wie es geht, in Ihrem Denken autonom und informieren sich selbst weiter. Eine 2018 in der Fachzeitschrift The Lancet veröffentlichte Studie ergab beispielsweise, dass 50 % der Menschen, die einen Herzinfarkt erleiden, normale Cholesterinwerte haben.[28]

**Statine und ihre Nebenwirkungen:** Statine, die zur Senkung des Cholesterinspiegels verschrieben werden, sind weit verbreitet. Es wird argumentiert, dass die Vorteile dieser Medikamente übertrieben und die Nebenwirkungen wie Muskelschmerzen, erhöhtes Diabetesrisiko und kognitive Beeinträchtigungen heruntergespielt werden. Dieses Medikament arbeitet nur an den Symptomen erhöhter Blutwerte und lässt die Ursache unbeachtet. Eine 2019 in American Heart Association Journals veröffentlichte Studie ergab, dass bis zu 20 % der Patienten, die Statine einnehmen, über Nebenwirkungen berichten, die ihre Lebensqualität auf eine Weise beeinträchtigen, dass sie schlechter ist als vor der Einnahme.[29]

# Cholesterin

**Die Rolle von LDL und HDL:** Nach gängiger Meinung wird Cholesterin in das "böse" LDL (Low Density Lipoprotein) und das "gute" HDL (High Density Lipoprotein) unterteilt. Es wird argumentiert, dass diese Vereinfachung irreführend ist und der Komplexität der Cholesterinbiologie nicht gerecht wird. Eine Metaanalyse von neunzehn Studie, die 2016 im BMJ veröffentlicht wurde, zeigte, dass hohe LDL-Werte bei älteren Menschen nicht mit einer erhöhten Sterblichkeit einhergehen. Das Verhältnis von LDL und HDL sollte langfristig dennoch stimmen.[30]

**Ernährungsmythen:** Es wird oft behauptet, dass eine cholesterinarme Ernährung notwendig ist, um Herzkrankheiten vorzubeugen. Einige Experten argumentieren jedoch, dass Ernährungsempfehlungen in Bezug auf Cholesterin veraltet sind. Studien wie die PURE-Studie (Prospective Urban Rural Epidemiology), die 2017 in The Lancet veröffentlicht wurde, zeigen, dass der Verzehr von gesättigten Fetten nicht direkt mit einem erhöhten Risiko für Herzerkrankungen verbunden ist.[31]

Obwohl diese Sichtweise umstritten ist, gewinnt sie durch neue Forschungsergebnisse und Debatten an Bedeutung. Die Mehrheit der Wissenschaftler vertritt nach wie vor die Ansicht, dass hohe LDL-Werte mit einem erhöhten Risiko für Herzkrankheiten verbunden sind und dass eine Senkung des LDL-Cholesterins durch eine gesunde Ernährungsweise, Nahrungsergänzungsmittel und moderate Bewegung vorteilhaft sein kann. Dennoch wird die Rolle des Cholesterins für die Gesundheit weiterhin intensiv erforscht, um ein umfassenderes Verständnis zu erlangen, was richtig oder falsch ist. Lassen Sie sich also nicht verängstigen. Wenn Sie bedenken, dass die Soll-Werte auch immer wieder nach unten justiert werden, um einen grösseren Kundenkreis an möglichen Patienten zu generieren, ist es nicht verwunderlich, dass immer mehr Menschen einen vermeintlich «zu hohen» Cholesterinwert oder Blutdruck haben. Lassen Sie sich diesen Satz auf der Zunge zergehen.

## Braunes Fett

Eine besondere Form von Fett ist das braune Fett. Braune Fettzellen haben zum einen mehr Mitochondrien und werden besser durchblutet als weisse Fettzellen. Zum anderen sind die Mitochondrien anders aufgebaut, damit sie mehr Wärme produzieren können, ohne dabei ATP zu verbrauchen. Adenosintriphosphat (ATP) ist die Hauptenergiequelle unserer Zellen, die in den Mitochondrien produziert wird und für unsere Bewegung sowie den Stofftransport in den einzelnen Zellen verantwortlich ist. Braunes Fett hat also vor allem die Aufgabe, Wärme zu produzieren. Es dient nicht so sehr der Speicherung von Energie. Im Vergleich zu anderen Tieren hat ein erwachsener Mensch tatsächlich nur sehr wenig braunes Fett. Babys haben noch eine Menge braunes Fett, das sie warmhält, wenn es draussen kalt ist.

Die Thermogenese wird durch zwei Arten von externen Reizen aktiviert:

1. durch das Konsumieren von Lebensmitteln und

2. längeren Kontakt mit kalten Temperaturen (ohne Frösteln)

Der Faktor der Kälteexposition hat das Interesse an der Entwicklung einer Kältetherapie geweckt, die den Energieverbrauch und damit den Fettabbau fördern soll. Theoretisch funktioniert das. Aber im Alltag stellt sich natürlich die Frage, ob man das langfristig so hinnehmen will, um davon zu profitieren. Hier finden Sie einen Überblick, der zeigt, wie sich der Energieverbrauch durch Kälteexposition steigern lässt:

- In einer Studie wurde eine grosse interindividuelle Variabilität bei der Wirkung von Kälteexposition auf die Thermogenese von braunem Fett gefunden. Sechs von dreizehn Männern erlebten einen moderat beeindruckenden Anstieg des Energieverbrauchs um 410 kcal (28 %), nachdem sie zwei Stunden lang in ihrer Unterwäsche auf Eisblöcken gesessen hatten. Bei den übrigen sieben teilnehmenden Männern war jedoch kein signifikanter Anstieg zu verzeichnen (+3 %, 42 kcal). Die Thermogenese als Reaktion auf Nahrung und Kälte ist eng miteinander verknüpft. Eine Möglichkeit festzustellen, ob Sie auf eine Kältetherapie wahrscheinlich ansprechen, besteht also darin zu beurteilen, wie stark Ihre Hauttemperatur nach dem Essen ansteigt. Wenn Sie nach einer Mahlzeit schnell zu schwitzen beginnen, wird Ihr braunes Fett nach der Kälteexposition wahrscheinlich stark aktiviert.[32]

- Eine weitere Studie untersuchte eine vollständige Dosis-Wirkung der Kälteexposition von der Kälte bis zum Frösteln. In einem 19 °C warmen Raum trugen die Teilnehmer eine Wasserkühlweste, die bei einer Temperatur von 16,6 °C zu kühlen begann und die Temperatur allmählich senkte, bis die Teilnehmer deutlich zitterten. Der Energieverbrauch stieg langsam an und erreichte beim Frösteln einen Spitzenwert von +17 %.[33]

Ein zusätzlicher Energieverbrauch von mehreren hundert Kalorien klingt vielversprechend, doch gibt es einige Überlegungen, die die praktische Anwendung der Kältetherapie einschränken. Unter anderem zählt der Umstand dazu, dass es nicht viele Möglichkeiten im Alltag gibt, die dafür herangezogen werden können.

1.  Die Thermogenese des braunen Fettgewebes wird nur dann in einem ausreichenden Umfang aktiviert, wenn die Kältewahrnehmung über den Punkt des Wohlbefindens hinausgeht. Man muss sich im Grunde ausserhalb der Komfortzone bewegen. Tun Sie dies generell öfters in verschiedenen Bereichen Ihres Lebens!

2.  Der Hunger nimmt tendenziell zu, wenn der Mensch Kälte ausgesetzt ist. Auch wenn eine leichte, kurzzeitige Kälteexposition den Hunger nicht steigert, sind sich die meisten Untersuchungen darin einig, dass Menschen und Tiere im Allgemeinen mehr essen, wenn sie sich kälter fühlen. Unter der Berücksichtigung dieser Erkenntnis ergibt sich daraus ein Nullsummenspiel, wenn man dem Hunger dann auch nachgeht.

3. Der Körper passt sich mit der Zeit an die Kälteexposition an und diese Anpassungen verringern meist den Energieverbrauch, da der Körper effizienter mit der Kälte umgehen kann.

Hier muss allerdings gesagt werden, dass Kälteexpositionen nicht nur eine Wirkung auf Ihren Stoffwechsel haben, sondern auch eine Depressions-Prophylaxe darstellen, Ihr Hautbild und Ihren Schlaf verbessern, die Durchblutung steigern und den Hormonhaushalt regulieren.

Die Kältetherapie hat womöglich für die meisten Menschen nur limitierte praktische Anwendungsmöglichkeiten. Eine Überlegung wert ist sie für Menschen, die die folgenden Kriterien erfüllen:

1. Sie müssen eine Temperatur von unter 20 °C mit minimaler Kleidung für mehrere Stunden am Tag ertragen, um einen spürbaren Effekt zu erzielen.
2. Ihr Hunger ist das Haupthindernis für die Kontrolle Ihres Energiehaushalts.
3. Sie können Ihre Umgebungstemperatur leicht kontrollieren oder Sie sind bereit, Kryokleidung zu tragen.
4. Sie können es verkraften, wenn Sie bei Ihrer Arbeit kalt haben. Die Feinmotorik leidet unter der Kälte, daher kommen nicht alle Berufsgruppe für eine Umsetzung in Frage.

Das Fettgewebe ist der Hauptspeicher des Körpers für Fette. Insulin stimuliert die Aufnahme von Glukose in die Fettzellen, wo sie in Körperfett umgewandelt werden kann. Das braune Fettgewebe ist insbesondere für die Wärmeproduktion nach Kälteeinwirkung und Nahrungsaufnahme verantwortlich. So viel kann zu den wichtigsten Merkmalen des Fettes gesagt werden. Trotz der oben genannten Studien und ihrer etwas schwierigen Umsetzung in den Alltag sollten Sie versuchen, sich so oft wie möglich der Kälte auszusetzen. Das können 2- bis 3-mal pro Woche für

# Cholesterin

5 Minuten in einem Kaltwasserbecken sein oder jeden Tag eine Wechseldusche mit kaltem Abschluss. Je länger, desto besser. Aber fangen Sie ruhig klein an und steigern Sie sich jeden Tag ein bisschen. Es geht nicht nur darum, sich der Kälte auszusetzen, sondern auch darum, der Stimme im Kopf zu widerstehen, die sagt, dass es zu kalt ist und man lieber warm duschen möchte. Sie sollten die Zügel Ihres Lebens in der Hand halten und niemand sonst. Jedes Mal, wenn Sie sich selbst überwinden, wird die Stimme leiser und leiser werden, so dass Sie wieder die Kraft haben, eigenständige Entscheidungen zu treffen. Diese Entwicklung wird sich nicht nur auf die Kälteexposition erstrecken, sondern auch auf andere Bereiche Ihres Lebens.

Nun komme ich zu einem Thema, das eigentlich mehr im Vordergrund stehen sollte, weil hier jede Sekunde in unserem Leben einzigartige, wertvolle Arbeit geleistet wird.

# 9 Welche Möglichkeiten haben Sie, um Ihr Immunsystem zu stärken?

Der Wunsch, immer gesund zu sein, ist in unseren Breitengraden stark verankert. Jedoch sind hier neben der Ernährung viele weitere Parameter zu berücksichtigen, welche einen Einfluss auf unsere Gesundheit haben. Hierzu finden Sie mehr Informationen in den psychologischen Kapiteln. Wir können es jedoch schaffen, die Chance zu erkranken, maximal zu minimieren.

**«Gesundheit ist nicht alles, aber ohne Gesundheit ist alles nichts.»**

**Arthur Schopenhauer, deutscher Philosoph, Hochschullehrer, 1788–1860**

Ein gesunder Mensch hat 1000 Wünsche, ein Kranker nur einen. Damit Sie Ihr Bewusstsein nicht mit Schmerzen und Leiden trüben müssen, erhalten Sie von mir verschiedene Empfehlungen. Sie bekommen alle benötigten Tipps und Tricks, um Ihre wohlverdiente Gesundheit Tag für Tag aufrechtzuerhalten. Anfangen können wir mit dem objektiven Wissen, dass ein Zuviel an verarbeiteten Lebensmitteln (wie Light-Produkten, Erzeugnissen aus Soja, Süssgetränken, allen Arten von Riegeln, Chips, gewissen pflanzlichen Eiweiss-Produkten etc.), Alkohol, tierischen Lebensmitteln, Transfetten, und Zucker unserer Gesundheit schadet. Weniger ist mehr. Das ist jedem klar. Weshalb wir doch immer wieder zu diesen Produkten greifen, liegt an zwei Punkten: Entweder ist unsere Gehirnchemie nicht in ihrer Homöostase oder wir haben uns negative Verhaltensmuster angewöhnt, die uns langfristig mehr schaden als nutzen. In der Regel liegt eine Mischung aus beiden vor. Nachschlagen können Sie diese zwei Punkte bei dem entsprechenden Kapitel.

Um ein solides Immunsystem aufzubauen, sind vier Aspekte relevant: die Ernährung, der Sport, die Psyche und Ihr Bewusstsein. In diesem Kapitel bekommen Sie ergänzende Ernährungs-Empfehlungen. Trinken Sie genug Wasser. Schon einmal gehört? Machen Sie es auch regelmässig, damit Ihr Körper alle Toxine ausschwemmen kann? Machen Sie es zu einer Tugend, immer und überall eine

# Welche Möglichkeiten haben Sie, um Ihr Immunsystem zu stärken?

Flasche gefüllt mit qualitativ hochwertigem Wasser dabei zu haben. Beim Einkauf ist dabei zu beachten, dass Sie, wenn möglich, zu Glasflaschen greifen. Wenn Sie schon fortgeschrittener sind, könnten Sie sich einen Umkehrosmosefilter oder ein Destilliergerät anschaffen. Mit dem Osmosefilter, welcher ein wenig teurer ist, können Sie zusätzlich verschiedene Filter einbauen, die unterschiedliche Toxine herausfiltern. Es gibt sogar portable Gerätschaften oder solche, die Sie direkt an Ihren Haushahn befestigen. Das Destilliergerät hingegen ist preiswerter und filtert alles aus dem Wasser, weil es über Verdampfung arbeitet und die festen Bestandteile im Tank zurückbleiben. Sie haben danach absolut reines Wasser. Der Nachteil ist, dass bei diesem Prozess auch alle Mineralstoffe herausgefiltert werden. Doch hier bietet es sich an, das neu gewonnene Wasser mit einem Urgesteinsmehl zu versetzen oder mit einem Mineralien Komplex zu supplementieren, damit Ihr Körper wieder die Mineralstoffe erhält, die er benötigt, aber ohne die schädlichen Toxine.

Wir bestehen aus ca. 70 % Wasser. Das heisst, hierauf sollte das grösste Augenmerk gelegt werden. Wenn Sie jetzt denken, das Wasser aus dem eigenen Hahn sei völlig in Ordnung, möchte ich Ihnen hier einen Denkanstoss geben. Haben Sie mal darüber nachgedacht, wie alt die Rohre in Ihrem Gebäude sind, aus denen das Wasser kommt? Mit der Zeit bilden sich auf völlig natürliche Weise schleimige Innenwände – je nachdem, wie alt das Gebäude und dementsprechend die Rohre sind. Durch verschiedene Filter erfahren Sie im optimalen Fall nie etwas davon und trinken einfach das Wasser. Die Intervalle, in welchen die Rohre gesäubert werden, wenn überhaupt, sind mir unbekannt. Es passiert, aber selten – oder kennen Sie jemanden in Ihrem Umkreis, bei dem die Wasserrohre gereinigt worden sind, und wenn ja, wie viele Leute kennen Sie? Hinzu kommen etliche weitere Stoffe wie Nitrate, Glyphosat und Abgase, welche von der Erde aufsteigen, sich in den Wolken sammeln und bei Regen wieder in die Erde zurückfliessen, Medikamente, Rückstände von Pflanzenschutzmitteln, Mikroverunreinigungen aus Industrie, Haushalt sowie Handwerk, welche nicht effektiv von der Wasseraufbereitungsinstanz herausgefiltert werden können. Allen voran ist hier die Antibabypille zu nennen. Wir sind auf einem Allzeithoch in der Geschichte der Menschheit

# Welche Möglichkeiten haben Sie, um Ihr Immunsystem zu stärken?

angelangt, was die quantitative Einnahme von Antibabypillen in unserer Gesellschaft angeht. Und der Trend ist steigend. Jetzt mal Hand aufs Herz, denken Sie, das hat gar keinen Einfluss auf das Wasser, das Sie trinken, und verbleibt ohne Einfluss auf Ihren Körper und Ihre Psyche?

Um dem nachzugehen, habe ich dem örtlichen Energie- & Wasserwerk sowie dem Tiefbauamt ein paar spezifische Fragen gestellt und dies als Antwort zurückbekommen:

«In der Wasserversorgung werden keine Filteranlagen eingesetzt. Das Grundwasser wird ohne Aufbereitung direkt an das Trinkwassernetz abgegeben. Das Quellwasser wird mit einer Trübungsmessung überwacht. Zusätzlich fliesst das Quellwasser durch die UV-Desinfektionsanlagen bevor es ins Trinkwasser gelangt. Die UV-Desinfektionsanlagen beseitigen Krankheitserreger wie Viren und Coli-Bakterien. Man kann heute schon sehr viele Stoffe im Trinkwasser filtern, ist aber teilweise mit sehr grossem Aufwand und Kosten verbunden.»

Dies gilt es als Blaupause für andere Wasseraufbereitungsinstanzen zu betrachten. Womöglich filtern einige Werke mehr aus dem Wasser, aber der grundsätzliche Tenor bleibt wohl der gleiche. Das Tiefbauamt, das in der Regel für das abgeleitete Wasser von Industrie und Haushalt zuständig ist, bestätigt selbst auf seiner Homepage, dass nach den gängigen mechanischen, biologischen und chemischen Filtern immer noch Restbestandteile von giftigen Schadstoffen von Chemikalien und Medikamenten im Wasser vorhanden bleiben. Und was glauben Sie, ist die Anzahl der Schadstoffe, die in das Wasser, das Sie trinken, gelangen, steigend oder sinkend? Fragen über Fragen. Denken Sie logisch.

Was aber auch gesagt werden muss, ist, dass der natürliche Kreislauf des Wassers einen Filtermechanismus eingebaut hat. Während des Regens fliesst das

# Welche Möglichkeiten haben Sie, um Ihr Immunsystem zu stärken?

Wasser langsam in die von der Natur oder von uns künstlich angelegten unterirdischen Auffangbecken. Auf dem Weg dorthin muss das Wasser über mehrere Meter und über einen Zeitraum von Wochen hinweg durch Sand sowie Kies sickern. Auf diesem Weg wird das Wasser gefiltert und zusätzlich mit Mineralstoffen gesättigt. So weit, so gut, oder?

Meines Erachtens bekommen wir nicht mehr 100 % reines Quellwasser, was wir eigentlich benötigen, sondern nur noch eine schadensminimierte Version dessen, was uns die Natur, unter der Berücksichtigung des Umstands, dass Wasserwerke wie oben beschrieben keine Filter einsetzen, die es bei unserem unnatürlichen Konsumverhalten, noch geben kann. Es ist schon fast fahrlässig, diesem Makronährstoff, der uns zu einem so grossen Teil ausmacht, keine Beachtung zu schenken.

Ja, ich empfehle Ihnen, einen Wasserfilter zu kaufen. Wenn es für Sie aber an diesem Punkt in Ihrem Leben noch einen zu grossen Aufwand darstellt, versprechen Sie mir, dass Sie nur noch Trinkwasser aus Glasflaschen trinken. Denn neben den gefährlichen Stoffen, die im Wasser vorkommen, haben Plastikflaschen eine weitere tückische Eigenheit. Hierzu möchte ich Ihnen eine Liste mit den gängigsten dieser Stoffe mitgeben.

Mit der leicht umsetzbaren Entscheidung für die Glasflasche umgehen Sie die destruktiven Weichmacher (Xenoöstrogene):

- **BPA:** Häufig wird es bei der Plastikherstellung eingesetzt und es ist eine der am häufigsten produzierten Chemikalien. Im Körper wirkt es wie ein Hormon, senkt Testosteron und führt zu erektiler Dysfunktion. Es aktiviert den Östrogenrezeptor ebenso effektiv wie körpereigenes Estradiol und zudem blockiert es den Schilddrüsenhormonrezeptor.

- **BPS:** Leider sind auch BPA-freie Plastikprodukte nicht unbedingt sicherer. Als Ersatz wird häufig BPS eingesetzt, das laut Studien ähnlich schädlich ist wie das bekannte BPA, aber es ist weniger erforscht und weniger bekannt.

- **Phtalate:** Das sind Weichmacher im Plastik. Sie machen etwas weich, und zwar im wahrsten Sinne des Wortes. Sie machen neben dem Plastik gleichzeitig den Hormonhaushalt weich. Sprich Senkung des Testosterons und Erhöhung des Östrogens. Ausserdem werden sie als Stabilisator für zahlreiche Pflegeprodukte verwendet.

- **Parabene:** Sie sind in fast allen Arten von Kosmetikprodukten enthalten, von Sonnencremes, Lotionen, Duschgel, Rasierschaum, Shampoo, Gleitgel, Zahnpasta und vielem mehr. Parabene sind Xenoöstrogene, die an den Östrogenrezeptoren andocken und so das Testosteron senken und das Östrogen steigern. Alle Gegenstände, die Chemikalien enthalten, die auf Ethyl, Methyl, Butyl oder Propyl enden, enthalten Parabene.

- **Benzophenone (BP-1, BP-2, BP-3 usw.):** Diese Chemikalien sind vorwiegend in Sonnencremes enthalten. Sie reduzieren zweifelsfrei die Aktivitäten von Enzymen, die für die Testosteronproduktion benötigt werden. Für BP1-3 ist dies zweifelsfrei bewiesen. Hinzu kommt, dass sie mittlerweile zweifelsfrei als krebserregend eingestuft werden.

- **Triclocarba und Triclosan:** Das sind die Wirkstoffe, die in Desinfektionsmitteln eingesetzt werden – und zwar mit voller Wirkung. Doch damit nicht genug: Sie blockieren auch die Testosteronproduktion in den Hoden. Triclosan wurde in der EU verboten. Das hindert die Hersteller jedoch nicht daran, es weiterhin in antibakteriellen Seifen und Sprays, Zahnpasta, Kinderspielzeugen, Rasiergelen und Deos zu verwenden – und zwar grossflächig.

- **Polychlorinated Biphenyls (PCBs):** Diese Chemikalien wurden vom Markt genommen, und zwar schon vor längerer Zeit. Der Grund dafür war, dass sie einen katastrophalen Einfluss auf die Gesundheit haben. Doch niemand hat damit gerechnet, wie hartnäckig sie sind. Spuren

# Welche Möglichkeiten haben Sie, um Ihr Immunsystem zu stärken?

lassen sich in zahlreichen Produkten nachweisen, vor allem aber in Fisch und Fischöl aus belasteten Gebieten. PCB senkt den Testosteronspiegel und hat eine starke antiandrogene Wirkung.

Zusätzlich fliessen noch mehr schädliche Stoffe ins Wasser, wenn Sie die Plastikflaschen beispielsweise im Sommer der Hitze aussetzen.

Jetzt haben Sie einen kleinen Einblick erhalten, mit welchen Toxinen wir uns selbst jeden Tag, ob bewusst oder nicht, bombardieren. Im oberen Bereich wurde der destruktive Schwerpunkt auf die hormonelle Dysbalance gelegt, welcher wir ausgesetzt sind, wenn wir wahllos Produkte einnehmen sowie auftragen. Das ist jedoch nicht alles. All diese Weichmacher wirken auch auf unsere Organe. Stark davon betroffen sind Leber, Niere und Schilddrüse. Es geht hier nicht darum, Ihnen Angst zu machen, sondern darum, Ihnen die Augen zu öffnen. Aber vielleicht wollen Sie das gar nicht. Sie haben die Wahl zu entscheiden. Die Welt ist, wie sie ist. Nur Ihr Wissen und Handeln haben eine Wirkung auf die äussere und Ihre innere Welt. Wollen Sie ahnungslos und mit Scheuklappen durch Ihr Leben laufen und dann die vollumfängliche Ladung an Toxinen aufnehmen oder wissen Sie sich zu schützen, damit Sie den «grössten» Teil dieser Substanzen umgehen können? Wir können an diesem Punkt der gesellschaftlichen Entwicklung leider nicht alle Gifte meiden. Was wir maximal erreichen werden, ist eine Schadensminimierung. Das tönt traurig, ist aber die Wahrheit. Wenn Sie die empfohlenen Tipps und Tricks aus diesem Buch beherzigen, was körper- und geistreinigende Handlungen angeht, werden Sie weitgehend frei sein von jeglichen Toxinen.

Zusammenfassend lässt sich sagen: Achten Sie auf ALLE Kosmetikprodukte, welche Sie sich auf die Haut (halten Sie sich immer vor Augen, sie ist das grösste Organ) schmieren. Sie sollten sich mit dem Gedanken anfreunden, dass alles, was Sie auf Ihren Körper auftragen, auch in Ihren Körper gelangt. Das heisst, es macht keinen Unterschied, ob Sie das Produkt über den Mund einnehmen oder sich auf die Haut schmieren. Dieser Gedankengang führt dazu, dass es fahrlässig wäre, etwas auf Ihren Körper zu schmieren, was Sie nicht auch über den Mund

# Welche Möglichkeiten haben Sie, um Ihr Immunsystem zu stärken?

einnehmen würden. Würden Sie Ihr Duschgel oder Shampoo schlürfen? Würden Sie Ihre Schminke essen? Ich denke zu wissen, wie Ihre Antwort lautet … Lassen Sie sich nicht von «Greenwashing» beeinflussen. Je voller das Etikett mit den Bestandteilen, desto schlechter ist das Produkt für Ihre Gesundheit. Damit Sie auch verstehen, was diese ganzen E-Nummern, welche auf den Etiketten draufstehen, zu bedeuten haben, lesen Sie den folgenden Abschnitt sorgfältig durch.

## Die E-Nummern

Von den sogenannten E-Nummern haben Sie bestimmt schon gehört. Der Nutzen der von dieser Kennzeichnung betroffenen Substanzen geht von Farbstoffen über Konservierungsstoffe bis hin zu den Geschmacksverstärkern. Nach EU-Recht dürfen Hersteller mehr als 320 unterschiedliche Zusatzstoffe in Ihren Produkten verwenden. Aber denken Sie nicht, verbotene E-Zusätze würden nicht eingesetzt. Es gibt immer Schlupflöcher in der Lebensmittelindustrie. Sobald Sie sich ein wenig auskennen, welcher Zusatzstoff wie giftig ist, erkennen Sie, wieviel Wert wir als Endkonsumenten für den Produzenten haben. Ein gewisses Grundwissen ermöglicht es Ihnen zu differenzieren, mit welchen E-Nummern Sie Ihren Körper füttern wollen und mit welchen nicht, wenn es sich vermeiden lässt. Zusatzstoffe sind für die Lebensmittelindustrie ein erschwingliches Hilfsmittel, um den Herstellungsprozess zu erleichtern, den Geschmack zu verbessern, die Haltbarkeit zu erhöhen und Kosten zu sparen. Dieses Vorgehen gaukelt Ihnen einen höheren Produktwert vor, als er tatsächlich vorhanden ist. Zudem birgt der Konsum Gefahren für Ihre Gesundheit. Die Industrialisierung erfordert schnell verfügbares Essen. Was uns heute angeboten wird, sind denaturierte, von der Nahrungsindustrie überprozessierte und mit etlichen Zusatzstoffen versehene essbare Substanzen.

Geschmacksverstärker oder Süssstoffe stumpfen die Geschmacksnerven ab. Der Mythos, Süssstoffe würden nicht auf die Insulinproduktion wirken, ist schlichtweg falsch. Fakt ist: Sie wirken appetitanregend und begünstigen somit Übergewicht, weil man trotz allem die süsse auf der Zunge schmeckt. Gewisse Konservierungsstoffe können bei Personen mit Vorerkrankungen Allergien auslösen. Um Ihnen

# Welche Möglichkeiten haben Sie, um Ihr Immunsystem zu stärken?

einen kleinen Überblick zu gewährleisten, erhalten Sie am Ende dieses Buches eine Tabelle mit den verschiedenen gängigen E-Nummern.

## Unsere Mundhygiene

Auch unsere Mundhygiene spielt eine eminente Rolle im Aufbau unseres Immunsystems. Im Hinblick auf diese Thematik gehe ich auf die folgenden vier Tools ein: Zahnseide, Natron, Öl ziehen und Zahnpasta ohne Fluorid.

Bezogen auf die Gesundheit ist die Mundhygiene eine Vorarbeit für unsere Genesung im Schlaf. Wenn wir dieses kleine Investment in unserer Hygiene tätigen, dürfen wir uns an einem besseren Schlaf erfreuen. Dies führt wiederum zu mehr Energie im Alltag. Sie können sich die verschiedenen Schritte wie Dominosteine vorstellen, die Teil einer Kettenreaktion sind. Der erste Schritt ist nur dafür da, dass Sie auch den letzten geniessen dürfen. Gehen wir von einem Szenario aus, in dem Sie ohne die vorgeschlagenen Tools und, ohne die Zähne zu putzen, zu Bett gehen. Das Ergebnis dieses Verhaltens ist, dass sich eine giftige Mundflora aufbauen kann, welche indirekt Einfluss auf Ihren Schlaf ausübt. Eine unzureichende Pflege der Zähne kann dazu führen, dass sich Bakterien vermehren und eine Säure bilden, die den Zahnschmelz angreift und langfristig schädigt. Zahnbelag, auch als Plaque bezeichnet, kann sich bilden und zu Zahnstein werden. Dieser kann wiederum Zahnfäule, Entzündungen des Zahnfleisches und des Zahnhalteapparates verursachen. Ihr Körper ist jederzeit darauf bedacht, sämtliche Zellen zu erneuern – von Ihren Zehen bis zu Ihren Haarspitzen.

**«Nichts ist so beständig wie der Wandel.»**

**Heraklit Ephesus, türkischer Philosoph, 535-475 v. Chr.,**

Bei der Mundhygiene stimmt dieser Leitsatz selbstredend auch. Jedoch wenn wir unserem Körper die Zellerneuerung durch eine grosse Anzahl an Bakterien in

# Welche Möglichkeiten haben Sie, um Ihr Immunsystem zu stärken?

unserem Mundraum erschweren, nehmen wir ihm das Potenzial, sich selbst zu heilen.

Hier kommt die **Zahnseide** ins Spiel.

Sie helfen Ihrem Körper beim Befreien von giftigen Bakterien innerhalb der Zwischenräume Ihrer Zähne. Wenn Sie sehr diszipliniert sind, dürfen Sie gerne jeden Tag vor dem Zähneputzen die Zähne mit der Zahnseide reinigen. Ansonsten fahren Sie sehr gut mit ein bis drei Durchgängen pro Woche.

Eine weitere Methode ist das **Öl-Ziehen.**

Die Vorteile des Öl-Ziehens ist noch nicht evidenzbasiert. Daher hüte ich mich vor absoluten Empfehlungen. Das Einzige, was ich Ihnen mitgeben kann, ist der Rückgang von Parodontitis (Erkrankung des Zahnhalteapparates), Mundgeruch, Plaque und Gingivitis (Zahnfleischentzündung), was erst in kleineren Studien bewiesen wurde. Hier muss noch gewartet werden, bis eine endgültige Aussage getroffen werden kann. Im schlimmsten Fall dauert Ihre Zahnhygiene durch das Öl-Ziehen ein wenig länger und im besten Fall profitieren Sie von all den oben aufgelisteten Vorteilen. Sie entscheiden!

Wie funktioniert das Öl-Ziehen?

Sie nehmen einen Esslöffel Kokos- oder Olivenöl in den Mund und bewegen es ca. fünf oder, wenn Sie die Musse haben, bis zu zehn Minuten hin und her. Danach spucken Sie es aus. Dann spülen Sie Ihren Mund gut mit Wasser.

Der letzte Tipp, den ich Ihnen mitgeben möchte, ist:

Benutzen Sie **Zahnpasta ohne Fluorid.**

Hier gehen die wissenschaftlichen Meinungen weit auseinander. In Bezug auf die Wirkungen wird von Schutz vor Karies und Remineralisierung des Zahnes gesprochen, ausgelöst werden möglicherweise aber auch Schäden am Gehirn,

# Welche Möglichkeiten haben Sie, um Ihr Immunsystem zu stärken?

Intelligenzquotient-Verminderung sowie eine Schilddrüsen- und Zirbeldrüsen(E-piphysen)-Degenerierung. Mit Sicherheit weiss ich jedenfalls, dass ich seit ca. fünf Jahren keine Fluorid-Zahnpasta mehr benutze und es meinen Zähnen, soweit ich das beurteilen kann, gut geht. Die jährlichen Zahnarztbesuche haben mir dies bestätigt. Sind Sie neugierig, dann probieren Sie verschiedene Zahnpasten aus, um einen Unterschied zu erkennen. Wichtig anzumerken ist: Reduzieren Sie Ihren Zucker- sowie Säurekonsum, spülen Sie Ihren Mund mit Wasser aus, wenn Sie etwas mit Säure gegessen haben. Putzen Sie Ihre Zähne nicht direkt danach, sondern warten Sie mindestens eine halbe Stunde, besser wäre eine Stunde, oder Sie wählen als Alternative eine gesunde Mundspülung, wenn dies nicht möglich ist. Nebenbei sollten Sie Ihren Zähnen ein optimales Nährstoff-Milieu bereitstellen, bestehend aus Magnesium, Kalzium und Vitamin D.

Um die optimale Wirkung aus jeder der vorgestellten Empfehlungen zu erzielen, gehen Sie wie folgt vor:

1. Bearbeiten Sie Ihre Zwischenräume mit der Zahnseide.
2. Spülen Sie Ihren Mund mit einem gestrichenen Teelöffel Natron aus.
3. Spülen Sie ca. fünf Minuten Ihren Mund mit Öl und anschliessend mit Wasser aus.
4. Putzen Sie danach Ihre Zähne.

## Der Vielkönner Natron

Es konnte bewiesen werden, dass Natron[34] offenbar die Milz dazu anregt, ein entzündungshemmendes Milieu zu schaffen, was bei chronisch entzündlichen Erkrankungen selbstverständlich ein Segen ist. Es wirkt sehr alkalisch und daher bietet es sich an, den Mund mit Natron auszuspülen, um das aggressive Milieu, welches gegebenenfalls durch die Ernährung entstanden ist, zu beseitigen. Des Weiteren hilft Natron bei einer Ernährung, bei der sehr viele säurebildende Lebensmittel gegessen werden. Die Symptome, die daraus resultieren können zeigen sich in Völlegefühl, Sodbrennen, Kopfschmerzen, Konzentrationsstörungen,

# Welche Möglichkeiten haben Sie, um Ihr Immunsystem zu stärken?

Gelenkschmerzen und vieles mehr. Eine Liste mit säurebildenden Lebensmitteln und Getränken erhalten Sie am Ende des Buches.

Natron hat die Wirkung, Ihren Körper basischer zu machen. Der Magen hat per se ein saures Milieu, um die ganzen Lebensmittel aufzuspalten und für den Zwölffingerdarm vorzubereiten. In diese Homöostase möchten wir nicht eingreifen und daher gilt hier der folgende Leitsatz bei der Dosierung von Natron: Zu viel des Guten ist zu viel. Nehmen Sie bei Bedarf zweimal täglich, einen halben Teelöffel mit ein wenig Wasser zu sich. Machen Sie diese Kur für zwei Wochen. Anfängliches Aufstossen ist völlig normal. Mit der Zeit legt sich das. Solange Sie nach einer Mahlzeit kein Sodbrennen verspüren, erhöhen Sie das Wirkstoffpotenzial, indem Sie das Natron zwischen den Mahlzeiten zuführen – am besten am Morgen nüchtern nach dem Aufstehen oder abends, direkt bevor Sie zu Bett gehen.

## 10 Wie erhöhen Sie Ihre Konzentration und Motivation?

Haben Sie schon einmal ein Buch gelesen und sich gefragt, was Sie die letzten zwei Seiten gelesen haben? Wie sieht es mit dem Lernen aus, ist Ihr Fokus immer bei der Thematik oder kennen Sie es, dass Ihre Gedanken gut und gerne wandern gehen?

In diesem Fall sind Ihre Mikronährstoffe im Blut in unzureichender Form vorhanden, um Ihrem Gehirn die benötigten Ressourcen in Form von Neurotransmittern zu bieten. Eine weitere Ursache könnte sein, dass genügend essenzielle Anteile für die Konzentration sowie Motivation vorhanden sind, aber dass zu viel Rohkost, gekochtes Gemüse, zu viele Fette oder Proteine gegessen wurden, welche die Aufnahme der einzelnen Bestandteile verzögern oder gar zu einer Nicht-Aufnahme führen, weil womöglich ihr Transportmolekül, in die jeweilige Zelle, schon besetzt wurde. Sie können sich das so vorstellen, dass es für jeden Mikro- oder Makronährstoff einen Busfahrer (Transportmolekül) gibt. Wenn der Busfahrer seinen Bus voll hat, kann er niemanden mehr aufnehmen und muss losfahren. Im Körper gibt es also zwei wesentliche Komponenten. Die Grundmenge an Nährstoffen und die Menge an Nährstoffen, die tatsächlich ankommt. Das Problem besteht darin, dass manche Nährstoffe den gleichen «Bus» brauchen oder sich sogar gegenseitig am Einsteigen hindern.

Hierzu möchte ich Ihnen folgende Tipps mitgeben, mit denen Sie Ihre Performance konstant auf hohem Niveau halten können.

**«Voller Bauch studiert nicht gerne.»**

**Römisches Sprichwort**

Das dürfte wohl jeder unterschreiben. Eine für Ihr Gehirn geeignete Mahlzeit sollte bis kurz vor der maximalen Ausschüttung des Hormons Leptin dauern. Leptin regelt unser Sättigungsgefühl, der Gegenpool wäre das Hormon Ghrelin, das wiederum für unser natürliches Hungergefühl zuständig ist. Die Mahlzeit darf gerne

# Wie erhöhen Sie Ihre Konzentration und Motivation?

ausgewogen sein und von allen Makronährstoffen (Kohlenhydraten, Fetten, Proteinen) etwas enthalten. Achten Sie hier auf vollwertige Kohlenhydrate, die lange Glucoseketten[2] aufweisen, das heisst zum Beispiel Vollkornprodukte ohne Gluten, Quinoa, Buchweizen oder Hirse, mit einer Portion Gemüse sowie mit Proteinen wie Sojabohnen (aus der EU), Lupinen (Geschnetzeltes, Schnitzel etc.), Produkten mit Erbsenprotein (planted chicken und Ähnliches) und einem moderaten Fettgehalt oder einem Proteinpulver mit mindestens 70 g Eiweiss auf 100 g und ohne künstliche Süssstoffe, weil diese im Verdacht stehen, kognitive Störungen auszulösen, krebserregend und hungerauslösend zu sein. Im tierischen Eiweisssektor bieten sich fettiger Fisch (erhöhter Anteil epa & dha (wichtig für kognitive Funktion) – was den Fettanteil kompensiert), Poulet oder ein Proteinpulver mit den oben genannten Eigenschaften. Wenn dies nicht möglich ist oder Sie sich wenig bis gar nicht mit vollwertigen Kohlenhydraten anfreunden können, gibt es selbstverständlich noch andere Möglichkeiten, die gewünschten positiven Effekte zu erzielen.

## Als Beispiel:

Sie nehmen weissen Reis, der eine kürzere Glucosekette[3] und einen höheren glykämischen Index aufweist, was in erster Linie langfristig «eher» destruktiv ist, aber Sie kombinieren diesen mit einem fettigen Fisch und/oder ein wenig mehr Gemüse als in der Vollkorn-Variante. Durch diesen Lebensmittelhack steigt der Blutzuckerspiegel kontinuierlich langsamer an. Damit erreichen Sie, dass genau die richtige Menge an Insulin (dem einzigen Hormon, das den Blutzuckerspiegel senken kann) ausgeschüttet wird, um den Zucker in die Glykogenspeicher zu füllen.

Je höher der Wert des glykämischen Index eines Lebensmittels ist, desto mehr Zucker gelangt innerhalb eines festgelegten Zeitraumes nach dem Verzehr einer definierten Menge des Lebensmittels ins Blut. Es darf ein wenig Rohkost sein,

---

[2] Am Ende des Buches befindet sich eine Liste der benannten Kohlenhydrate.

[3] Am Ende des Buches befindet sich eine Liste der benannten Kohlenhydrate.

# Wie erhöhen Sie Ihre Konzentration und Motivation?

wenn Sie dies bevorzugen, aber das Ausmass sollte in Grenzen gehalten werden, weil der Darm mehr Aufwand betreiben muss, um das Lebensmittel komplett in seine Einzelteile zu verdauen. Der Kreis schliesst sich mit einer überschaubaren Portion Eiweiss. Rotes Fleisch, Speck, Trockenfleisch, Seitan, Käse, fettigen Fisch oder Eier sollten Sie vor dem Lernen meiden. Es bieten sich im veganen oder vegetarischen Bereich folgende Lebensmittel an: Tempeh (ein positives Sojaerzeugnis), Lupine (geschnetzelt oder Lupine-Schnitzel etc.), Produkte mit Erbsenprotein und einem moderaten Fettgehalt oder ein Proteinpulver mit mindestens 65 g Eiweiss auf 100 g und ohne künstliche Süssstoffe. Im tierischen Sektor bieten sich Thunfisch, Poulet oder ein, wie oben deklariertes, Proteinpulver an. Das Volumen der einzelnen Lebensmittel hängt stark von den individuellen Faktoren ab, daher hüte ich mich vor pauschalen Mengenangaben. Im Vordergrund steht immer ein angemessenes Volumen, das eine gesunde Verdauung ermöglicht und Ihnen langfristig Konzentration und Energie schenkt. Wenn Sie in Ihrem Magen ein Füllvolumen von ca. 80 % erreichen, d. h. kurz vor der Sättigung, dann sind Sie auf dem richtigen Weg.

Hierbei handelt es sich um eine grobe Lebensmittelzusammensetzung für eine Mahlzeit ca. ein bis zwei Stunden vor dem Lernen. Direkt vor dem Lernen oder Lesen ist es legitim, eine Frucht nach Wahl zu essen, wobei hier die Verdauung einer Banane eine andere Wirkung erzielt als die eines Apfels, einer Orange oder eines Fruchtsafts. Die Unterschiede sind jedoch reine Finesse und ich propagiere keinen Dogmatismus. Wie viele Sachen sind schon absolut? Achten Sie auf Unterschiede in der Verdauung und im Wohlbefinden. Auf dieser Grundlage können Sie die für Sie optimale Strategie ableiten.

# Wie erhöhen Sie Ihre Konzentration und Motivation?

Wenn Sie am gesamten Lerntag einen hohen Fokus bewahren möchten, empfehle ich Ihnen, drei mittelgrosse Mahlzeiten einzunehmen. Diese ergänzen Sie mit einer nahrhaften, nicht auf die Verdauung schlagenden, Zwischenmahlzeit. Als Ergänzung kann zum Beispiel etwas 100 % Kakao in einer heissen Schokolade oder zwei Reihen einer 100 % Kakaotafel dienen oder Sie bereiten einen Smoothie ausfolgenden Lebensmitteln zu:

**300 ml Wasser**

**50 g Blattspinat**

**1 Avocado**

**1 Banane**

**1 Orange**

**1 Zitrone**

**1 EL Honig**

**15 g Chia-Samen**

**2 Messerspitzen Muskatnusspulver und schwarzen Pfeffer**

**1 TL Ceylon Zimt**

Um dem Ganzen noch einen weiteren Boost zu geben, liste ich nachfolgend verschiedene Nahrungsergänzungsmittel auf, die Sie als Optimierung hinzufügen können:

# Wie erhöhen Sie Ihre Konzentration und Motivation?

**Tabelle 2:** Nahrungsergänzungsmittel zur Erhöhung der Konzentration

| Nahrungsergänzungs-mittel | Morgen | Mittag | Abend | Wirkung |
|---|---|---|---|---|
| **Ginkgo Biloba** | 300 mg | - | - | Verbesserung Konzentration / Gedächtnis |
| **Panax Ginseng**[35] | - | 500 mg | 500 mg | Verbesserung Konzentration / Gedächtnis |
| **DMAE** | 130 mg | 130 mg | - | Erhöhte geistige Leistungsfähigkeit |
| **L-Tyrosin oder L-Phe-nylalanin**[41] | 600 mg | 600 mg | 600 mg / spätestens 15 Uhr | Wach und aufmerksam |
| **Huperzine A** | 100 mg | 100mg | - | Lern-, Gedächtnis- und Konzentrationsfähigkeit werden positiv beeinflusst |

# 11 Gesundheitsschlüssel: Sport

Bewegung ist das nächste Puzzlestück auf dem Weg zur ganzheitlichen Gesundheit. Grundsätzlich gilt, wer Sport macht, ist klar im Vorteil. Welche Sportrichtung Sie einschlagen, ist einerlei. Erproben Sie verschiedene sportliche Betätigungen, damit Sie eine fundierte Entscheidung treffen können, in welche Sportart Sie Ihr Potenzial investieren. Es gibt zwei Arten von Motivationen: Hinzu oder weg von, Lust gewinnen oder Schmerz vermeiden. Diese zwei Motive stehen sich diametral gegenüber und bestimmen jede einzelne unserer Entscheidungen. Hier liegt die Grundfrage, weshalb Sie überhaupt Sport machen sollten, begraben. Eruieren Sie das Warum! Erst wenn diese Frage im Grunde geklärt ist, kommt der nächste Schritt, welcher daraus besteht, sich zu erkundigen, welche sportlichen Aktivitäten in Ihrem Umkreis angeboten werden oder welche Möglichkeiten Sie haben, um alleine Sport zu machen. Ausgeübt werden sollte eine Sportart, die Ihnen Spass macht, damit Sie langfristig dranbleiben. Soll es Fechten, Federfussball, Squash oder ganz klassisch das Fitnessstudio sein? Bleiben Sie kreativ und erweitern Sie Ihren Horizont!

## Kontiunität der Regelmässigkeit

Der erste Parameter zur Leistungssteigerung im Training besteht darin, dass Sie immer zur gleichen Zeit trainieren, auch wenn diese Zeit nicht Ihre bekannte Höchstform zutage bringt. Ihr Körper wird sich dem zirkadianen Rhythmus anpassen und die Leistungseinbussen reduzieren.

Es scheint jedoch, dass sich der Biorhythmus nicht immer anpassen kann. Bei einem Trainieren am frühen Morgen kann die Leistung im Vergleich zu einem Training später am Tag nicht zu 100 % kompensiert werden. Das Nervensystem passt sich einigermassen gut an, aber physiologische Systeme wie die Hormonproduktion passen sich weniger gut an. Es zeigt sich, dass das Muskelwachstum durch das Training am Morgen stärker beeinflusst wird als die Kraftentwicklung. Wenn es Ihnen möglich ist, sollten Sie dann trainieren, wenn Ihr Körper biologisch darauf vorbereitet ist, weil Sie ihm zu dieser Zeit gewährleisten, dass das grösstmögliche Potenzial entfaltet werden kann.

Durch eine akribische Kontrolle des zirkadianen Rhythmus und mit Hilfe von Nahrungsergänzungsmitteln, Lichttherapie sowie einer förderlichen Ernährung können Sie Ihren optimalen Trainingszeitpunkt jedoch stark verschieben und mit einem Training zur suboptimalen Zeit vergleichbare Ergebnisse erzielen wie mit einem Training zu einer optimalen Zeit.

Schichtarbeiter und Menschen mit einem unsteten Lebensstil müssen ihren Tagesplan manchmal ziemlich umwerfen. In solchen Fällen ist es wichtig, dass Sie sich an Beständigkeit halten. Nachtschichtarbeiter können zum Beispiel ihren Biorhythmus optimieren, indem sie tagsüber konsequent schlafen, sechs bis dreizehn Stunden nach dem Aufwachen trainieren und ihre Mahlzeiten zu regelmässigen Zeiten über den Tag/die Nacht verteilen. Es kommt nicht so sehr auf die absoluten Zeiten an, sondern vielmehr auf die relativen. Der Trick bei solchen Zeitplänen ist es also, Zeiten zu finden, zu denen jemand durchgängig schlafen, trainieren und essen kann, egal wann diese sind. Wenn es keine solchen Zeiten gibt, muss man Kompromisse eingehen. Wenn sich die Zeiten verschieben, weil sich die Arbeitszeiten von jemandem ändern, muss der Zeitplan zusammen mit der Änderung der Arbeitszeiten schnell geändert werden, damit sich der Biorhythmus anpasst. Das ist genauso, als würde jemand in ein Land mit einer ganz anderen Zeitzone fliegen.

## 11.1 Was Muskelzellen wachsen lässt

### Die Wirkung von Nahrungsfetten auf das Muskelwachstum.

Nahrungsfette, insbesondere die essenziellen Fettsäuren, sind für uns Menschen überlebenswichtig. Aber man muss nur wenig Fett essen, um die essenziellen Fettsäuren aufzunehmen. Die Europäische Behörde für Lebensmittelsicherheit empfiehlt, dass wir täglich 5 % unserer Energie in Form von essenziellen Fetten zu uns nehmen sollten. Das entspricht etwa 10 Gramm Linolsäure (LA) und nur 0,5 % Alpha-Linolsäure (ALA). Nahrungsfette haben aber noch mehr Vorteile. Sie wirken sich nämlich auch indirekt anabol aus, weil es anabole Hormone beeinflusst oder weil es, konkreter gesagt, mit Cholesterin verbunden ist. Im Gegensatz zu Kohlenhydraten hat man in Bezug auf bestimmte Fettsäuren festgestellt, dass diese die Muskelproteinsynthese anregen. Bestimmte Fettsäuren können auch anabole Wirkungen in magerem Gewebe haben, indem sie ihre Interaktionen mit Proteinen und Hormonen beeinflussen. Fettsäuren können in die Zellmembranen eingebaut werden, was den Stoffwechsel einer Zelle stark verändern kann.

Für das Krafttraining gibt es zwei wichtige Vorteile, wenn man mehr Fett isst als empfohlen:

1. Man produziert mehr anabole Hormone.

2. Die anabolen Wirkungen bestimmter Fettsäuren entfalten sich.

Ich zeige Ihnen jetzt, welche Auswirkungen die Fettzufuhr auf die Hormone hat. Dann erkläre ich Ihnen die Theorie. Danach zeige ich Ihnen die Ergebnisse aus Studien.

**Fett und dessen Einfluss auf Ihre Hormone**

Es konnte nachgewiesen werden, dass Nahrungsfette einen Einfluss auf die Produktion unserer Sexualhormone haben. Gesättigte Fettsäuren fungieren als indirektes Substrat für Steroidhormone, da sie eine Vorstufe für Cholesterin darstellen, welches wiederum eine Vorstufe für Steroidhormone ist. Ferner können Fettsäuren den Testosteronspiegel beeinflussen, indem sie die Zellmembranen verändern, insbesondere in den Hoden. Die unterschiedlichen Fettsäuren-Zusammensetzungen bewirken eine differentielle Funktionalität der Zellmembranen. Bei Nagetieren ist beispielsweise bekannt, dass die Phospholipid Zusammensetzung der Zellmembranen der Hoden deren Bindung an das luteinisierende Hormon (LH) beeinflusst. Dieses Signal des Gehirns initiiert die Testosteronproduktion. Eine höhere Zufuhr spezifischer Fettsäuren kann folglich zu einer verstärkten LH-Bindung in den Hodenzellen führen, was eine vermehrte Testosteronproduktion zur Folge hat. Die Bindung des Hormons an andere Proteine, Enzyme und Hormone, einschliesslich des Sexualhormon-bindenden Globulins (SHBG), erfolgt ebenfalls über die Zellmembran. Das SHBG beeinflusst daher den Anteil des freien und bioverfügbaren Testosterons. Bei klassischen Veganern lässt sich in der Regel ein höherer Testosteronwert beobachten, der auf einen gesünderen und bewussteren Lebensstil zurückzuführen ist. Dennoch kommt auch ein erhöhter SHBG-Wert dazu, der das freie Testosteron im Blut an sich bindet, sodass dann im Umkehrschluss wieder weniger vorhanden ist. Im Vergleich dazu weisen Omnivoren, die sowohl Pflanzen als auch Fleisch konsumieren, einen tieferen SHBG-Ausschlag auf, was dazu führt, dass mehr Testosteron frei verfügbar ist. Im Hinblick auf Testosteron ist unser Fokus auf das freie Testosteron gerichtet, welches lediglich einen Anteil von 1–2 % des Gesamttestosterons ausmacht.

Infolgedessen kann eine höhere Fettzufuhr bei beiden Geschlechtern den Spiegel der anabolen Hormone, das heisst von Testosteron, Östrogen, Wachstumshormonen (HGH) und IGF-1 (wird in der Leber unter dem Einfluss von HGH gebildet – steuert Wachstum und Reifung von unterschiedlichen Zellen), um etwa 20 % erhöhen, wenn man von einer Fettzufuhr von etwa 20 % auf 40 % übergeht. Der Einfluss des Nahrungsfetts auf den Testosteron- und Wachstumshormonspiegel ist unabhängig von der Energiezufuhr und beträgt etwa 10–15 %. Allerdings weisen einige Untersuchungen darauf hin, dass eine fettarme Ernährung den Spiegel des Sexualhormon-bindenden Globulins so weit senkt, dass der freie Testosteronspiegel stabil bleibt, während der gesamte Testosteronspiegel sinkt. Der zu erwartende Nutzen einer Erhöhung der Fettzufuhr auf über 40 % der Energiezufuhr ist als eher gering einzustufen. Es konnte nachgewiesen werden, dass eine Diät mit einem Fettanteil von 65 % sowie eine ketogene Diät mit einem Fettanteil von 75 % zu einem Anstieg des freien Testosteronspiegels um 33–34 % führte.

Des Weiteren wurde eine Fallstudie eines 22-jährigen männlichen Bodybuilders präsentiert, der trotz ansonsten gesunden Lebensstils unter erektilen Dysfunktionen litt. Das Problem bestand darin, dass der Proband eine Bodybuilding-Diät durchführte, bei der er weniger als 20 Gramm Fett pro Tag zu sich nahm. Eine Erhöhung des Anteils auf 30 % der Energiezufuhr, ohne die angegebene Gesamtenergiezufuhr zu erhöhen, steigerte sein bioverfügbares Testosteron um das Sechsfache, was seine Erektionsstörung behob. Ein Störfaktor ist, dass auch sein Körperfettanteil laut BodPod von 4 % auf 8 % anstieg, wobei jedoch seine sexuelle Dysfunktion bereits seit vier Jahren bestand. Unter der Voraussetzung, dass der Proband seit vier Jahren nicht mehr in Wettkampfform war, kann die höhere Fettzufuhr als wahrscheinlichste Ursache für seine Genesung angenommen werden.

In zwei Studien konnte eine negative Korrelation zwischen Proteinzufuhr und Testosteronspiegel festgestellt werden, was darauf hindeutet, dass eine hohe Proteinzufuhr sich negativ auf den Testosteronspiegel auswirkt. In beiden Studien wurde jedoch lediglich der Gesamttestosteronspiegel gemessen. In der Studie, in der das Sexualhormon-bindende Globulin (SHBG) gemessen wurde, konnte eine Abnahme des SHBG und des Testosterons in der Gruppe mit hohem Proteingehalt festgestellt werden. Das Ganze läuft fast auf ein Nullsummenspiel hinaus. Dies lässt den Schluss zu, dass die geschätzte bioverfügbare Testosteronmenge in den Gruppen mit hohem und niedrigem Proteingehalt ähnlich blieb. In mehreren anderen Studien wurde sowohl ein Anstieg des Testosteronspiegels bei einer Diät mit höherem Fett- als auch mit höherem Proteingehalt beobachtet, sodass festzustellen ist, dass eine etwaige negative Auswirkung von Eiweiss auf das Testosteron durch eine hohe Fettzufuhr bei weitem überlagert wird. Grundsätzlich sind Proteine essenziell für unser Dasein. Es existiert keine Diät, die eine Reduktion der Proteinzufuhr propagiert. Proteine sind nicht nur für den Muskelaufbau von Bedeutung, sondern auch für die Haut, die Haare, die Nägel und insbesondere für die Psyche. Jeder Neurotransmitter ist abhängig von einem breiten Reservoir an Aminosäuren, auf die er zu jeder Zeit zugreifen kann. Daher ist es unwahrscheinlich, dass eine eiweissreiche Ernährung in der Praxis erhebliche negative

Auswirkungen auf den Testosteronspiegel hat, sofern das Verhältnis von ca. 1/3 zu 2/3 zwischen Proteinen und Kohlenhydraten stimmt. Das Ausmass des Anstiegs des anabolen Hormonspiegels, das durch eine Erhöhung der Fettzufuhr auf etwa 40 % der Gesamtenergiezufuhr erreicht werden kann, ist gross genug, um eine Auswirkung auf die Körperzusammensetzung zu haben.

## 11.1.1 Die Wirkung von Testosteron auf Ihre Kraft und Körperzusammensetzung

Testosteron ist unter anderem für seine anabolen Eigenschaften bekannt. Testosteron aktiviert den Androgenrezeptor, der den Genen in den Muskelzellen direkt signalisiert, mehr Protein zu produzieren, um zu wachsen.

Je mehr Testosteron Sie haben, desto grösser und stärker sind Sie und können Sie noch werden. Dabei spielt es keine Rolle, ob das Testosteron aus einer Injektion oder aus Ihrem Körper stammt: Testosteron ist Testosteron. Bevor Sie exogenes Testosteron zuführen, rate ich Ihnen jedoch, dass Sie für sich selbst den biologisch optimalen Lifestyle wählen, um überhaupt zu wissen, wo Ihr natürliches genetisches Maximum liegt. Erst danach sollten Sie eine Standortbestimmung durchführen, welchen weiteren Weg Sie nun gehen werden. Sie werden überrascht sein, wie gross der Unterschied ist und was alles möglich sein kann, wenn Sie sich auf einen an natürlichem Testosteron orientierten Lebensstil ausrichten – insbesondere, wenn Sie bis zu diesem Zeitpunkt auf Sparflamme fuhren und Ihren Hormonhaushalt nie optimiert hatten. In Anlehnung an die oben genannte Studie, in der der Testosteronspiegel künstlich manipuliert wurde, lässt sich ableiten, dass selbst geringfügige Unterschiede im Testosteronspiegel innerhalb des physiologischen (medikamentenfreien) Bereichs einen Unterschied von mehreren Pfund in der mageren Körpermasse ohne Krafttraining bewirken können. Diese Schätzung stimmt mit den Resultaten der Testosteronersatztherapie (TRT) überein. Bei älteren Männern mit normalen Testosteronwerten im mittleren physiologischen Bereich (17 nmol/L) führte eine Erhöhung des bioverfügbaren Testosteronspiegels um 27 %, welche durch eine höhere Fettzufuhr erreicht werden konnte, zu einer signifikanten Veränderung der Körperzusammensetzung. An dieser Stelle sei angemerkt, dass auch Frauen Testosteron besitzen, welches für sie ebenso essenziell ist. In diesem Kontext möchte ich Ihnen die mögliche Angst nehmen, dass Ihnen ein Bart wächst, Ihr Kreuz überdimensional gross wird, die Schulter und Arme wie bei Herrn Schwarzenegger aussehen oder Sie zu muskulöse Beine bekommen, wenn Sie die oben im Ernährungsparameter genannten 40 % des Gesamtkalorienbedarfs aus Fetten beziehen. Im Körper gibt es immer ein Gegen-Regelwerk, damit langfristig eine Homöostase aufrechterhalten wird, das heisst eine Balance in Ihrem hormonellen System. Des Weiteren hat das weibliche Geschlecht ca. 10-mal weniger Testosteron zu Verfügung als das männliche. Unter der Berücksichtigung, dass in der gesamten männlichen Gesellschaft schleichend weniger Testosteron im Körper vorhanden ist und Frauen im Vormarsch sind, was dieses Hormon anbelangt, bleibt es noch bei einem ca. 7-mal kleineren Anteil. Sie müssen keine Angst vor diesem Hormon haben, es ist gleichermassen lebensnotwendig wie Östrogen und andere Hormone. Wo der Unterschied zwischen den Geschlechtern ausserdem stärker ausfällt, ist in den hormonellen Schwankungen, grösstenteils bedingt durch den weiblichen Zyklus und die daraus resultierenden dynamischeren Gefühls- sowie Gedankenachterbahnen, die in sich schon diese unruhige Situation weiter ankurbeln. Bei dem männlichen Geschlecht gibt es auch Schwankungen, die sich aber eher in einem Zeitintervall von einem Tag oder innerhalb einer Woche widerspiegeln. Aufgrund des logischerweise Fehlens eines weiblichen Zyklus sowie des erhöhten Testosteronanteils im Mann sind diese weniger anfällig für Schwankungen. Selbstverständlich können Sie als Frau ersteres nicht umgehen. Es ist, wie es ist. Dennoch kennen Sie sich am besten und haben sicher schon, je nachdem wie intensiv Ihr Körper reagiert, gewisse hilfreiche Tools für sich entdeckt. Ich möchte Sie darauf hinweisen, dass Testosteron zusätzlich ein solcher Schlüssel sein könnte. Auch bei Frauen wirkt Testosteron persönlich stabilisierend. Versuchen Sie wie oben beschrieben 40 % Ihrer gesamten Kalorienbilanz aus Fetten zu beziehen. Wenn Sie denken, das ist zu viel, dann steigern Sie sich langsam bis zu dem Punkt hin, wo Sie sich noch wohl fühlen. Wie alles im Buch ist das eine Empfehlung. Sehen Sie es als Experiment an, um sich besser kennenzulernen. Wenn Sie sich besser fühlen, wieso nicht einfach weitermachen? Wenn Sie denken, Fett macht fett, dann muss ich Sie enttäuschen: 100 % des gesamten Kalorienbedarfs aus Fett oder 100 % des gesamten Kalorienbedarfs beispielsweise aus Proteinen zu beziehen, macht keinen Unterschied, weil es sich um genau gleich viele Kalorien handelt. Sie verstehen, was ich meine.

Des Weiteren konnten Hinweise auf eine Dosis-Wirkungsbeziehung des Testosteronspiegels innerhalb des Normalbereichs (9–38 nmol/L) bei den männlichen Probanden beobachtet werden. Im Rahmen der Studie wurde exogenes Testosteron an knapp hypogonadale (endokrine Funktionsstörung der Keimdrüsen) Männer verabreicht, um den T-Spiegel in unterschiedliche Bereiche des Normalbereichs zu bringen. Die Zunahme der mageren Körpermasse war bei den Probanden, denen eine höhere Testosterondosis verabreicht wurde, nach 180 Tagen (ohne Sport) signifikant höher. Des Weiteren konnte ein durchschnittlicher Rückgang der Fettmasse um etwa ein Kilogramm beobachtet werden, wobei ein höherer Testosteronspiegel mit einer stärkeren Abnahme der Fettmasse assoziiert war. In der Konsequenz verlieren ältere Männer auch schneller Muskeln, je niedriger ihr Testosteronspiegel ist. Bei gesunden jungen Männern, die ein Medikament zur Unterdrückung der Keimdrüsenfunktion einnehmen, um ihre Testosteronproduktion zu blockieren, zeigt sich ein ähnliches Bild. Die Ganzkörperproteinsynthese nimmt um 13 % ab, während gleichzeitig fettfreie Masse und Kraft verloren gehen und innerhalb von zehn Wochen eine Zunahme des Körperfettanteils zu verzeichnen ist. Die Senkung des Testosteronspiegels beeinträchtigt signifikant die Kraftentwicklung und den Muskelzuwachs durch Krafttraining. Sie führt bei Männern zu einer vollständigen Blockierung der Kraftentwicklung, einer Verringerung des Wachstums der fettfreien Körpermasse um 35 % sowie einer Zunahme des Fettanteils. Es konnte gezeigt werden, dass Testosteron für die Anpassung an das Ausdauertraining von untergeordneter Bedeutung ist. Sowohl untrainierte Männer als auch Frauen mit höheren Testosteronwerten zeigen durch ein Ausdauertrainingsprogramm keine gesteigerte Muskelmassen- oder

# Gesundheitsschlüssel: Sport

Fettverlust-Rate im Vergleich zu anderen mit weniger Testosteron. Zusammenfassend lässt sich feststellen, dass die Testosteron-Supplementierung zu einer zuverlässigen Erhöhung der fettfreien Masse führt.

In Kontrast zu den oben genannten Untersuchungen, bei denen der Testosteronspiegel durch externe Manipulation beeinflusst wurde, zeigt die Beobachtungsforschung vergleichsweise schwache Korrelationen zwischen Testosteron und Muskelmasse sowie Zuwächsen durch Krafttraining.

Auch andere Androgene können von Relevanz sein. Bei eineiigen Zwillingen beispielsweise stellen Androgene (die Klasse der „männlichen" Hormone, zu denen auch Testosteron gehört) eine wichtige Determinante der Energieverteilung und des Körperaufbaus bei Überernährung dar.[36] Es ist bemerkenswert, dass der freie Testosteronspiegel nur eine geringe Korrelation mit der fettfreien Grundmasse aufwies und keine statistische Signifikanz erreichte, während der Androsteronspiegel die fettfreie Grundmasse signifikant vorhersagte. Die Spiegel von Dehydroepiandrosteron (DHEA) und Androstendion sagten ebenfalls das Verhältnis zwischen der Zunahme der fetten und der fettfreien Masse während einer 100-tägigen Überernährung mit 1000 kcal voraus,

Der Testosteron-Stoffwechsel umfasst Testosteron und DHT, die als stärkste Androgene gelten. Darüber hinaus existieren jedoch noch weitere Androgene als Zwischenstufen.

Da es sich um eineiige Zwillinge handelte, musste der Unterschied in der Androgenproduktion umweltbedingt und nicht genetisch bedingt sein. Dies demonstriert, dass eine Optimierung der Ernährung, der Bewegung und des allgemeinen Lebensstils zur Steigerung der Androgenproduktion und in weiterer Folge zu einer Erhöhung der Zuwächse führen kann.

# Gesundheitsschlüssel: Sport

Die Zwillinge absolvierten kein regelmässiges Krafttraining, sodass die Ergebnisse die Auswirkungen von Androgenen bei Krafttraining wahrscheinlich unterschätzen.

- In einer anderen Studie gewannen trainierte Männer mit höheren Testosteronwerten schneller an Kraft. Hier war die Korrelation zwischen Kraftzuwachs und Testosteronspiegel nicht nur signifikant, sondern auch stark. Bei untrainierten Personen hingegen gab es keinen Zusammenhang zwischen Testosteronspiegel und Kraftzuwachs durch Krafttraining.[37]

- Eine Studie an älteren Frauen ergab, dass der Testosteronspiegel mit der Geschwindigkeit des Muskelwachstums korreliert, wenn sie mit Krafttraining beginnen.

- Fussballspieler mit mehr Testosteron können schneller laufen und höher springen.

- Bei olympischen Spitzengewichthebern korrelieren Testosteronspiegel und Kraftentwicklung langfristig.[38]

Wie kommt es, dass die Auswirkungen auf das Muskelwachstum und die Muskelkraft so unterschiedlich sind, wenn man den Testosteronspiegel einer Person direkt manipuliert und den Testosteronspiegel verschiedener Personen miteinander vergleicht? Hierfür gibt es zwei plausible Gründe:

1. Beobachtungsstudien haben eine geringere statistische Aussagekraft als Studien, die innerhalb einer Gruppe durchgeführt werden, da es keine Kontrollgruppe gibt und die Ergebnisse durch eine Vielzahl anderer interindividueller Faktoren beeinflusst werden, die den Testosteronspiegel oder das Muskelwachstum einer Person verändern können (Schlaf, Ernährung, Stress, andere genetische Faktoren, Trainingsaufwand usw.). Die Stichprobengrössen sind mit nur ~10 Probanden in vielen der Gruppen in den oben genannten Studien ebenfalls sehr klein.

2. Der Testosteron-Stoffwechsel variiert von Person zu Person. Bei einigen Personen kann die Hälfte des Testosterons die gleiche Wirkung haben wie bei anderen, weil sie mehr Androgenrezeptoren, eine stärkere Affinität für den Rezeptor, eine höhere Menge an ungebundenem Testosteron oder eine geringere antagonistische Aktivität am Androgenrezeptor haben können. Es wurde bestätigt, dass der Testosteronspiegel nicht mit dem Muskelwachstum korrelierte, wohl aber der Gehalt an Androgenrezeptorprotein. Auf dieser Grundlage würde man erwarten, dass Unterschiede im Testosteronspiegel zwischen Individuen nicht sehr relevant sind, aber Veränderungen innerhalb eines Individuums schon. Das deckt sich sehr gut mit den Forschungsergebnissen sowie mit der Erfahrung von Nutzern androgener und anaboler Steroide: Einige Bodybuilder reagieren viel stärker auf eine bestimmte Steroiddosis als andere.

Es ist durchaus möglich, dass Sie jemanden in Ihrem Umfeld kennen, der eine Testosteronersatztherapie (TRT) durchführt oder durchgeführt hat. Diese Person wird Ihnen bestätigen, dass sie sich besser fühlt und mehr leistet, nachdem ihr Testosteronspiegel an das obere Ende des Normalbereichs gebracht wurde. Das gleiche kann mit einen natürlichen hormonell optimierten Lifestyle erzeugt werden. Es konnte eine deutliche Verbesserung des Körperbaus sowie der Leistung beobachtet werden. Die vollständige Wirkung entfaltet sich erst nach mehreren Monaten.

Es sei darauf verwiesen, dass der Zusammenhang zwischen Androgenen und Fettmasse stärker zu sein scheint als bei der fettfreien Masse. In der oben erwähnten Zwillingsstudie wiesen Zwillinge mit höheren Androgenspiegeln zu Beginn der Studie eine geringere Körpermasse auf und nahmen während der Überernährung weniger Fett zu. In der Studie zum Ausdauertraining korrelierten die Ausgangswerte des Testosteronspiegels vor dem Trainingsprogramm mit einem höheren Prozentsatz an Muskelmasse bei Männern, nicht jedoch mit der Gesamtmuskelmasse. Dies bedeutet, dass Männer mit einem höheren Testosteronspiegel die gleiche Menge an Muskeln aufwiesen wie Männer mit höherem Körpergewicht, obwohl sie schlanker waren. Andere Untersuchungen an untrainierten Männern belegen ebenfalls, dass Männer mit einem höheren Testosteronspiegel im Vergleich zu Männern mit einem niedrigeren Testosteronspiegel eine geringere fettfreie Gesamtmasse aufweisen, jedoch schlanker sind.

Es ist anzunehmen, dass es sich bei diesen Beziehungen um einen Fall von umgekehrter Kausalität handelt. Es kann festgehalten werden, dass Testosteron nicht per se schlank macht. Bei einem schlanken Körper sinkt der Aromatasewert, was eine geringere Umwandlung von Androgenen in Östrogene zur Folge hat. Dadurch wird ein höherer Testosteronspiegel bei schlanken Personen bis zu einem gewissen Grad begünstigt. Die fehlende Evidenz für einen eindeutigen Zusammenhang zwischen Testosteron und der fettfreien Grundmasse in mehreren Studien lässt sich vermutlich auf die geringe Stärke dieser Beziehung zurückführen, die zusätzlich durch die Tatsache erschwert wird, dass schlanke Personen in der Regel weniger fettfreie Masse aufweisen als dickere Personen.

In der Gesamtschau lässt sich konstatieren, dass die Literatur über den Zusammenhang zwischen Testosteron und der Ausgangsmuskelmasse sowie dem Potenzial für Muskelwachstum bemerkenswert divergierende Aussagen präsentiert. Diese Diskrepanz lässt sich dadurch erklären, dass die Unterschiede im Testosteronspiegel zwischen den Individuen nur eine geringe Aussagekraft besitzen, während innerhalb einer Person eine Erhöhung des Testosteronspiegels innerhalb des physiologischen Bereichs zu einer Zunahme der fettfreien Körpermasse um mehrere Kilogramm führt, sofern zuvor eine Hypogonadismus-Erkrankung vorlag. Die Einnahme von Hormonen und die Verwendung von anabolen Steroiden beschleunigt das Muskelwachstum und erweitert die Obergrenze des potenziellen Muskelwachstums. Es ist gemeinhin bekannt, dass ein hoher Testosteronspiegel anabol wirkt und somit dem Muskelwachstum und der Kraftentwicklung förderlich ist, während Cortisol katabole Wirkungen hat und ein zu hoher Spiegel schädlich sein kann. In diesem Kontext wird das Verhältnis von Testosteron zu Cortisol (T/C-

Verhältnis) üblicherweise als Marker für den Gewebeanabolismus und als Indikator für das Übertraining herangezogen. Obgleich die Verwendung des Parameters für beide Zwecke umstritten ist, kann es von Vorteil sein, zu einer Tageszeit zu trainieren, zu der das T/C-Verhältnis am höchsten ist. Das heisst Männer tendenziell eher am Vormittag und Frauen hingegen eher am Abend. Ich möchte an dieser Stelle noch einmal auf Folgendes hinweisen: Die präsentierten Daten sollten nicht dazu verleiten, exogen Testosteron zuzuführen, solange eine Einordnung im mittleren oberen Referenzbereich erfolgt. Es sei an dieser Stelle lediglich darauf verwiesen, dass dieses essenzielle Hormon im Körper eine herausragende Bedeutung besitzt. Die Daten lassen sich klarer darauf zurückführen, wie ein bestimmter Stoff wirkt, wenn die Daten von einer randomisierten kontrollierten Studie, in der in dem Fall Testosteron injiziert wurde, erhoben werden. Dadurch kann ein signifikantes Bild dargestellt werden. Wenn Sie dennoch eine Injektion in Erwägung ziehen, müssen Sie zunächst Ihren Lebensstil ehrlich erörtern. Sollten die empfohlenen Massnahmen zur Optimierung des individuellen Hormonhaushalts keine Besserung bringen, müssen genetische Faktoren als Ursache in Betracht gezogen werden. In diesem Fall ist es selbstverständlich, dass Sie ärztliche und professionelle Hilfe in Anspruch nehmen.

## 11.1.2 Östrogen und die Auswirkung auf den Körper

Aus der Forschungsübersicht geht hervor, dass fettarme Diäten den (freien) Östrogenspiegel bei Frauen unabhängig von der Energiezufuhr senken (und wahrscheinlich auch bei Männern bei sehr geringer Zufuhr). Viele Menschen betrachten Östrogen als eines der katabolen Hormone. Dies ist nicht korrekt. Östrogen wirkt sich in vielerlei Hinsicht positiv auf den Körperbau aus:

- Östrogen hilft bei der Muskelreparatur.[39]
- Östrogen wirkt antikatabol, das heisst, es verhindert Muskelschäden und -verluste und ist sogar leicht anabol. Hunderte von Studien haben die anabole Wirkung von Östrogen nachgewiesen.[40]
- Östrogen sorgt für eine dezentrale Verteilung des Körperfetts, was den Stoffwechsel verbessert und dazu führt, dass Sie weniger Fett um die Körpermitte herum speichern.
- Östrogen macht Ihre Gelenke, Knochen und Sehnen stärker.
- Östrogen wird zwar oft nachgesagt, dass es dick macht, aber es erhöht tatsächlich den Stoffwechsel. Es erhöht jedoch die Wassereinlagerungen, was leicht mit einer Fettzunahme verwechselt werden kann.

Der schlechte Ruf, den Östrogen im Kraftsport innehat, lässt sich grundsätzlich auf die Nutzer anaboler Steroide zurückführen. Bei Männern führt die Injektion exorbitanter Mengen von Testosteron zu einem Anstieg des Östrogenspiegels, da das Testosteron zu Östrogen aromatisiert. Obgleich dies für die Muskeln, die Leistung oder den Fettanteil in der Regel kein Problem darstellt, kommt es zu massiven Wassereinlagerungen, da der Östrogenspiegel um ein Vielfaches höher ist als bei einem natürlich Trainierenden. Dies kann zu einem Anstieg des Körpergewichts von mehreren Kilogramm führen, was ausreicht, um einen Bodybuilder in Wettkampfform aufgedunsen erscheinen zu lassen. Eine weitere Problematik, die bei Bodybuildern häufig zu beobachten ist, stellt die Verwechslung von Wassereinlagerungen mit Fettmasse dar. Die Kombination dieser Faktoren mit den Nebenwirkungen eines multiphysiologischen Östrogenspiegels beispielsweise in Form einer Gynäkomastie (das heisst, die Brüste von Männern wachsen durch den hohen Östrogenspiegel) führt dazu, dass Östrogen als Gegner wahrgenommen wird. Um die optimale Ausschüttung der für Männer und Frauen relevanten Hormone zu gewährleisten, ist es erforderlich, im Training die geeigneten Reize zu setzen.

# Gesundheitsschlüssel: Sport

Der primäre Stimulus für das Muskelwachstum im Training ist eine ausreichend hohe sowie ausreichend langanhaltende Spannung (time under tension), die in den einzelnen Muskelfasern gehalten wird. Dies bedeutet, dass eine Muskelhypertrophie dann eintritt, wenn durch die Muskelfasern eine so hohe biomechanische Spannung erzeugt wird, dass die strukturelle Integrität beeinträchtigt wird. Als adaptive Reaktion auf die erzeugte Spannung erfolgt ein Wachstum des Muskels, um in der Zukunft eine höhere Spannung bzw. Kraft zu erzeugen.

Generell gilt in jeder Sportart, dass Sie 75–85 % der Maximalkraft aufbringen müssen, um eine vollständige Rekrutierung motorischer Einheiten zu generieren. Von diesem Zeitpunkt an sind die Muskelaktivierungsniveaus nahe Ihrem Maximum, aber das Nervensystem kann die Muskelaktivierungsniveaus weiter steigern, indem es mehr Aktionspotenziale in schneller Folge sendet. Die Gesamtmuskelaktivierung hängt also von der Anzahl der rekrutierten motorischen Einheiten sowie von deren Feuerrate ab. Die meisten Bewegungen dauern viel länger als eine einzige Muskelzuckung, sodass sie einen kontinuierlichen Strom von Aktionspotenzialen erfordern, um die Muskelspannung aufrechtzuerhalten und die Bewegung zu vollenden. Wenn die «time under tension (TUT)», also die Zeit, welcher der Muskel unter Spannung ist, ausgedehnt wird, werden weitere Muskelfasern aktiviert und somit kann ein umfangreicherer Muskelaufbau stattfinden.

## Muskelhypertrophie vs. Hyperplasie

Muskelwachstum kann durch Muskelhypertrophie und -hyperplasie entstehen.

- Hypertrophie ist eine Vergrösserung der kontraktilen Elemente (der aus Myosin und Aktin zusammengesetzten Myofibrillen, die sich innerhalb der Muskelzelle befinden).
- Hyperplasie ist eine Zunahme der Anzahl der Muskelfasern (= Muskelzellen).

# Gesundheitsschlüssel: Sport

Die Frage, ob eine Muskelhyperplasie beim Menschen auftritt, wird derzeit noch diskutiert. Die direkte Zählung der Anzahl der Muskelfasern in einem Menschen ist nicht möglich, da eine Untersuchung aller Muskelfasern in einem Muskel eine Herausnahme des Muskels aus dem Körper erfordern würde. Die Untersuchung von Leichen stellt somit die einzige Möglichkeit zur Beurteilung der Auswirkungen des Krafttrainings dar. Da jedoch keine Baseline-Messung durchgeführt werden kann, ist eine Vergleichbarkeit der Ergebnisse nicht gegeben. Selbst bei Leichen ist das direkte Zählen der Muskelfasern mit dem Versuch zu vergleichen, die Anzahl der Haare auf dem Kopf einer Person zu zählen. Es ist nahezu unmöglich. Die Anzahl der Muskelfasern menschlicher Muskeln wird auf Hunderttausende geschätzt.

Einige indirekte Hinweise deuten darauf hin, dass beim Menschen eine Muskelhyperplasie auftritt. Einige wenige Studien aus den 1980er und frühen 1990er Jahren konnten nachweisen, dass Bodybuilder und andere trainierte Personen keine grösseren Muskelfasern hatten als untrainierte oder weniger trainierte Personen. Es lässt sich somit ableiten, dass sie insgesamt über grössere Muskeln verfügten, was darauf hindeutet, dass sie über eine höhere Anzahl an Muskelfasern und nicht über grössere Fasern an sich verfügten. Die erhöhte Muskelfaserzahl könnte auf eine genetische Veranlagung oder auf einen Trainingseffekt zurückzuführen sein. Beide Erklärungen sind jedoch wenig plausibel.

- Wenn die grösseren Individuen mit mehr Muskelfasern geboren wurden, müssen die Fasern bei der Geburt unnatürlich klein und nur in der Lage gewesen sein, auf ein normales Niveau zu wachsen. Andernfalls hätten ihre Muskeln bereits ihre endgültige Grösse erreicht, als sie noch untrainiert waren. Da die überwiegende Mehrheit der Forschungsprojekte zeigt, dass Bodybuilder und trainierte Personen jeder Art grössere Muskelfasern haben als untrainierte Personen, und eine Fülle von Untersuchungen belegt, dass Muskelfasern als Reaktion auf Training wachsen, ist dies eine unwahrscheinliche Erklärung.

- Wenn es ein Trainingseffekt war und die grösseren Individuen mit normal grossen Muskelfasern geboren wurden, hätte überhaupt keine Muskelhypertrophie auftreten können. Dies ist umso unwahrscheinlicher, als auch hier die überwältigende Mehrheit der Forschung zeigt, dass Muskelhypertrophie ein Schlüsselfaktor für das Muskelwachstum ist. Die Muskelhyperplasie mag zwar eine kleine Rolle spielen, aber es ist schlichtweg unglaubwürdig, dass sie bei diesen Teilnehmern die einzige Ursache war.

Da beide Erklärungen nicht glaubwürdig sind, ist davon auszugehen, dass die Daten das Ergebnis einer unzureichenden Stichprobengrösse der Teilnehmer, einer unzureichenden Stichprobe von Muskelfasern, eines Fehlers bei der Schätzung der durchschnittlichen Muskelfaserfläche oder eines Fehlers bei der Schätzung der gesamten Muskelquerschnittsfläche sind. Die Verwendung von wachstumsfördernden Medikamenten könnte ebenfalls eine Muskelhyperplasie verursacht haben, da zahlreiche Studien an Leistungssportlern und Bodybuildern durchgeführt wurden. Sofern Sie die bisherigen Ausführungen bis zu diesem Punkt verfolgt haben und der Auffassung sind, dass die genauen biochemischen und biomechanischen Vorgänge, die in Ihrem Körper ablaufen, für Sie keine Rolle spielen, möchte ich Ihnen an dieser Stelle wieder ein eher pragmatisches Argument mitgeben.

Egal was Sie für ein sportliches/körperliches Ziel anstreben, die Basis ist immer Ihr Energiehaushalt. Das heisst, Sie benötigen einen vollen Glykogenspeicher. Training, meist aerobes Ausdauertraining, in geringerem Ausmass auch Krafttraining, erhöht die Glykogenspeicherkapazität. Es ist kein grosser Unterschied, aber er tritt konsistent auf. Krafttrainierte Personen speichern mehr Glykogen in ihren Muskeln als inaktive Personen und jedes Gramm Glykogen zieht ~3 g Wasser in den Muskel. Die Spitzenkonzentration von Wasser im menschlichen Muskel liegt bei etwa 4 g pro 1 g Glucose. Ein unsportlicher Mensch, der keiner körperlich belastenden Arbeit nachgeht, besitzt ca. 300 g Glykogen in seinen Muskeln. Bei einem ambitionierten Sportler betragen die Zahlen ca. 750 g Glykogen im Muskel inklusive 150 g in der Leber. Bei dieser Summe geht man von einem Ausdauersportler aus. Der klassische Kraftsportler hingegen pendelt sich bei einem Glykogenspeicher von 600 g ein. Infolgedessen hat der Sportler einen grösseren Muskelquerschnitt und somit einen grösseren Vorrat an Energie, welche er im Training zu noch grösseren Leistungen umwandeln kann. Damit Sie mich verstehen, wie viele Kohlenhydrate wir eigentlich konsumieren können, bevor es in Fett umgewandelt wird, möchte ich Ihnen ein rudimentäres Beispiel geben:

100 g Reis (roh) haben ca. 78 g Kohlenhydrate, ergo müssten Sie bei einem Glykogenspeicher von 300 g insgesamt 384 g Reis essen, wenn Sie **nur** Reis essen würden. Unter der Berücksichtigung, Sie wären ein Ausdauersportler mit einem Kontingent von 600 g, dürften Sie 769 g Reis konsumieren. Alle Angaben sind im Roh-Zustand anzunehmen. Selbstverständlich ist der biologische Körper ein multikomplexer Organismus und viele weitere Faktoren beeinflussen den Stoffwechsel der Glucose. Ich möchte Ihnen hier nur einen Rahmen aufzeigen, in dem sich das Ganze abspielt. Es sind exorbitant grosse Summen von Kohlenhydraten, welche Sie tagtäglich zuführen müssten, um dick zu werden, unter der Prämisse, wir beachten nur die zugeführten Kohlenhydrate. Ich möchte Ihnen mit diesem Beispiel die Angst vor Kohlenhydraten nehmen. Das Beispiel verdeutlicht nur, wie Ihr biologischer Körper potenziell arbeitet, und ist nicht als Referenz zu betrachten. Es ist nicht per se dieser Energielieferant, welcher dazu führt, dass überschüssige Energie in Fett umgewandelt wird, sondern es geht hier um einen multifaktoriellen Ansatz, welchen Sie beobachten und analysieren müssen, um signifikante Ergebnisse beim Erreichen Ihrer Ziele zu sehen.

Ihren Glykogenspeicher stocken Sie mit Kohlenhydraten auf, dem Brennstoff der Zelle. Hier kommen in erster Linie erneut die langkettigen Kohlenhydrate zur Geltung. Der Körper hat auch die Möglichkeit, aus Eiweissen Glucose herzustellen, welche den Speicher auffüllen. Jedoch sind dies Eventualitäten in einer Diät oder in einer Kostform mit übermässig grosser Proteinzufuhr, welche das Ziel dieser

Empfehlung verfehlen. Testen Sie für sich, mit welcher Anzahl und Art von Kohlenhydraten Sie langfristig gut fahren. Eventuell sind schnell ins Blut gehende, kurzkettige Kohlenhydrate im Allgemeinen bekömmlicher für Sie. Auch in diesem Kontext verfolgen Sie eine Selbstwahrnehmung, welche die Grundlage für die Einschätzung des Körperbedarfs bildet. Indikatoren für einen vollen Glykogenspeicher sind: grössere Ausdauer, mehr Kraft, ein wenig mehr Gewicht auf der Waage (wegen der Glucose-Adhäsion(Bindung) an das Wasser), vollere Muskulatur, besser Konzentration, erhöhte Resilienz und ein besseres Wohlbefinden. Genau diese Ausgangslage möchten Sie vor jedem Training erreichen, um aus dem Vollen schöpfen zu können. Wie ich eingangs erwähnt habe, spielt Ihr Ziel hinsichtlich Ihres Glykogenspeichers keine Rolle, denn Sie möchten entweder abnehmen oder Muskeln aufbauen. Bei beiden Zielen möchten Sie die maximale Leistungsfähigkeit abrufen können. Dies ist nur mit einem vollen Glykogenspeicher möglich. Nach dem Training ist vor dem Training. Um das Training herum dürfen Sie sich gerne bei Bedarf mit kurzkettigen Kohlenhydraten versorgen.

**Als Beispiel:**

Eine halbe Stunde vor dem Training darf es eine frische Frucht nach Wahl sein. Bevorzugt gilt es keine Trockenfrüchte sowie Bananen zu konsumieren, da diese mehr Zeit für die Verdauung benötigen. Machen Sie sich Ihr Leben aber nicht schwer, falls nur Trockenfrüchte oder Bananen vorhanden sind, dann ziehen Sie auch diese Energielieferanten ohne schlechtes Gewissen heran. Wenn Sie die Option haben, ca. zwei Stunden vor dem Training eine vollwertige Mahlzeit zu essen, so ist Ihr Aminosäure- sowie Glucosepool genügend gefüllt. Ist dies nicht der Fall, bedarf es für die optimale Energiezufuhr innerhalb des Trainings eines Fruchtsafts oder einer Frucht und ca. 20 g Proteinpulvers mit einer veganen fettarmen Milch, bei Bedarf mit ein wenig Honig.

Darüber hinaus können Nahrungsergänzungsmittel die zur Verfügung zu stellende Energie oder die Konzentration unterstützen.

## Vor dem Training:

**Tabelle 3:** Nahrungsergänzungsmittel für verbesserte Kraftentwicklung

| Nahrungsergänzungs-mittel | Menge | Wirkung |
|---|---|---|
| Tyrosin[41] | 2 g – 4 g | Verzögerte Ermüdung, gesteigerte Konzentration, stimmungsaufhellend |
| Creatin | 3 g* vor und 3 g nach dem Training (unter der Prämisse, Sie trinken ausreichend) | Erhöhte ATP-Bereitstellung (mehr Kraft sowie Kraftausdauer) |

*Einnahmedisziplin wahren!

Nach dem Training sieht es ähnlich aus. Hier gehen Sie wieder gleich vor. Der einzige Unterschied betrifft die Menge. Hier können Sie die Zufuhr an Proteinpulver von 20 g auf 30 g erhöhen, bei Bedarf mit ein wenig Honig. Die reife Banane ist neben den anderen frischen Früchten ein gern gesehener Gast. Trockenfrüchte sollten erneut gemieden werden. Mit diesem Vorgehen haben Sie die direkte Versorgung rund um das Training sichergestellt. Es gibt ein sogenanntes «anaboles Zeitfenster» nach dem Training. Um eine maximale Effektivität aus Ihrem «anabolen Zeitfenster» nach dem Training herauszuholen, gehen Sie akribisch genau nach folgendem Plan vor:

# Gesundheitsschlüssel: Sport

## Direkt nach dem Training:

**Tabelle 4:** Nahrungsergänzungsmittel für verbesserte Regeneration

| Aminosäure / Vitamine | Menge | Wirkung |
|---|---|---|
| **L-Arginin und/oder L-Ornithin**[42] | 7 g – 10 g* (anfängliche Blähungen oder Unwohlsein möglich) | Erhöhte STH-, IGF-1- u. Insulin-Produktion, fördert Glykogenspeicherung |
| **Lysin (limitierende Aminosäure bei veganer Ernährung oder Leistungssportlern)**[42] | 6 g | **Potenziert** die Wirkung von Arginin, fördert Proteinsynthese |
| **Glyzin**[43] | 6 g* | Hemmt das eiweissabbauende Enzym Cathepsin D, erhöhte STH-Produktion |
| **Carnitin (Limitiert bei vegetarischer und veganer Ernährung)**[44] | Täglich 2 g – 4 g, davon 1 g – 2 g direkt nach dem Training | Erhöhte Regeneration, Blutdruck- sowie Cholesterin-senkend |
| **L-Glutamin** | 10 g – 20 g | Regenerationsfördernd, anabol für Muskulatur, Säurepufferung im Körper |

| | | |
|---|---|---|
| **Vitamin C (Camu Camu, Hagebutten, Acerola etc.)** | 500 mg<br><br>**Kein synthetisches Vitamin C konsumieren!** | Wichtig für Symbiose von Glyzin und Lysin, Verminderung von freien Radikalen nach dem Training, schnellere Erholung |
| **BCAA** (in Relation 2:1:1 / Leucin:Isoleucin:Valin)[45] | 6 g | Stimulation der Insulin-Produktion, erhöhte Regeneration, fördert Proteinsynthese |

*Einnahmedisziplin wahren!

Der nächste Schritt ist die darauffolgende Hauptmahlzeit. Hier ist es wichtig, die leeren Zellen wieder aufzufüllen. Sie müssen nicht die Trainingstasche packen, mit 160 km/h heimfahren, Ihr Essen kochen und dann essen. Gewöhnen Sie sich lieber eine zeitnahe Versorgung Ihrer Zellen an und warten Sie nicht 3–4 Stunden bis zu der ersten Mahlzeit nach dem Training. Es kommt Ihnen zugute, wenn sie Ihre Mahlzeiten bereits vorgekocht dabeihaben. Selbstverständlich möchte ich hier noch erwähnen, trinken Sie keinen Alkohol nach dem Training. Weniger ist mehr!

Durch die zeitnahe Versorgung erhält der Körper umgehend alle Bausteine, die er benötigt, um die Proteinsynthese vollumfänglich zu nutzen. Zudem leitet er gleichzeitig die Regeneration ein.

Achten Sie auf einen erhöhten Kohlenhydrat- und Eiweissanteil. Möglich wäre: weisser oder Vollkornreis, Hirse, Quinoa, Teigwaren (es gibt eine grosse Palette an verschiedenen Produkten von vegan über Hartweizengriess mit oder ohne Ei, glutenfrei etc.; erkunden Sie diese kulinarische Vielfalt und nehmen Sie das Produkt, welches für Sie am besten bekömmlich ist) mit einer Eiweissquelle wie

# Gesundheitsschlüssel: Sport

Poulet, Sojaprodukten (Tofu, Tempeh, Sojaschnitzel, Sojabohnen), Lupinen, Seitan (enthält Gluten), fettarmem Fisch mit ein wenig gekochtem Gemüse.

Optimalerweise essen Sie 2–3 Stunden vor dem Schlafen nichts mehr, damit das Blut einen moderaten Blutzuckerspiegel aufweist. Dies führt dazu, dass im Tiefschlaf ca. 1,5 Stunden nach dem Einschlafen vermehrt Somatropin (Wachstumshormon) ausgeschüttet wird. Somatropin wirkt anabol auf den Eiweissaufbau und den Fettabbau, es hat verjüngende Effekte, senkt das «böse» Cholesterin LDL und erhöht den Stoffwechsel. Zudem empfehle ich Ihnen, Blattgemüse wie Spinat, Salate, Mangold etc. bis sechs Stunden vor dem Zubettgehen nicht mehr zu konsumieren, da diese Lebensmittel Ihren Verdauungstrakt länger beanspruchen als andere Gemüsesorten. Versuchen Sie den Rohkostkonsum am Abend in einem kleinen Rahmen zu halten. Idealerweise halten Sie sich an eine kleine Menge von gekochtem Gemüse, jedoch greifen Sie nicht auf allzu viele Hülsenfrüchte zurück, weil diese wiederum länger für die Verdauung benötigen. Das Abendessen darf unter Einhaltung dieser Empfehlungen einen erhöhten Fett- sowie Eiweissgehalt aufweisen.

Nun, da wir die Ernährungs-Lebensmittel-Thematik mehr oder weniger abgeschlossen haben, ist wichtig zu erwähnen, dass Sie beim Einkaufen auf gewisse Maxime achtgeben sollten. Sie sollten immer auf biologisch hergestellte Produkte setzen. Werden Sie dann unter diesen Umständen keine Schadstoffe zu sich nehmen? Das ist eher unwahrscheinlich. Auch in der Bio-Lebensmittel-Produktion wird getrickst, was soll ich Ihnen sagen. Eine beträchtliche Anzahl an Menschen ist gierig und überall, wo das Geld fliesst, besteht die Gefahr, dass Menschen ihren eigenen persönlichen Teufel kennenlernen und versuchen, so viel wie möglich abzuschöpfen, bevor das Schiff untergeht. Dennoch geht es auf dem Stand, auf dem wir uns aktuell befinden, gar nicht mehr um eine 0-%-Toxinaufnahme, sondern um eine Schadensminimierung. Das heisst, in der Summe fahren Sie schlussendlich doch besser mit biologisch hergestellten Produkten als mit konventionell angebauten Lebensmitteln. Es gibt auch in der konventionellen Landwirtschaft Regeln und Grenzen, aber denken Sie nicht, auch wenn diese Maximalwerte weitaus höher sind als bei biologischen Produkten, dass Sie als Produzent nicht das Maximale an Ertrag erwirtschaften wollen und dementsprechend spritzen, was das Zeug hält.

Ein Lebensmittel sollte seinem Namen alle Ehre machen. Es sollte ein (Lebens-)Mittel sein. Es sollte ein Mittel sein, das dem Menschen Leben zurückgibt, anstatt lediglich den Konsum von industriell hergestellten Nahrungsmitteln zu fördern, welche weit von lebendiger Nahrung entfernt sind. Wenn Sie sich jetzt schon ein wenig mit diesem Thema befasst haben, werden Sie wahrscheinlich weisere Entscheidungen, was die Aufzucht und/oder Herstellung Ihres Nahrungsmittels anbelangt, getroffen haben. Womöglich gehen Sie zu einem Bauern direkt um die Ecke. Da kommen auf jeden Fall bessere Gefühle auf – kann ich verstehen. Nur, was denken Sie, woher die Lebensmittel von grösseren Distributoren kommen? Aus dem Labor? Nein, zum Glück noch nicht. Auch hier wird auf die Landwirtschaft zurückgegriffen. Sie überspringen einen Zwischenhändler, mehr nicht. Das spiegelt sich in der Regel im Preis wider, nicht jedoch in der Qualität. Eventuell beliefert Ihr persönlicher Bauer des Vertrauens sogar die grösseren Lebensmittelketten, welche Sie schlau, wie Sie sind, versuchen auszuweichen. Es ist leider fast alles vernetzt. Es könnte natürlich auch ein ganz anderes Szenario vorliegen. Ihr vertrauter Bauernhof ist Bio-zertifiziert, was bedeutet, dass er regelmässigen Prüfungen unterzogen wird, oder es wird nur mit natürlichem Schutzmittel oder gar nicht gespritzt. Mit dieser Ausgangslage sind Sie dem 0815-Bürger definitiv einen Schritt voraus.

Ich möchte die grossen Lebensmittelketten nicht schlechtreden. Sie haben etliche Produkte, die ich empfehle. Nur achten Sie auf das Bio-Siegel. Es gibt verschiedene Abstufungen. Das EU-Bio-Siegel hat fast keinen Wert. Es macht das Produkt ein wenig attraktiver, aber die Richtwerte sind sehr niedrig angesetzt und es stellt keine grosse Hürde dar, sie einzuhalten. Dementsprechend gibt es keinen grossen Unterschied zu konventionell angebauten Produkten, aber Sie zahlen dafür natürlich das x-Fache mehr. So viel dazu – ein anderes wichtiges Thema ist die Massentierhaltung. Kennen Sie das Sprichwort, dass Sie niemals «nie, alles oder immer» sagen sollten? Diese Begriffe sind absolut und lassen etliche weitere Faktoren aussen vor. Was ist denn schon absolut? Ich empfehle Ihnen dennoch, auf den Verzehr von Fleisch aus Massentierhaltung «komplett» zu verzichten. Hierbei ist zu beachten, dass eine absolute Ablehnung die beste Option darstellt. Eine bessere Grundlage für eine fundierte Entscheidung bietet die Einordnung in zwei Kategorien, beispielsweise durch eine geschlossene Frage. Ein klares Nein würde ich Ihnen anraten. Sogar bei biologischen Fleischprodukten sind Sie nicht ganz vor Massentierhaltung gefeit, geschweige denn bei noch niedriger angesetzten Richtlinien in der konventionellen Haltung. Geld, Geld und noch einmal Geld – das ist, worum es geht. Denken Sie, dem Fleischproduzent geht es um Ihre Gesundheit? Falls ja, muss ich sagen, es gibt einen Teil in mir, der Sie beneidet. Sie leben in einer Illusion und wissen es nicht und sind darum vermeintlich frei. Alles hat seine Vor- und Nachteile. Meine Empfehlung basiert primär nicht auf dem Wohl der Tiere, obwohl das ein weiterer Punkt wäre, den man anführen könnte, um eine Verhaltensveränderung zu propagieren. Bleiben wir bei uns und unserem Ego. Wir alle sind intrinsisch motiviert. Nur in welche Richtung zieht es uns? Die meisten Menschen denken immer zuerst an sich. Das ist ok. Wenn Sie allenfalls zu diesen Menschen gehören, sollte Ihnen Ihre eigene Gesundheit doch am wichtigsten sein. Gesundheit ist das oberste Gut und Gesundheit findet, wie ich im Buch erkläre, nicht nur auf körperlicher Ebene, sondern auch auf psychischer Ebene statt. Das heisst, alles, was wir konsumieren, hat eine Wirkung auf uns. In der IT-Welt gibt es den Begriff GIGO – garbage in, garbage out. Sprich: Abfall rein, Abfall raus. Wenn Sie sich nur von McDonald's ernähren, sind Sie halt McDonald's. Wenn Sie nur das hinterletzte Fleisch aus den schlechtesten Aufzuchtbedienungen essen, weil es günstiger ist, dann … Ja, Sie verstehen, was ich meine.

Genau das Gleiche gilt für Informationen, welchen wir uns tagtäglich aussetzen. Alles hat eine Wirkung. Jede einzelne Entscheidung hat eine Auswirkung auf die Umwelt. Wie könnte es demnach keine Auswirkung auf unser eigenes Sein haben. Sie könnten also Variante A wählen, ein schnell aufgezogenes Tier, das mit ein paar Spritzen sowie Antibiotika aufgezüchtet wurde, damit es nicht zu früh stirbt unter den engen Massentierhaltungsumständen, weil das Tier nur so viel Wert hat, wie es nach dem Tod Geld einbringt. Zusätzlich wird es massig mit genmanipuliertem Mais oder Soja gefüttert, damit es schneller zunimmt und früh wieder in den Kreislauf von Geburt, Geld und Tod eintritt. Wie können dieses Fleisch und auch die so gewonnenen Milchprodukte keine Wirkung auf Ihren Körper und/oder Ihren Geist haben? Es sollte in Ihrem Interesse liegen, die eigene Gesundheit nicht durch die weitere Unterstützung solcher Zustände zu degenerieren.

Auf der anderen Seite gibt es die Variante B. Ein Tier in der Wildnis wird überraschend erlegt, ohne zu leiden, ein sofortiger Tod tritt ein. Weil das Tier sich nur von frischen, ungespritzten Nährstoffen, was eben zum Beispiel der Wald angeboten hat, ernährt hat, ist dieses Tier nie in Kontakt mit irgendwelchen Impfungen, Antibiotika oder Medikamenten gekommen. Das Leben in diesem natürlichen Lebensraum hat nicht nur positivere Auswirkungen auf Ihre Gesundheit, sondern eröffnet Ihnen auch eine völlig neue Welt des Geschmackserlebnisses. Auch diese Variante sowie alles andere haben ihre spezifische Wirkung auf Ihren Körper sowie Ihre Psyche.

Was denken Sie, welche Variante Ihnen aus holistischer Perspektive bekömmlicher ist? Die Antwort ist klar. Dass diese zwei Beispiele auf dem Spektrum nicht weiter voneinander entfernt sein können, ist mir ebenso klar. Mit Extremen kann man gut aufzeigen, wie es sich auch bei weniger radikalen Abstufungen verhält. Wie alles im Leben ist es schwer und auch ungesund, Perfektion erreichen zu wollen. Dennoch ist das Streben danach und der Versuch, so nah wie möglich an eine nahezu unerreichbare Position heranzukommen, ein möglicher ewiger Motivator. Mit einem gesunden Mischverhältnis aus Perfektion, Akzeptanz sowie Demut können Sie sich jeden Tag von neuem übertreffen und trotzdem bei Niederschlägen das innere Lächeln bewahren.

Nun gut, Sie könnten sich jetzt fragen, was hat das alles mit Fleisch zu tun? Entschuldigen Sie mich, eine Assoziation folgt der nächsten und ich bin schon beim nächsten Thema und eigentlich trotzdem noch beim selben Thema. Ich wechsle nur von äusseren Faktoren zu inneren Attributen. Beide hängen zusammen. Entscheidungen kommen aus Ihrem Inneren, aus Ihrem spezifischen Wertesystem. Das Ziel ist es, wie gesagt, so nah wie möglich an das Gute, an die Perfektion und/oder das moralisch Richtige zu kommen – in einer niemals endenden, um das Thema schwingenden Sinuskurve. Erwarten Sie niemals einen linearen Aufstieg.

Konkret heisst das Ganze, dass Sie vermehrt biologische Lebensmittel und bei Bedarf biologische tierische Lebensmittel konsumieren sollten. Und wenn Ihnen die Tiere egal sind, denken Sie an Ihre eigene Gesundheit. Sie sind doch wichtig?

Sie dürfen auch ein eigenes Experiment starten, indem Sie einen Monat lang nur hochwertige, biologische Produkte konsumieren. Danach ziehen Sie Bilanz und schauen, wie Sie sich fühlen. Wenn es positiv läuft, wieso nicht weitermachen?

Mit diesem Sachbuch möchte ich Sie gedanklich anregen. Das heisst, jede Form Ihres Forschergeistes ist zu begrüssen. Haben Sie schon einmal versucht, gar kein Fleisch oder so viel Fleisch zu essen, dass es Fleisch mit Fleisch als Beilage war? Beobachten Sie sich. Wie geht es Ihnen dabei? Wie sind Ihre Verdauung, Ihr Energielevel oder Ihr Wohlbefinden? Machen Sie einen Schritt aus Ihren gewohnten Abläufen und entdecken Sie sich neu!

## Generelle Nahrungsergänzungsmittel-Empfehlung:

**Tabelle 5:** Allgemeine Nahrungsergänzungsmittel

| Nahrungsergänzungs-mittel | Menge/Tag | Wirkung |
|---|---|---|
| Vitamin D3 | 4000 – 5000 IE, Herbst bis Frühling, bei Bedarf auch im Sommer | Erhöht Testosteron-Produktion, stimmungsaufhellend |
| MSM[46] | 10 g | Entzündungshemmend, schnellere Regeneration, |
| Zink | 10 g – 15 g | Gewährleistung des maximalen biologischen Testosteron-Hormonhaushalts, immunsystemstärkend |
| Omega 3 (Krill-, Fisch- oder Algenöl) [47] | 3 g tierisch oder 5 g vegan | Entzündungshemmend, positiver Einfluss auf Kognition, Blutgefässe sowie Bronchien |
| Magnesium | es gibt etliche unterschiedliche Magnesium, welche jedes für sich eine eigene Wirkung hat. | Lesen Sie sich hierzu ein. |

Im Anhang finden Sie zusätzlich noch fünfzig Lebensmittel, welche die Fettverbrennung unterstützen.

## 12 Wie sieht es mit Ihrem Stresspegel aus?

Stress kann viele Formen annehmen. Einige Leser erleben ihn direkt als Angst, Frustration oder Verwirrung. Andere bemerken nur vage, dass sie weniger Energie haben oder dass sie bei hektischen Zeiten weniger gut schlafen.

Es ist nicht nur der Geist, der unter chronisch hohem Stress leidet. Stress ist schlecht für alles in Ihrem System. Schlicht und ergreifend stirbt man früher, wenn man ein stressiges Leben führt. In Bezug auf den Körperbau und die Fitness wurde chronischer Stress in der Forschung mit folgenden negativen Auswirkungen im Vergleich zu niedrigen Stressbedingungen assoziiert:

- reduzierter Energieverbrauch
- erhöhter Appetit
- Verlangen nach "Comfort-Food"
- schlechtere Verträglichkeit von Kohlenhydraten und beeinträchtigte Nährstoffverteilung
- bis zu zweifach geringerer Kraftaufbau
- bis zu zweifach langsamere Erholung nach dem Training
- reduziertes Muskelwachstum
- eine etwa zweifache Erhöhung des Verletzungsrisikos

Ich darf also behaupten, dass schlechtes Stressmanagement einen signifikanten Unterschied für die Ergebnisse Ihres Ernährungs- und Trainingsprogramms machen kann. Deshalb gibt es hier sechs Tipps, um an Ihrem Stressniveau zu arbeiten und die Kontrolle über Ihr Leben zu übernehmen.

# Wie sieht es mit Ihrem Stresspegel aus?

## Aktive vs. passive Bewältigungsstrategien

Im Rahmen der psychologischen Betrachtung lassen sich Bewältigungsstrategien für den Umgang mit Stress in zwei Kategorien einteilen, nämlich in passives Verhalten, welches eine Vermeidung der Belastung zum Ziel hat, und in aktives Vorgehen, welches eine Konfrontation mit der Stressursache beinhaltet.

Es ist eine weitverbreitete Verhaltensweise, dass Menschen ihr Leben damit verbringen, passiv zu sein. In der Konsequenz manifestiert sich dies auch in ihrem Umgang mit Stress. Die passive Bewältigung zeichnet sich dadurch aus, dass Situationen und Emotionen nicht direkt, sondern lediglich indirekt durch Vermeidung oder Ablenkung bearbeitet werden. Auf diese Weise wenden sich die Betroffenen an Andere (soziale Ablenkung) oder beteiligen sich an verschiedenen Aktivitäten, die den Stress ignorieren und kurzfristige Abhilfe schaffen, wie beispielsweise Selbstmedikation durch Nahrung, Alkohol sowie Drogen oder sofort befriedigende und ablenkende Aktivitäten wie das Konsumieren von den allzu bekannten Streaming-Portalen.

Eine aktive Herangehensweise, die in einer verstärkten Selbstwirksamkeit mündet, führt in der Regel zu einer optimierten Stressbewältigung. Selbstwirksamkeit stellt das effektivste Heilmittel gegen Hoffnungslosigkeit, Lethargie und Depressionen dar. Es sei an dieser Stelle darauf hingewiesen, dass sich ein Zögern im Verhalten sowie Ignorieren des Problems in der Regel nicht als Lösungsstrategie eignen. Diese führen in der Konsequenz zu einer Vergrösserung des Problems. Unter aktiver Bewältigung wird die direkte Auseinandersetzung mit den auslösenden Situationen oder Emotionen verstanden, wobei sowohl lösungsorientierte als auch emotionsfokussierte Ansätze zum Tragen kommen. Dies ist in der Regel zunächst mit Unbehagen und häufig auch mit Anstrengungen verbunden, jedoch stellt sich der Nutzen dieser Vorgehensweise umso deutlicher dar. Ein ausgeglichenes Leben erfordert zwingend die Übernahme von Verantwortung für sich selbst. Dies kann auf emotionaler, praktischer oder gedanklicher Ebene der Fall

# Wie sieht es mit Ihrem Stresspegel aus?

sein. Kurz gesagt, Sie müssen die Grundursache Ihres Problems mittels einer Kombination aus Handlungen und Gedanken angehen.

Sind Sie in einen Konflikt mit Ihrem Partner geraten? Es empfiehlt sich, das Gespräch mit ihm zu suchen. Bei der Ausübung Ihrer beruflichen Tätigkeit sind Sie auf ein Hindernis gestossen? Lösen Sie das Problem. Sind Sie mit dem Zustand Ihres Fahrzeugs unzufrieden? Kontaktieren Sie umgehend Ihren Mechaniker oder Ihre Werkstatt. Befinden Sie sich in einem Konflikt mit Ihrem Nachbarn? Versuchen Sie, mit ihm gemeinsam eine Lösung zu finden.

So einfach soll es demnach sein? Ja, das ist es. Erst durch die Etikettierung als Problem und die dadurch ausgelösten Emotionen wird ein Sachverhalt zu einem Problem. Sie müssen die Notwendigkeit anerkennen, die eigenen Emotionen zu kontrollieren, um eine unmittelbare Transformation, Kanalisierung oder Umleitung zu gewährleisten. Im ersten Schritt beobachten Sie während einer stressigen Situation Ihre Innenwelt, so wertneutral wie möglich. Es lässt sich beispielsweise ein Teil in Ihnen ausmachen, der mit Wut reagiert. Die Betonung liegt auf ein «Teil». Diesbezüglich sei angemerkt, dass es sich nicht um einen persönlichen Teil von Ihnen handelt, sondern nur um die Wahrnehmung dessen. Der betreffende Teil wird lediglich von aussen wahrgenommen. Hier gilt es zu differenzieren.

Diese Teile in Ihrem Geist sind unendlich in ihrer Anzahl. Welcher sind Sie jetzt? Oder sind Sie vielleicht doch nur diese Instanz, die diese Teile über die Anhaftung als «negative» Emotionen wahrnimmt, welche eigentlich durch die Wahrnehmung der Anhaftung entstehen (wobei infolgedessen eine vermeintliche Verschmelzung erfolgt, weshalb gefühlt keine Trennung mehr vorhanden ist)? Wenn Sie jetzt verstanden haben, welche Mechanismen ich beschrieben habe, sind Sie schon einen Schritt weiter auf dem Weg, Ihre eigene Innenwelt zu meistern. Gratulation. Wenn Sie es **noch** nicht verstanden haben, macht das nichts. Jeder Mensch hat sein eigenes, für ihn richtiges Tempo, um im Leben vollends anzukommen. Beobachten, ohne einzutauchen oder zu unterdrücken, ist der Schlüssel. So viel zu dem

# Wie sieht es mit Ihrem Stresspegel aus?

Geschehen in Ihrem Inneren. Die sofortige und direkte Auseinandersetzung mit der aktuellen Situation macht sich den Stress sogar zunutze. Akuter, wohldosierter Stress ist gut, denn er gibt Ihnen Energie und motiviert Sie, grössere Probleme, die Stress verursachen, zu lösen. Erst wenn der Stress chronisch wird, kann es zu ernsthaften Komplikationen kommen. Gehen Sie ohne Umwege Ihre «Probleme» an! Sie müssen in der Regel sowieso angegangen werden, also wieso ziehen Sie es nicht einfach durch, damit Sie es hinter sich haben und Ihnen wieder mehr Lebensenergie für das wahre Leben zur Verfügung steht? Machen Sie es wie mit einem Pflaster: kurz und schnell abreissen.

# 13 Wie ist Ihr Schlaf?

Was bedeutet gesunder Schlaf? Wenn wir acht Stunden ohne Unterbrechung durchgeschlafen haben? Wenn wir am Morgen aufstehen und uns ausgeschlafen fühlen? Hier spielt der zirkadiane Rhythmus eine wichtige Rolle.

Unter zirkadianen Rhythmen werden tägliche (~24 Stunden) Zyklen biologischer Aktivität verstanden. Der offensichtlichste zirkadiane Rhythmus ist der Schlaf-Wach-Zyklus, der sich in der biologischen Aktivität manifestiert. Es sei darauf verwiesen, dass der menschliche Körper über eine biologische Uhr verfügt, welche die Aktivierung spezifischer Systeme reguliert. Infolgedessen wird der SCN (Suprachiasmatischer Nucleus) häufig als zirkadiane Uhr oder biologische Uhr des menschlichen Körpers bezeichnet. Der SCN steht in Interaktion mit einer Vielzahl von Systemen im menschlichen Körper, darunter mit der Hormonproduktion und der Aktivität des zentralen Nervensystems. Kurz gesagt, ist der menschliche Körper zu verschiedenen Tageszeiten für unterschiedliche Arten von Aktivität bereit. Eine Abweichung des Biorhythmus vom Alltag führt zu einer Beeinträchtigung der Funktionsfähigkeit des Körpers. Dies resultiert in einem verringerten Stoffwechsel, einer erhöhten Cortisolproduktion und einer verringerten Produktion anaboler Hormone, einer verringerten Insulinsensitivität, einer verringerten Erholungsfähigkeit nach dem Training, einem verringerten Cholesterinprofil, einem erhöhten Hunger, einer verringerten geistigen Leistungsfähigkeit und in weniger Schlaf. Es kann ohne Übertreibung behauptet werden, dass nahezu alle Verhaltensweisen von stabilen, synchronisierten zirkadianen Rhythmen profitieren. Wir alle benötigen Regelmässigkeit.

Dabei ist die Frage der Schlafdauer eine subjektive Angelegenheit. Einige Individuen sind mit einer Schlafdauer von sechs Stunden pro Woche durchaus zufrieden. Andere wiederum benötigen acht Stunden, um überhaupt bis zum Kaffeeautomaten zu gelangen, um sich den Muntermacher Nummer 1 einzuverleiben. In diesem Kontext ist zu betonen, dass Qualität vor Quantität zu setzen ist. Es ist zu bevorzugen, eine tiefgehende, erholsame Schlafdauer von sechs Stunden aufzuweisen, anstatt eine von neun Stunden, die von zahlreichen Aufwachphasen durchsetzt ist. Um die Chance eines guten Schlafes zu potenzieren, ist es erforderlich, sich bereits in den Morgenstunden direkt nach dem Aufstehen auf förderliche Aspekte zu konzentrieren. Zur Veranschaulichung sei ein Beispiel gegeben, das verdeutlichen soll, welche Zeitlinie von mehr Zufriedenheit gekrönt ist:

## Zeitlinie 1

Direkt nach dem Aufstehen schnauzen Sie Ihren Partner an, weil Sie den Streit von gestern Abend weiterführen wollen. So einfach kommt er Ihnen nicht davon. Die Diskussion schaukelt sich bis zum Siedepunkt hoch und explodiert, indem Sie die Türe zuschlagen, weil Sie keine Zeit mehr haben. Sie müssen zur Arbeit. Während Sie gewohnheitsmässig zu Ihrem Handy greifen und die neusten Nachrichten aus aller Welt lesen, poppt schon die nächste E-Mail auf, in der Ihr Chef Ihnen weitere Aufgaben zuschiebt. Sie spüren eine enorme innere Spannung und werden noch wütender. Neben dem Streit mit Ihrem Partner und den Informationen über den neuesten Krieg auf Mutter Erde kommt Ihr unsympathischer Chef von Ihrer verhassten Arbeitsstelle und möchte, dass Sie noch mehr in Ihr Geschäft investieren. Ihr Blut ist mit Adrenalin zum Überlaufen voll. Sie sind ausser sich. Sie haben so viel Zeit damit verbracht, sich von den ganzen negativen Einflüssen runterziehen zu lassen, dass Sie jetzt den ganzen Tag mit dieser geballten destruktiven Energie verbringen und somit Ihrem parasympathischen Nervensystem kaum Zeit geben, sich zu aktivieren, damit Sie sich erholen können. Das führt natürlich dazu, dass Sie abends nicht entspannt einschlafen können.

## Zeitlinie 2

Sie wachen auf und denken sich: «Herrlich, wie gut ich geschlafen habe.» Völlig ausgeruht und sogar fünf Minuten vor dem klingeln des Weckers. Durch das Fenster geniessen Sie die ersten Sonnenstrahlen, welche Ihre Haut kitzeln. Sie fangen direkt mit positiven Auto-Suggestionen an und beeinflussen Ihren Geist für den bevorstehenden Tag. Langsam stehen Sie auf, strecken sich zum Himmel und bedanken sich für diesen Tag. Das Handy liegt weit weg von Ihnen, weil Sie

# Wie ist Ihr Schlaf?

wissen, dass das Gehirn am Morgen in einem sehr sensiblen Zustand ist, in dem Information ohne weiteres an Ihrem Bewusstsein vorbeischlüpfen und direkt in Ihrem Unterbewusstsein landen. Sie hören draussen die Vögel pfeifen und geniessen das langsame Aufwachen der Natur um Sie herum. Behutsam und in völligem Einklang mit sich selbst bereiten Sie sich auf den Tag vor. Sie gehen aus dem Haus und freuen sich, einen Job zu haben, der Ihnen Sinn im Leben gibt.

Welcher Zeitlinie möchten Sie angehören? Klar, Zeitlinie 2. Jeden Morgen stellen Sie die Weichen für den Tag und somit auch für Ihre Nacht. Um gut einzuschlafen, durchzuschlafen sowie erholsam aufwachen zu können, bedarf es eines hohen Melatoningehalts (Schlafhormon). Innerhalb unseres Körpers wird Melatonin aus Serotonin (Wohlfühlhormon) gebildet. Wenn wir jedoch den Tag mit Stress und Frust beginnen, zehren wir schon an unserem Serotonin-Pool, was sich in erhöhter Vulnerabilität (höherem Stressempfinden, emotionaler Verletzbarkeit etc.) äussert und wiederum zu noch weniger Serotonin in unserer Blutbahn führt. **Ein Teufelskreis.** Jetzt muss unser Körper aus den restlichen, rar gesäten Wohlfühlhormonen Melatonin bilden. Es ist eine schwierige Aufgabe, hier einen erholsamen Schlaf zu erwirtschaften. Sie haben zu jeder Zeit die Führung über Ihr Leben und dürfen immer wieder neu über Ihre Gefühle entscheiden. Ein Gefühl ist nur eine Handlungsdisposition, keine Handlung. Es liegt an Ihnen, wie Sie darauf reagieren wollen. Wann. Und ob überhaupt. Es gibt einen kurzen Augenblick vor dem Implodieren, in dem wir uns für einen von zwei Wegen entscheiden müssen. Nur Sie entscheiden, niemand sonst. Entweder gehen Sie auf das externe Objekt vollkommen ein und lassen Ihren Gefühlen freien Lauf oder Sie beobachten Ihre Gefühle. Mit der weisen Handlungsweise des Beobachtens nehmen Sie dem Gefühl die Autorität über Ihren Körper. Sie agieren in einer Lebenssituation wie ein Mensch, anstatt dem Leben wie ein auf Knopfdruck tanzender Roboter, zu antworten. Sehen Sie es als Spiel an. Wenn Sie nicht darauf eingehen und die Beobachterposition einnehmen, dürfen Sie sich über erhöhte Serotoninwerte freuen. Dies wiederum führt dazu, dass Ihr Körper mehr von dem Schlafhormon besitzt, das Ihrer Schlafqualität dienlich ist. **Ein Engelskreis.**

# Wie ist Ihr Schlaf?

Wie gesagt, der Körper mag Regelmässigkeit. Wenn Sie ein normales Leben führen, wird sich Ihr zirkadianer Rhythmus synchronisieren. Ihr Körper stimmt seine
zirkadianen Rhythmen basierend auf einem sogenannten «Timer» ab. Zu den
wichtigsten Zeitgebern gehören Licht, Bewegung und Ernährung. Versuchen Sie
also, Ihre Essenszeiten (plus/minus eine halbe Stunde ist in Ordnung) und Trai-
ningszeiten konstant zu halten. Menschen, die ein normales, regelmässiges Leben führen, schlafen viel besser als diejenigen, die ein unregelmässiges Leben
führen. Menschen, die jede Nacht die gleiche Menge Schlaf bekommen, verlieren
mehr Gewicht als diejenigen, die dies nicht tun. Die Gesamtschlafzeit spielt keine
so grosse Rolle wie anhin gedacht.

Gehen Sie immer zur gleichen Zeit ins Bett und stehen Sie zur gleichen Zeit auf,
auch am Wochenende. Ihr Körper weiss nicht, ob es Samstag oder Mittwoch ist.
Indem Sie übers Wochenende ausschlafen, tun Sie Ihrem Körper keinen Gefallen,
denn für den Körper ist jeder Tag gleich. Natürlich fühlt es sich toll an, am Samstag
auszuschlafen. Sie laufen jedoch Gefahr, nachts nicht zur gleichen Zeit ins Bett
gehen zu können. Wenn das der Fall ist, entwickelt sich ein zu spätes Zubettgehen
am Sonntag zu einer noch grösseren Hürde dafür, am Montagmorgen wieder früh
aufzustehen. Stoppen Sie dieses Verhalten. Die Schlafqualität zu normalen
Schlafzeiten ist deutlich höher als zu anderen Tageszeiten. Wenn Sie also nicht
zu den regulären Zeiten schlafen können, sollten Sie im Laufe einer Woche durchschnittlich mindestens acht Stunden pro Tag schlafen. Wenn Sie dann unter der
Woche durchschnittlich sechs Stunden pro Nacht schlafen, sollten Sie am Wochenende durchschnittlich dreizehn Stunden pro Nacht oder mehr schlafen. Aber
wie gesagt, besser wäre es, jeden Tag um die gleiche Zeit ins Bett zu gehen.

# Wie ist Ihr Schlaf?

An dieser Stelle empfiehlt sich ein Schlaftagebuch. Zeichnen Sie Ihren Schlaf anhand der folgenden Parameter auf:

- ungefähre Schlaf- und Wachzeiten
- Zeit zum Einschlafen
- Schlafenszeit
- Schlafqualität (tief, leicht usw.)
- Ich habe viele/wenige Träume
- Unterbrechungen

Mit diesen wichtigen Daten können Sie Ihren Schlaf kontinuierlich verbessern.
Welche Massnahmen sind vorteilhaft? Was würden Sie ändern? Verändern Sie
Ihren Schlaf schrittweise, um echte Vorteile zu erzielen.

Haben Sie Probleme beim Einschlafen? Wenn wir kurz vor dem Schlafengehen
auf ein Display blicken, signalisiert das blaue Licht von Handys, Fernsehern, Lap-
tops & Co. unserem Gehirn, dass es Tag ist, und wir können schlechter einschlafen. Holen Sie sich die f.lux-App auf Ihrem PC oder Smartphone. Durch sie kann
blaues Licht herausgefiltert werden. Für Handys und andere Displays sind sogenannte Blaulichtfilterbrillen ideal. Bewegung ist gut, aber nicht vor dem Schlafengehen. Wenn möglich, beenden Sie Ihr Training zwei bis drei Stunden vor dem
Schlafengehen. Ein kleiner Spaziergang von ca. dreissig Minuten ist hingegen
sehr förderlich.

Haben Sie Schlafstörungen?

Zu den möglichen Faktoren, die zu einer schlechten Schlafqualität führen können,
gehören:

Ihr Zimmer ist nicht komplett abgedunkelt; Lärmbelästigung (Autos, Nachbarn
usw.), hohe Temperatur im Zimmer, der Konsum grosser Mengen Essen oder Alkohol kurz vor dem Schlafengehen. Das bedeutet für Sie, dass der Raum zu jeder
Zeit komplett dunkel sein sollte. Wenn Sie Lärm stört, schliessen Sie die Fenster

# Wie ist Ihr Schlaf?

(es sei denn, es ist zu heiss im Raum) oder tragen Sie Ohrstöpsel. Öffnen Sie vor dem Schlafengehen die Fenster, um frische Luft in Ihren Schlafbereich zu lassen und die Raumtemperatur zwischen 15 und 18 Grad zu halten. Im Hochsommer bleiben die Rollläden den ganzen Tag geschlossen. Dadurch wird Ihr Schlafzimmer etwas kühler.

Sie tun sich auch einen Gefallen, indem sie zwei bis drei Stunden vor dem Schlafengehen nichts essen und auf Alkohol verzichten. Ein in der Wissenschaft anerkanntes Paradoxon ist der Genuss einer kleinen alkoholischen Einheit vor dem Zubettgehen, die das Melatonin leicht erhöht und beim Einschlafen sogar helfen kann. Sagte ich schon: eine kleine alkoholische Einheit?! Das bedeutet: Sie sollten maximal ein Bier (0,33 dl/~4,5 %) oder Ähnliches trinken. Jedoch verschwindet dieser marginaler Boost, wenn Sie versuchen, jeden Tag davon zu profitieren. Vermeiden Sie es, nachts auf Ihren Wecker zu schauen. Stellen Sie eine Wasserflasche neben Ihr Bett, damit Ihr Schlaf nicht durch übermässige Bewegung gestört wird, falls Sie Durst bekommen. Widerstehen Sie dem Drang, nachts das Licht anzuschalten, wenn Sie auf die Toilette gehen. Licht hemmt die Produktion von Melatonin und mindert die Schlafqualität.

Kommen wir zur Nachtroutine. Wir sind Gewohnheitstiere. Das Befolgen bestimmter Muster in Ihrem täglichen Leben hilft Ihrem Körper, sich an die Situation anzupassen, noch bevor Sie zu Bett gehen. Meditation, ein Buch lesen, ein nettes Gespräch führen oder spazieren gehen sind nur einige Möglichkeiten, die Ihrem Körper beim Einschlafen helfen können. Probieren Sie es aus. Sobald Sie eine Routine etabliert haben, bleiben Sie dabei.

# Wie ist Ihr Schlaf?

Beim Durchbrechen negativer Schlafmuster oder bei der Optimierung Ihres Schlafes können folgende Lebensmittel und Nahrungsergänzungsmittel weiterhelfen:

- L - Tryptophan
- 5 - HTP
- Melatonin
- GABA
- Magnesium
- Baldrian Tabletten
- ätherische Öle mit Lavendel, Duftkissen oder Lavendelblüten im Bettbereich positionieren
- schlafinduzierende Tees wie Kamille, Baldrian, Lavendel, Zitronenmelisse, Passionsblume
- Kalifornischer-Mohn-Tinktur
- Apigenin
- L - Theanin

Ein weiterer hilfreicher Punkt besteht darin, dass Sie sich jeden Abend an Ihren Schreibtisch setzen und sich alle Gedanken zu diesem Zeitpunkt aufschreiben. Es gibt kein Falsch und kein Richtig. Hier geht es darum, Ihre Gedanken über Ihren Arm durch die Tinte auf das Blatt zu bekommen. Durch diesen fliessenden Prozess ausgehend von Ihrem Gehirn auf das Blatt entsteht eine innere Ordnung innerhalb Ihres Verstandes. Schreiben Sie alles auf, was Ihnen in den Sinn kommt. Diese Selbsttherapie läuft so lange, bis sich kein Gedanke mehr aufdrängt. Dafür erhalten Sie ein zutiefst dankbares Gehirn, welches Sie ungehindert schlafen lässt.

Eine andere Variante wäre, sich ins Bett zu legen und noch einmal den aktuellen Tag zu visualisieren: Sie überlegen, wie Sie aufgestanden sind, welche Gedanken Sie hatten und so weiter bis hin zu dem Punkt, an dem Sie ins Bett gehen. Während Sie als Beobachter Ihren Tag noch einmal erleben dürfen, haben Sie die

# Wie ist Ihr Schlaf?

Chance zu reflektieren. Jede Situation wird noch einmal analysiert. Sie beurteilen, ob Sie stolz auf Ihr Verhalten waren oder noch Potenzial zur Verbesserung vorhanden ist. Es geht nicht darum, sich zu bewerten, sondern eine ganz neutrale Haltung einzunehmen und die negativen sowie guten Ereignisse gleichermassen anzunehmen. Mit dieser Methode können Sie nur wachsen. Seien Sie froh um Ereignisse, die nicht befriedigend waren. Das heisst, Sie wissen an welchen Stellschrauben Sie arbeiten dürfen; lieber bewusst im Alltag sein als unbewusst in der Illusion leben.

Mit diesem Prozess helfen Sie Ihrem Gehirn, schon einmal die Erfahrungen im Alltag zu kategorisieren, damit im Schlaf mehr Tiefschlafphasen eingeleitet werden können. Diese sind zuständig für die Erholung und für Reparaturen an Ihrem Gehirn. Hier noch ein paar weitere Tipps, um den Schlaf zu optimieren:

## Täglich hellem Licht ausgesetzt sein

Licht ist wohl der wichtigste Timer im Körper. Für den grössten Teil der Evolution entsprach dies dem Sonnenlicht. Mässige Sonnenexposition ist gut für die Gesundheit. In geringen Dosen wirkt Sonnenlicht entzündungshemmend, ist ein wichtiger Zeitgeber für die Synchronisation des Biorhythmus und verbessert das subjektive Wohlbefinden erheblich.

Es wurde nachgewiesen, dass Sonnenlicht in geringer Dosis vor Krebs schützt, und zwar nicht nur vor Hautkrebs, sondern auch vor anderen Krebsarten. Helles Licht im blauen Spektralbereich in der ersten Tageshälfte bis ca. 15 Uhr verbessert die Schlafqualität, die Leistungsfähigkeit und subjektive Gesundheit. Danach sollte Sie mit Filtern jeglicher Art arbeiten, um nur noch dem roten Lichtspektrum Einlass in Ihre Retina zu gewähren. Die „Winterdepression", auch bekannt als saisonale affektive Störung, ist das Ergebnis eines Mangels an hellem Licht. Viele der gesundheitlichen Vorteile des Sonnenlichts werden durch Vitamin D vermittelt. UVB-Strahlung wird für die Produktion von Vitamin D benötigt. Einige Formen dieses Vitamins können als Hormone angesehen werden, die mit mehr als 2000 Genen im menschlichen Körper interagieren.

# Wie ist Ihr Schlaf?

Die vollständige Meidung der Sonne führt zu einem Mangel an ultravioletter Strahlung, der mit mehreren nachteiligen Wirkungen verbunden ist, wie zum Beispiel:

• Herzkreislauferkrankung

• Autoimmunerkrankung

• Skeletterkrankungen

• Diabetes

• erhöhtes Krebsrisiko wie Lungenkrebs, Dickdarmkrebs, Lymphom, Brustkrebs, Bauchspeicheldrüsenkrebs, Eierstockkrebs und Prostatakrebs

Auf der Grundlage von Schätzungen für die norwegische Bevölkerung können Anhaltspunkte für die Kostenwirksamkeit einer angemessenen Sonnenexposition gegeben werden. Eine Erhöhung der Vitamin-D-Produktion der Bevölkerung um ca. 25 nmol/L, ergab eine Reduktion der internen Krebsfälle um ca. 4000 und der Krebstodesfälle um insgesamt ca. 3000. Ein Beispiel für die ambivalente Wirkung der Sonne auf die menschliche Gesundheit ist die Förderung des seltenen Hautmelanoms bei gleichzeitiger Verhinderung häufigerer Krebsarten. In Abhängigkeit vom Wohnort und von der Jahreszeit kann die Produktion von Vitamin D durch Sonnenlicht erschwert sein. Im Sommer, wenn die Sonne ihren Höchststand erreicht hat (in der Regel zwischen 10 und 16 Uhr) und wenn mindestens 40 % der Haut exponiert sind (beispielsweise beim Sonnenbaden oder am Strand), genügen drei bis dreissig Minuten. Die Dauer der Sonneneinstrahlung ist zudem von der individuellen Hautpigmentierung abhängig. Für Kaukasier, insbesondere solche mit roten Haaren, ist es empfehlenswert, sich an das untere Ende des Zeitbereichs zu halten, während Personen mit dunklerer Haut das obere Ende anstreben sollten.

Als Faustregel kann festgehalten werden, dass eine ordnungsgemässe natürliche Vitamin-D-Produktion eine Sonneneinstrahlung von 50 Grad erfordert, um einen

# Wie ist Ihr Schlaf?

messbaren Vitamin-D -Spiegel zu erheben. Dies impliziert, dass sieben Minuten Sonneneinstrahlung pro Tag für eine hellhäutige Person ausreichend sind.

Die «9er-Regel» hilft beim Abschätzen der Expositionshöhe.

«Das Gesicht macht 9 % der Körperoberfläche aus, die Arme jeweils 9 %, die Beine jeweils 18 %, Bauch und Rücken jeweils 18 %.» Dabei ist anzumerken, dass die Vitamin-D-Produktion, anders als bei Nahrungsergänzungsmitteln, automatisch reduziert wird, wenn der Serumspiegel hoch genug ist, es besteht also kein Toxizitätsrisiko. Die Gesichtshaut schützt weniger vor UVB-Strahlung. Die Gesichtshaut ist relativ empfindlich gegenüber Hautschäden, Krebs und Falten. Daher wird empfohlen, das Gesicht mehr als andere Körperteile vor der Sonne zu schützen. Die Vitamin-D-Produktion aus dem Sonnenlicht ist am höchsten, wenn die Sonne am höchsten steht. Je höher die Sonne steht, desto stärker ist die UVB-Strahlung. Wenn Sie es schwierig finden, jeden Tag direktes Sonnenlicht zu bekommen, wie es die meisten Menschen in modernen Ländern tun, dann sollten Sie in Erwägung ziehen, in Tageslichtlampen oder in Vollspektrumlampen zu investieren. Um sicherzustellen, dass diese stark genug sind, um das Sonnenlicht nachzuahmen, kaufen Sie eine mit einer Intensität von mindestens 2.500 Lux, optimalerweise eine Lampe mit 10'000 Lux, die Sie jeden Tag für 20-30 Minuten einsetzen. 2.500 Lux funktionieren aber genauso gut. Nur erhöht sich hier die Dauer auf zwei Stunden.

## Einschränken des Lichtes gegen den Abend

Der Begriff „Lichtverschmutzung" verweist auf keinen Mythos. Lichteinwirkung ist ein Signal, dass Ihr Körper bereit ist, aktiv zu werden. Licht verhindert, dass Ihr Körper Melatonin produziert, das Ihnen beim Einschlafen hilft. Licht beeinflusst fast jedes System im Körper. Lichteinwirkung, insbesondere helles Licht, am Abend hat einen erheblichen Einfluss auf die Schlafqualität.

Damit Sie sich nachts besser ausruhen können, kaufen Sie am besten Verdunkelungsvorhänge oder Rollläden, die nur sehr wenig Licht durchlassen. Das Schlafzimmer sollte komplett dunkel sein. Es sollte ein Level von Finsternis erreicht

# Wie ist Ihr Schlaf?

werden, der Sie Ihr Kissen nicht mehr sehen lässt. Das bedeutet, dass Sie möglicherweise auch die Beleuchtung von elektronischen Geräten wie Telefonen, Weckern und Klimaanlagen abdecken müssen. Die Verwandlung Ihres Schlafzimmers in den ultimativen Schlafbereich wird Ihre Schlafqualität erheblich verbessern.

Installieren Sie die App f.lux, wenn Sie Ihren Computer vor dem Schlafengehen verwenden. Elektronik hat eine sehr starke Beleuchtung, die den Biorhythmus erheblich stört. Die kostenlose Software f.lux passt das Lichtspektrum Ihres Monitors automatisch an, damit Ihr Körper weniger getriggert wird, wach zu bleiben. Insbesondere reduziert sie nachts blaues Licht, um es dem Sonnenuntergang anzupassen. Rotspektrumlicht stört den zirkadianen Rhythmus nicht so sehr wie Blauspektrumlicht. Stellen Sie die Lichtintensität so niedrig ein, wie Sie sich damit wohlfühlen. Der Dunkelkammermodus (sollte auf jedem Betriebssystem mit Zeitplan einstellbar sein) ist nützlich, wenn Sie in letzter Minute noch etwas erledigen müssen, z. B. das Versenden einer E-Mail direkt vor dem Schlafengehen.

Diese Software benötigt praktisch keinen Speicherplatz und erfordert keine Wartung. Installieren Sie sie jetzt, wenn Sie sie noch nicht auf Ihrem Handy haben, bevor Sie fortfahren!

Oder Sie können stattdessen eine Brille mit Blaulichtblocker verwenden. Diese Brillen erhöhen die Melatoninproduktion und verbessern die Schlafqualität erheblich.

## Meditieren

Abgesehen von Faktoren wie der Temperatur und dem zirkadianen Rhythmus können Stress und Hyperaktivität die Schlafqualität stark beeinträchtigen. Wenn grüblerische Gedanken Sie daran hindern, sich im Bett zu entspannen, und Sie sich herumwälzen, kann eine Entspannungstherapie die Schlafqualität deutlich verbessern.

Meditation ist eine besonders effektive und beliebte Entspannungstherapie.

# Wie ist Ihr Schlaf?

Achtsamkeitsmeditation konzentriert sich einfach für ein paar Minuten auf etwas, das keine emotionale Reaktion hervorruft, wie z. B. einen Würfel, einen Stuhl oder Ihre eigene Atmung. Bekannte Tricks wie das Zählen bis 100 oder das Zählen von Schafen sind im Wesentlichen Meditationstherapien. Sitzen Sie einfach nur da. Wie oft machen Sie das schon? Achten Sie auf Ihre Atmung und holen Sie Ihr Bewusstsein, falls es gedanklich wandern geht, sanft wieder zurück. Immer und immer wieder. Mit jedem Mal, wo Sie Ihr Bewusstsein zurückholen, festigen Sie in Ihrem Gehirn die neuen Weichen und der Abstand zwischen den Gedanken sowie deren Anhaftung schwindet kontinuierlich. Es handelt sich um die ewige Entscheidung für das Gute oder das Böse. Die Welt ist zweipolig konstruiert. Welcher Seite verschreiben Sie sich mit Ihrem ganzen Dasein?

Es klingt einfach, dazusitzen und nichts zu machen? Irgendwann ist es das. Sie werden es sogar geniessen lernen und liebend gern in Ihre Alltagsroutine einbauen. Der Weg dorthin ist aber gar nicht so einfach und es erfordert ein unentwegtes Üben. Es ist einfacher in einer ruhigen, nicht stimulierenden Umgebung oder in einer entspannten Position mit geschlossenen Augen und mit Ohrstöpseln. Meditation ist wie ein Reset-Knopf für Ihren Geisteszustand und Ihr Stresslevel. Es ist ähnlich wie das Löschen des Caches Ihres Gehirns. Andere Vorteile sind weniger dokumentiert, aber der Stressabbau wird in der Forschung fast überall erwähnt.

## Reduzieren des Kaffeekonsums

Koffein beeinflusst direkt die Schlaf-Wach-Regulation des Körpers, indem es die Wirkung von Adenosin blockiert, das Schläfrigkeit fördert. Es ist allgemein bekannt, dass Koffein schlecht für den Schlaf ist, aber das Ausmass dieser negativen Wirkung wird im Allgemeinen unterschätzt. Das Trinken eines einzigen doppelten Espressos vierzehn Stunden vor dem Schlafengehen verringert die Zeit, die im Tiefschlaf verbracht wird und beeinträchtigt die Schlafqualität. Zum Zeitpunkt des Schlafens ist der Koffeinspiegel im Speichel bereits nahe Null, da die Halbwertszeit von Koffein etwa vier Stunden beträgt. Daher halten die negativen Auswirkungen von Koffein auf den Schlaf länger an als alle direkten Auswirkungen. Der

# Wie ist Ihr Schlaf?

vollständige Verzicht auf Koffein ist der beste Weg, um wirklich optimal zu schlafen. Das Konsumieren von Kaffee auf nüchternen Magen erhöht dazu immens den Adrenalinspiegel im Blut. Sprich, er führt zu noch mehr Stress, den wir eigentlich vermeiden möchten. Die Einnahme während des Fastens erhöht die Absorptionsrate und führt zu einem schnelleren und stärkeren Peak-Effekt, jedoch wird durch das Koffein in nüchternem Zustand mehr Adrenalin ausgeschüttet, als es nach dem Essen der Fall wäre. Konsumieren Sie kein Koffein vor dem Schlafengehen.

Da Menschen bezüglich ihrer Stoffwechselrate und Anfälligkeit für schlaffördernde Wirkungen von Koffein sehr unterschiedlich sind, können Sie damit experimentieren, wie viele Stunden vor dem Schlafengehen Sie noch Koffein konsumieren können. Beachten Sie jedoch, dass Koffein den Schlaf weiterhin beeinträchtigt, auch wenn Sie die akute Wirkung nicht mehr spüren. Für diejenigen, die empfindlich auf Koffein reagieren oder Schlafstörungen haben, ist es am besten, diese Lücke auf zehn Stunden oder mehr zu erhöhen. Es ist wahr, dass sich eine schlafstörende Toleranz von Koffein entwickeln kann, aber diese Toleranz bedeutet normalerweise, dass mehr Koffein die Leistung nicht mehr steigert. Eine gute Erholung ist immer besser, als koffeinsüchtig zu sein.

## Melatonin-Ergänzung

Wenn die vorherigen Tipps Ihnen nicht helfen, innerhalb von zwanzig Minuten einzuschlafen und Ihre Schlaflosigkeit nicht durch Stress verursacht wird, versuchen Sie es mit Melatonin. Melatonin ist ein hilfreiches Schlafhormon. Es ist praktisch ein interner Signalgeber, der Ihrem Körper sagt, dass es Zeit ist, ins Bett zu gehen. Die Supplementierung mit Melatonin verbessert die Schlafqualität und erleichtert das Einschlafen ohne schwerwiegende Nebenwirkungen oder Abhängigkeit.[48]

Die maximal wirksame Dosis beträgt normalerweise 6 mg, eingenommen 30 bis 60 Minuten vor dem Schlafengehen. Menschen mit sehr geringer natürlicher Melatoninproduktion, wie Schichtarbeiter oder Menschen mit Jetlag, können jedoch schon von 5 mg profitieren.

Melatonin ist völlig harmlos, macht nicht abhängig und greift nicht in die natürliche Produktion ein. In der Theorie kann man es jeden Tag einnehmen. Dennoch

# Wie ist Ihr Schlaf?

empfehle ich hier, kurmässig damit zu arbeiten, um sein Selbstvertrauen nicht von externen Faktoren abhängig zu machen. Eine psychologische Abhängigkeit kann nicht ausgeschlossen werden.

Achten Sie darauf, Melatonin nicht als Ersatz für die eigentliche Schlafhygiene zu sehen. Selbst mit Melatonin-Supplementierung stört die Einwirkung von hellem Licht vor dem Schlafengehen Ihren zirkadianen Rhythmus.

## Ergänzung mit GABA

Wenn Melatonin nicht ausreicht, um den Schlaf zu induzieren, versuchen Sie es mit GABA, einem beruhigenden Neurotransmitter. GABA-Ergänzungen haben einige psychoaktive Wirkungen, aber GABA selbst überquert die Blut-Hirn-Schranke nicht effektiv. Sie können auch ein alkoholfreies Bier trinken, um sich zu entspannen. Bier enthält Hopfen, eine Pflanze, die mehrere Neurotransmitter im Gehirn beeinflusst (insbesondere GABA, 5-HT und Adenosin) und Ihnen helfen kann, sich zu entspannen. Die Kalorien summieren sich jedoch und Alkohol ist nur in einer sehr kleinen Dosis schlafinduzierend. Das Äquivalent eines Biers von 0,33 dl oder einem ¾-Glas Rotwein ist ausreichend. Das beliebteste GABA-Nahrungsergänzungsmittel ist Baldrian. Das Baldriankraut hat eine beruhigende Wirkung und kann die Schlafqualität verbessern. Es beruhigt Sie einfach und kann Ihnen auf natürliche Weise beim Einschlafen helfen.

# 14 Gesundheitsschlüssel: Psychologie

Nun kommen wir zu einer neuen Komponente der Gesundheit. Wie Sie wissen, ist nicht nur die Ernährung für die Gesundheit ausschlaggebend, sondern auch die Psyche. Decimus Iunius Iuvenalis, 100 n. Christus, hat es auf den Punkt gebracht:

**«Mens sana in corpore sano.»**
**«Ein gesunder Geist in einem gesunden Körper.»**

Decimus Iunius Iuvenalis, römischer **Satirendichter**, 1. und 2. Jahrhundert

Einleiten möchte ich dieses Thema mit einer schmerzlichen Erkenntnis:

Als Menschen sind wir leicht korrumpierbar, so verletzlich und anfällig gegenüber dem, was uns schadet. Wir haben einen Teil in uns, der nicht wachsen will und destruktiven Verhaltensmuster nachgeht. Dennoch geben Sie **niemals** auf, suchen Sie immer nach dem inneren Antrieb, um sich weiterzuentwickeln. Die selbstgesteckten Grenzen sollten unser Wachstum nicht behindern.

Um dieser Erkenntnis entgegenzuwirken, ist es wichtig zu wissen, dass unser Gehirn verschiedene Frequenzen innerhalb unseres Alltags durchläuft: Zunächst gibt es die tiefen Deltawellen von 0,5–3,0 Hz im Tiefschlaf. Dann kommen die sogenannten Thetawellen von 3,0–7,0 Hz in der REM-Phase (Rapid Eye Movement/Schlafphase) oder in der Tiefenmeditation. Danach erscheinen die Alphawellen von 7,0–14 Hz im entspannten Tagesbewusstsein, zum Beispiel vor dem Schlafengehen oder direkt nach dem Aufwachen. Hier ist unser Unterbewusstsein sehr empfänglich für Suggestionen. Wenn wir arbeiten oder alltäglichen Dingen nachgehen, sind wir in der Betawellen-Frequenz von 14–30 Hz. Zu guter Letzt gibt es noch die Gammawellen. Diese erscheinen bei Hyperaktivität, Spannungen, Angstzuständen oder, konträr dazu, bei sportlichen Spitzenleistungen sowie innerhalb einer transzendentalen Erfahrung. Die Frequenz beträgt 30–100 Hz.

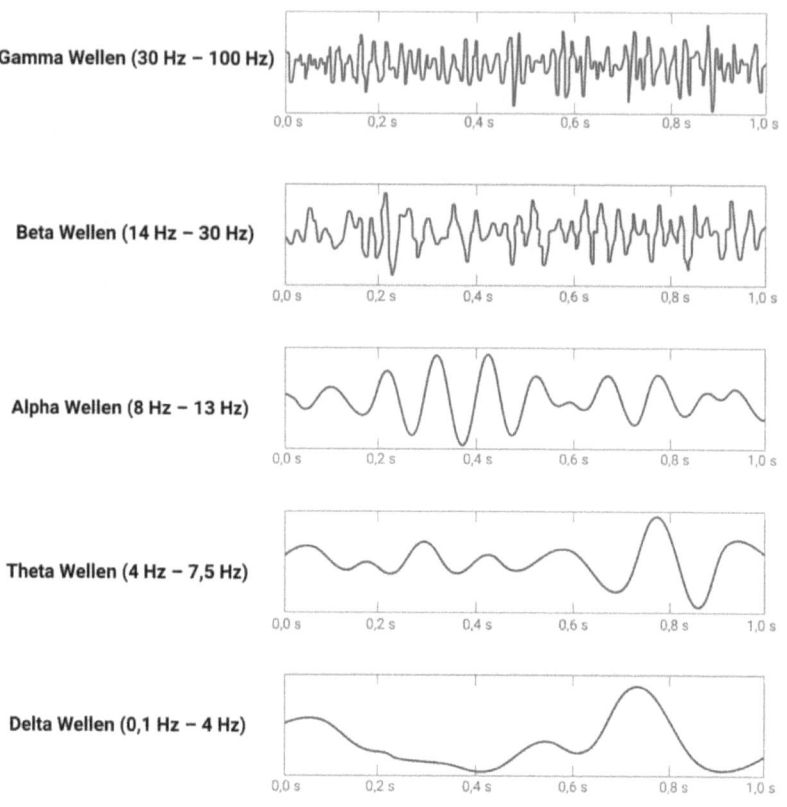

**Abbildung 3:** die beste Hertz-Schwingung, um das Unterbewusstsein zu erreichen, liegt zwischen dem Theta- und Alpha-Wellenbereich

Wir alle haben Glaubenssätze, ob bewusst oder unbewusst, ob positiv oder negativ. Diese sind alle antrainiert! Wenn wir auf diesen Planeten kommen, sind wir in den meisten Fällen eine tabula rasa, ein unbeschriebenes Blatt – bis wir in Berührung kommen mit Erziehung, Bildung, Umfeld, Kultur und jeglichen sonstigen Einflüssen ausserhalb von uns. Die Glaubenssätze sind niemals absolut und objektiv, sprich, wir leben alle in der gleichen Welt und doch sieht sie jeder unterschiedlich.

# Gesundheitsschlüssel: Psychologie

Wir reagieren auf äussere Signale mit einem konditionierten Geist/Denkmuster und halten diese fälschlicherweise für die objektive Realität, obwohl es nur unsere eigene subjektiv kreierte Realität ist. Verstehen Sie diese fundamentale Wahrheit? Falls nicht, lesen Sie nicht einfach weiter, werden Sie schwanger mit diesem Gedanken. Das richtige Interpretieren dieser Weisheit wird Ihr Leben einfacher gestalten. Probieren Sie es aus. Der Grund dafür sind die eigenen Glaubensluftschlösser oder auch Wertesysteme, die wir in unserem Verstand erschaffen haben. Mit dieser Wahrnehmungsbrille schauen wir dann vermeintlich alle in die gleiche Welt hinein, jedoch sieht jeder seine eigene kleine Welt. Sprich, jeder sieht sich immer nur selbst, weil sich die Innenwelt wie ein Spiegel der Aussenwelt zeigt. Sie sehen nicht einmal etwas ausserhalb von sich selbst. Es passiert alles nur in Ihrem Kopf. Das heisst, wenn Sie dem Anschein nach etwas ausserhalb Ihrer selbst sehen, das Ihnen Angst bereitet, haben Sie eigentlich vor sich selbst Angst, weil alles nur in Ihrem Verstand als synaptische Kommunikation stattfindet. Verstehen Sie das? Sie haben ein aufgespieltes Programm durch Erziehung, Bildung, Gesellschaft, Familie etc. erhalten. Ihre Limitierungen sind nicht echt. Gehen Sie darüber hinaus und befreien Sie sich. Diese Software in Ihrem Gehirn hält Sie nur in einem unsichtbaren Gefängnis.

Bedeutet dies, dass wir nur einer Illusion unterliegen und gar nicht wahrhaftig sehen, was vor sich hergeht?

Das Wörterbuch definiert «Illusion» auf folgende Weise:

In Fällen, in denen bei der Wahrnehmung wirklich Vorhandenes als etwas anderes oder für anderes gehalten wird, als es tatsächlich ist. Auch illusionäre Verkennung.

Hinterfragen Sie immer wieder, ob das, was sie glauben, wirklich real ist. Sie stehen sich sonst nur selbst im Weg. Wir können nicht sehen, was wir nicht sehen. Das ist klar. *Jeder hat blinde Flecken.* Sobald neue Bewusstseinsfragmente (neue Erfahrungen) dazu kommen, resultiert das in einer Assimilation. Die neuen Eindrücke werden dem alten Bewusstseinsinhalt angeglichen. Dadurch wird der

Frame, welchen wir von dem Leben haben, gefüttert mit Informationen, die genau in unsere Realitätsschablone, die wir bewusst oder unbewusst erschaffen haben, passen. Alle weiteren Informationen, die nicht in unser bestehendes Wissensnetz passen, fallen einfach weg, als ob es sie nie gegeben hätte. Diese sparsame Art des Gehirns hat seine Daseinsberechtigung, weil das Überleben höher priorisiert wird als der Grad der Bewusstheit und gerade bei alltäglichen Gegebenheiten nicht alles von neuem durchdacht werden muss. Sie laufen jedoch Gefahr, in eine Sackgasse zu geraten und wichtige Lernprozesse zu verpassen, wenn Sie davon ausgehen, dass Sie bereits wissen, wie die Welt funktioniert.

Ich weiss, dass es einfach ist, die eigenen Erfahrungen als allgemeingültige Wahrheit zu betrachten. Aber denken Sie dran: Beim Assimilationsprozess der Realität werden Sie auch immer wieder nur von sich selbst bestätigt. Erst wenn Sie lernen, Ihr Erleben zu differenzieren, gibt es eine mögliche objektive Realität, die sich Ihnen eröffnet.

Hier eine kleine Metapher, um Ihnen die Tragweite der Glaubenssätze zu verdeutlichen. Die Person, die sagt: «Die Welt ist böse! Keiner will mir etwas Gutes!», und die Person, die sagt: «Die Welt ist ein schöner Ort! Ich komme nur mit liebevollen Menschen in Kontakt!», haben beide recht. Sie leben auf dem gleichen Planeten Erde, mit den gleichen kulturellen Hintergründen, genossen die gleiche Schul- und Weiterbildung, besitzen den gleichen sozioökonomischen Status und dennoch ist ihre Denkstruktur beispiellos verschieden. Ich habe hier ein schwarz-weisses Bild herangezogen, damit Sie die tiefergehende Bedeutung verstehen. Selbstverständlich gibt es etliche Grautöne, welche die einzigartigen Nuancen unseres Menschendaseins widerspiegeln. Es ist irgendwie schön, dass wir alle in unserer eigenen Welt recht haben können; nur den einen geht es damit gut und den anderen eben nicht.

Ihre positiven Glaubenssätze möchten Sie selbstredend behalten, keine Frage. Seien Sie sich dennoch auch hier der Tatsache bewusst, dass die positiven Glaubenssätze ebenso einen Rahmen, einen Frame auf Ihren Wahrnehmungsfilter legen. Nur – wie erkennen Sie nun Ihre negativen Glaubenssätze? Durch Metakognition, das Denken über das Denken. Reflektieren und sinnieren Sie über Ihr Leben. In welchen Bereichen ecken Sie an? Wo läuft es nicht geschmeidig? In welchen Situationen spüren Sie, dass mehr Potenzial in Ihnen steckt, dieses aber «noch» nicht zur Geltung kommt? Diese Merkmale deuten auf einen oder mehrere destruktive Glaubenssätze hin. Ich kann es verstehen, wenn Sie noch nie reflektiert haben und bis zu diesem Zeitpunkt in emotional aufgeladenen Situationen vielleicht schnell Ihren Finger wie einen Säbel gegen Ihren «Gegner» gerichtet haben, bereit zum Zustechen und dieser Person die ganze Schuld zuzuschieben. Und jetzt stehen Sie zum ersten Mal an einem Punkt und fragen sich: «Könnte es doch auch etwas mit mir zu tun haben?». Die Erkenntnis sowie die Bewusstheit sind der allererste Schritt zu einer neuen Persönlichkeit. Es kann schmerzlich sein, zum ersten Mal wahrhaftig in einen Spiegel zu schauen, um seine eigene, echte, unverblümte Essenz zu sehen. Am Anfang dieses Prozesses besteht die Gefahr, dass eine gewaltige Kaskade von Erfahrungen und Empfindungen in Ihrem Lebensrucksack losgerüttelt wird und die aufkommenden, womöglich lang unterdrückten Gefühle Sie zu überwältigen drohen. Jeder muss zuerst diesen steinigen Weg antreten, damit er noch weiterwachsen darf. Aber vertrauen Sie mir, Sie müssen nur einmal dieses Gefühl in ihrer vollumfänglichen Facette durchleben. Danach wird von Ihrem Geist registriert, dass dem Gefühl Raum gegeben wurde. Das heisst, Ihr Energiefluss ist gewährleistet und Sie unterdrücken zumindest ein Gefühl weniger. Gefühle, denen kein Raum gegeben wurde, um sich frei zu entfalten, bleiben für immer vorhanden. Sie verschwinden nicht einfach, auch wenn wir uns das insgeheim erhoffen. Jegliche Form der Unterdrückung oder der Vertuschung hilft nicht. Unterliegen Sie nicht dieser Illusion. Sie dürfen zeigen, wer Sie sind, ganz ohne Ihre Masken. Halten Sie sich immer diese Gleichung vor Augen:

**Kurzfristige Freude = langfristiger Schmerz**
**Kurzfristiger Schmerz = langfristige Freude**

Dürfen wir Schwäche zeigen, indem wir uns entschuldigen oder vor unserem Gegenüber zugeben, dass er in einer hitzigen Debatte recht hatte? Falls die Antwort nein ist, haben Sie sich in Ihrem Geist schon ausgemalt, was passieren könnte, wenn Sie es doch machen würden. Entspricht diese Vorstellung der Wahrheit? Wir sind alle wahre Fantasiemeister. Wir können uns jede erdenkliche Situation in unseren Köpfen vorstellen und, wenn wir ein Faible dafür haben, dies noch weiter mit negativen Details verzieren, um es dann irgendwann so wahrheitsgetreu, wie es nur möglich ist, zu durchleben. Schlicht und ergreifend ist das nur eine «Aufführung» wie in einem Kino. Oder verlassen Sie das Kino und können nicht mehr unterscheiden, was die Realität und was die Fiktion ist? Ich denke nicht!

Weshalb geben Sie dann Ihrem Verstand so viel Macht über sich? Sie sagen Ihrem Verstand, wo es langgeht! Der Verstand ist ein Werkzeug, nichts weiter – und er wäre ohne uns als ausführendes Selbst/Bewusstsein oder ausführender Geist, nennen Sie es, wie Sie möchten, ein sehr klägliches Organ. Sie sind nicht Ihre Gedanken oder Emotionen! Sie sind das Bewusstsein, dass Ihre Gedanken oder Emotionen registriert.

Wie in dem kurzen Exkurs über die Gehirnwellen erwähnt, gibt es Zustände, in denen unser Unterbewusstsein empfänglicher ist für eine Umprogrammierung. Um einen neuen Glaubenssatz zu implementieren, bedarf es tiefer Alphawellen oder Thetawellen in ihrem ganzen Spektrum. Diese optimale Konstellation haben Sie jeden Morgen direkt nach dem Aufstehen sowie kurz bevor Sie einschlafen oder während des Alltags innerhalb einer Meditation. Die Meditation muss nicht im klassischen Sinn in der Lotusstellung ausgeführt werden. Meditieren heisst Stille oder auch innere Leere, das Freisein von jeglichem Gedanken oder dem Anhaften derer. Demnach erreichen Sie diesen Zustand bei verschiedenen Aktivitäten, bei denen Sie sich fallen lassen können. Ich spreche hier von dem bekannten Flow-Zustand. Indem Sie Ihrem angespannten und kontrollierenden Verstand den nötigen Freiraum geben, kann er die Illusion «Ich habe alles im Griff und den Überblick» loslassen, um in die genannten positiven Bewusstseinszustände zu kommen. Die positiven Effekte der Meditation[49] möchte ich Ihnen an dieser Stelle auch direkt mitgeben als zusätzliche Motivation. Sie werden besser in Ihrer Gefühlsregulierung, sie lässt ihr Gehirn verjüngen, generell wird Ihr Gehirn besser durchblutet, Ihr Mandelkern (Amygdala) wird kleiner und somit werden Sie weniger geplagt von Ängsten oder Panik. Ihre Resilienz steigt. Ihre sogenannte «Zündschnur» wird länger. Ihre Konzentration erhöht sich. Sie hebt Ihren basalen Glückswert an. Der eigentliche Ansatz der Meditation ist es, Sie in das Hier und Jetzt einzuladen, in den einzigen, ewig währenden Moment. Hierzu möchte ich Ihnen einen kurzen Abschnitt des Buches «Nach innen lauschen. Inspirationen für die spirituelle Praxis» Kapitel 3, S. 20-21, 2. Auflage 2015 von Richard Stiegler präsentieren:

> «Gegewärtigsein bedeutet: dieser Augenblick genügt. Wir brauchen den Moment nicht zu verstehen, zu ändern oder zu verbessern. Im Gegenwärtigsein gibt es kein Richtig oder Falsch. Bewertungen haben in der unmittelbaren Wahrnehmung keinen Platz. Es genügt, ganz unmittelbar zu sein. Das ist die Grundhaltung.»

> «Wir richten uns auf die Wirklichkeit aus, so wie sie sich von Moment zu Moment zeigt. Nicht unsere Ideen, Vorstellungen, Wünsche und Pläne stehen dabei im Zentrum der Betrachtung, sondern die tatsächliche Wirklichkeit des Augenblicks. Diese kompromisslose Haltung, uns am Jetzt zu orientieren und uns für den Augenblick zu öffnen, bedeutet, uns der Führung durch das Leben zu überlassen. Das ist diametral dem entgegengesetzt, was das Ego will. Das Ego sucht Sicherheit, Kontrolle und angenehme Gefühle. Aber Gegenwärtigsein ist eine Haltung der Hingabe. Daher ist diese Haltung in der Meditation Ego transformierend.»

Es ist natürlich schwer, den Wissens- und Erfahrungsstand von Ihnen als Leser zu kennen. Daher möchte ich Sie auf eine kleine Exkursion in die Welt des Egos mitnehmen. Falls Sie auf dem Stand sind, dass das Ego jemand ist, der sehr egoistisch ist, das heisst, nur an sich denkt, und der glaubt, dass sich Nikolaus

Kopernikus sich mit seinem heliozentrischen Weltbild getäuscht hat und das sich sogar die Sonne um sie dreht, dann möchte ich Ihr Wissen hiermit erweitern. Das aktuelle Bild des Egos, wie es in Ihrem Kriteriensystem kategorisiert ist, stimmt bis zu einem gewissen Grad. Nur die Frage ist hier, aus welcher Perspektive betrachten wir dieses Ego? Geht es um eher negative Eigenschaften oder gar um eine fundamentale Betrachtungsweise, wer oder was das Ego ist? Es geht um Zweiteres. Gehen Sie einmal davon weg, andere Menschen einzubeziehen, und bleiben nur bei sich. Beobachten Sie sich. Machen Sie es wirklich. Konsumieren Sie nicht einfach nur diese Zeilen.

Wer beobachtet gerade? Sie denke wahrscheinlich ich. Wer ist «ich»? Ja, ich bin Amanda und bin 24 Jahre alt. Ich bin Key-Account-Managerin und habe einen Hund, der Pluto heisst. Meine Hobbys sind Fitness und wandern etc. Sie wissen, auf was das hinausläuft. Aber sind Sie das wirklich? Diese Aufzählung ist das sogenannte Ego – ein Avatar, den Sie seit Ihrer Kindheit aufgebaut haben, um zu beschreiben, wer Sie sind. Sie benötigten als Kind eine Identifikation und Sie wurden dahingehend von der Umwelt indoktriniert. Durch diese Identifikation gab es eine Trennung, hier drinnen bin ich (Ego) und dort draussen sind die anderen. Meins und deins. Aber am besten mehr meins als deins, damit ich (Ego) mich auch gut fühle. Grösser, höher, weiter, aber auch kleiner, tiefer, schlechter sind die Kriterien, die ein Ego heranzieht, um sich in seine Welt einzuordnen. Und die illusorische Bärenfalle schnappt zu. Diese Unsicherheit, die in Sätzen wie «Ich habe mehr als du, darum bin ich besser als Du», oder «Ich habe weniger als Du und bin darum schlechter als Du» zum Ausdruck kommt, entspringt erst der Trennung von unserem wahren Ich und der gleichzeitigen Identifikation mit dem Ego/Avatar.

Sie sind nicht Amanda. Das ist nur Ihr Rufname. Ein Titel. Sie sind nicht Key-Account-Manager, sondern führen diesen Job nur aus. Er macht Sie nicht aus. Ihre Hobbys oder Ihr Hund hat nichts mit Ihnen zu tun. Es sind Erfahrungen, die Sie machen, aber Sie sind nicht diese Erfahrungen. Freiheit bedeutet, man könnte Ihnen alles oben Genannte wegnehmen und Sie wären immer noch glücklich und wüssten, wer Sie wahrhaftig sind, weil Sie an nichts anhaften, sprich keine

Identifikation damit haben. Sie wären wie ein Bambus, der im Wind (das Leben) von links nach rechts geblasen wird, aber nie sein Zentrum (Ihr wahres Ich) verliert. Die Erfahrung als Hundehalter hat nichts mit Ihnen zu tun. Sie könnten genauso gut eine Erfahrung als Katzenbesitzer machen. Jetzt sagen Sie, Sie mögen aber keine Katzen. Genau diese Antwort kam von Ihrem Ego. Bewertungen, Einteilungen, Aversionen oder Vorlieben entspringen grundsätzlich dem Ego. Lösen Sie sich von diesen Anhaftungen an jeden und alles. Das Leben wird glückseliger, zufriedener und friedvoller. Falls Sie jetzt aber denken, Sie müssten Ihren Job und alles andere aufgeben, ist auch das der falsche Weg. Dies kann zwar etwas anstossen, aber es geht eigentlich um die gedankliche Identifikation mit diesen Äusserlichkeiten. Beobachten Sie sich einfach permanent. Sie werden immer mehr erkennen, dass gewisse Aussagen von Menschen aus Ihrem Umfeld Ihnen schmeicheln und andere Sie eher abstossen. Das entspringt nur der subjektiven Wahrnehmung Ihres Egos und seines Wertesystems. Lassen Sie all das los. Jedes Gefühl oder jeden Gedanken, welches oder welcher in Ihrem Bewusstsein auftaucht, beobachten Sie einfach. Sie machen nichts damit, als es oder ihn wahrzunehmen und zu schauen, wie es oder er sich entwickelt und abschliessend wieder verschwindet. Ich hoffe, ich konnte Ihnen das Thema ein wenig klarer erläutern und habe Sie nicht noch weiter ins Dickicht gezogen. So oder so werden zusätzliche Hinweise im Verlaufe des Buches Ihnen weitere erhellende Erkenntnisse bieten.

# Gesundheitsschlüssel: Psychologie

## Typisches Verhalten in der Reaktanz

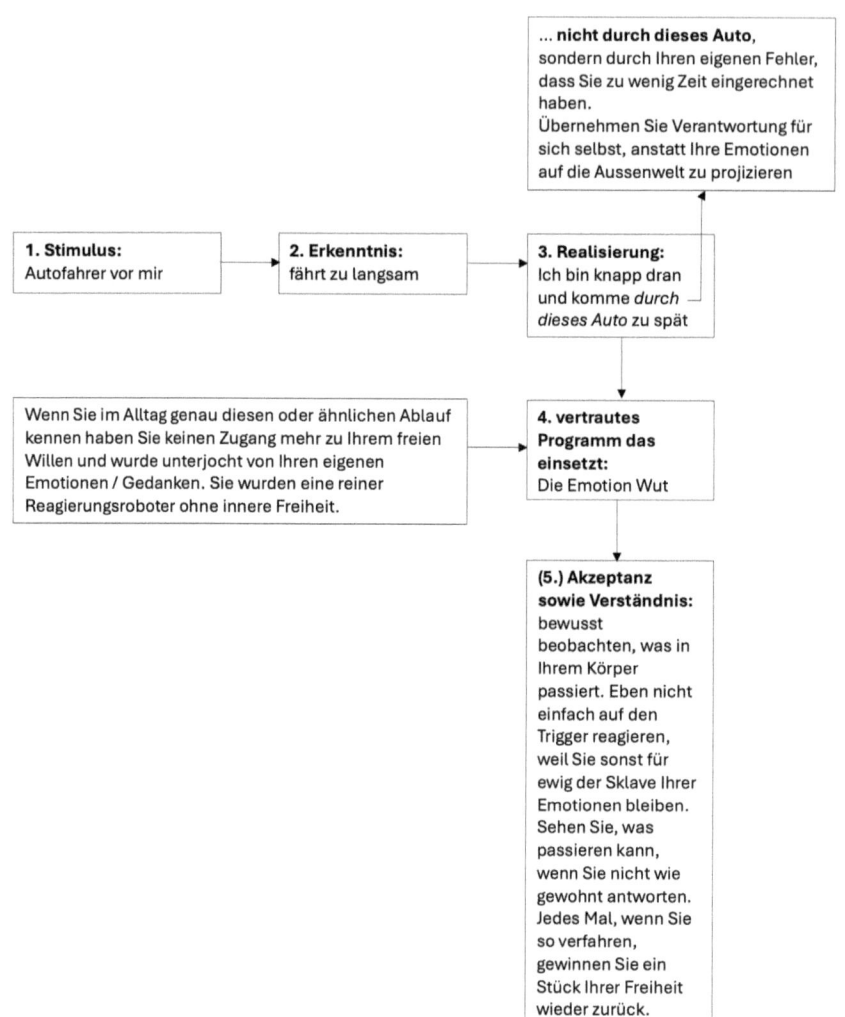

**Abbildung 4:** klassisches unbewusstes Reaktionsmuster

Zweifellos können Sie diese automatischen Abläufe durch jede von Ihnen emotional beantwortete Situation ersetzen.

Um damit zu arbeiten, führe ich Sie in die pragmatische Umsetzung. Das Ziel ist es eine bewusste Achtsamkeit aufrecht zu erhalten. Wie Sie diesen Zustand erreichen, ist einerlei. Sobald Sie sich aber darin befinden, arbeiten beide Gehirnhälften gleichermassen synchron, was in einer Hemisphärensynchronisation mündet, sodass Ihr Unterbewusstsein sehr empfänglich für eine Umstrukturierung ist. Einen ausgeglichenen Gemütszustand erreichen Sie erst durch die Synchronisierung beider Gehirnhälften. Ein Indikator für Stress, Unwohlsein, Ängste oder Ähnliches ist, dass beide Gehirnhälften sich nicht in einem harmonischen Zustand befinden und eine Hälfte dominiert. Hilfsmittel, wie die Tafeln von Chartre, binaurale Beats, isochrone Töne, bilaterale Musik, entspannende Musik oder mit beiden Händen unterschiedliche geometrische Muster auf den Tisch zu zeichnen, können gerade bei Anfängern hilfreich sein, um das gestresste Gehirn zu entspannen. Finden Sie heraus, welches Tool das effektivste für Sie persönlich ist, aber behalten Sie alle Techniken im Hinterkopf, Sie könnten womöglich zu einem anderen Zeitpunkt einen grösseren Nutzen für Sie darstellen.

Durch oder über diese Techniken erreichen Sie den gewünschten Zustand, um die Potenziale in Ihrem Unterbewusstsein zu modellieren. Damit Sie wissen, ob sich die Türe zu Ihrem Unterbewusstsein schon geöffnet hat, dürfen Sie als Referenz Ihren aktuellen fühlbaren Bewusstseinszustand heranziehen. Sie sind ganz bei sich. Sie fühlen sich zufrieden mit der Welt. Eine tiefe Ruhe macht sich in Ihnen breit. Die Gedanken werden ruhiger. Ich möchte Sie ermutigen, in sich selbst hineinzuhören und die Antworten zu finden, die Sie suchen. Je tiefer Sie dabei in sich selbst hinein sinken, desto besser. Aber denken Sie daran: Auch wenn Sie nicht die erhoffte Tiefe erreichen, ist es wichtig, an sich selbst zu arbeiten. Der nächste Schritt beinhaltet, gewisse Hilfsmittel heranzuziehen, die Ihnen helfen, die Veränderung, die Sie sich erwünschen, einzuläuten. Folgende Beeinflussungsmechanismen können eine Wirkung haben: Suggestion/Affirmation (von aussen kommende Beeinflussung) oder Autosuggestion/Selbst-Affirmation (Sie sprechen zu sich selbst und wiederholen Ihre Wunscheigenschaften wie in einem Mantra). Auch Afformationen können an diesem Punkt helfen. Sie kennen es, wenn Ihr

Verstand immer versucht, alles zu erklären und zu beschreiben. Er braucht immer eine für ihn logische Erklärung. Diese Eigenheit machen Sie sich zunutze und affirmieren nicht mehr «Ich bin gesund», sondern «*Wieso* bin ich so gesund». Sie stellen eine offene Frage und Ihr Gehirn versucht automatisch, dies zu erklären. Zu bemerken ist, dass Ihr Gehirn keine Verneinungen, wie nicht, keine etc., kennt. Den Satz «Ich möchte **nicht** mehr leiden» interpretiert Ihr Unterbewusstsein als «Ich möchte mehr leiden». Vielversprechender wäre zum Beispiel die klassische Formulierung von dem Vater der Autosuggestion Emile Coué: „Es geht mir mit jedem Tag in jeder Hinsicht immer besser und besser!" Oder: «Ich fühle mich von Tag zu Tag wohler in meinem Körper». Seien Sie auch hier kreativ und formulieren Sie es in Ihren Worten. Wichtig ist ebenso, dass Sie Sätze bilden, mit denen Sie sich wohl fühlen. Wenn Sie zum Beispiel ständig wie ein Papagei einen Satz wie «Ich liebe meinen Körper» wiederholen, dies aber gar nicht mit Ihrem Unterbewusstsein kongruent ist, kehrt sich das ganze ins Negative und hält Ihnen nur bei jedem Satz wieder vor, dass Sie Ihren Körper eben nicht lieben. Sie arbeiten immer mit Sätzen, die leicht ausserhalb von Ihrer Komfortzone liegen. Somit rutschen Sie bei jeder Neunanpassung der Affirmationen weiter zu Ihrem Ziel hin, bis Sie völlig im Reinen sind mit dem Satz «Ich lieben meinen Körper». Das Ganze könnte so aussehen:

- 1. Woche: An manchen Tagen mag ich meinen Körper oder es gibt Teile an meinem Körper, die ich mag.
- 2. Woche: Es gibt immer mehr Tage, an denen ich meinen Körper mag.
- 3. Woche: An meinem Körper gefällt mir vor allem ...
- 4. Woche: Mein ganzer Körper gefällt mir.
- 5. Woche: Ich liebe meinen Körper.

So in etwa könnte der Weg aussehen. Dieses Beispiel ist nicht absolut zu betrachten, sondern sollte als Blaupause dienen und in eigene Worte bezüglich der je subjektiven Thematik umgeschrieben werden. Formulieren Sie die Sätze so «schwach», wie es zurzeit emotional für Sie stimmig ist. Danach können Sie die Sätze von Zeit zu Zeit neu formulieren und weiter intensivieren. Auch sollten Sie dieses Wochenintervall nicht als Referenz nehmen. Jede Programmierung benötigt seine eigene Zeit. Es gibt Themen, die werden schneller behoben als andere. Gut Ding will Weile haben. Sobald Sie Ihre Sätze kreiert haben und im richtigen Gehirnwellenzustand sind, wiederholen Sie die Sätze wie ein Mantra. Hierbei erreichen Sie die grösste Wirkung, wenn Sie mit ein bis drei Sätzen arbeiten. Um das Potenzial zu erhöhen, können Sie binaurale Beats, bilaterale Musik, isochrone Töne oder ein Silent Subliminal dazu hören. **Gott/das Universum liebt die Geduldigen.** Geben Sie nicht auf, es muss zu einer Gewohnheit werden. Sie werden, wie bei einer wandelnden Wachsfigur, nach und nach merken, wie Sie die Welt, in der Sie leben, aus einem anderen Blickwinkel betrachten. Wenn es Ihnen wirklich ernst damit ist, mit dem Unterbewusstsein zu arbeiten, empfehle ich Ihnen, eine eigene Tonspur mit Ihren Affirmationen oder Afformationen aufzunehmen. Weil die eigene Stimme den grössten Wiedererkennungswert für Ihren Verstand hat. Jedes Mal, wenn Sie denken, hören Sie Ihre eigene Stimme in Ihrem Kopf. Das wiederum hilft, ein familiäres Gefühl für Ihren Verstand und die hereinkommenden Beeinflussungen zu schaffen. Das Ziel sollte eine glasklare Aufnahme ohne Hintergrundgeräusche sein. Wenn Sie ein Studio zur Verfügung haben, ist das die optimale Lösung. Jedoch ist auch ein Zimmer, in dem alle Fenster geschlossen sind und die Geräuschkulisse auf 0 heruntergeregelt wurde, ausreichend. Schreiben Sie sich vorerst alle Affirmationen auf. In dieser Version dürfen es auch ein paar mehr sein. Beachten Sie beim Aufnehmen der Affirmationen, dass Sie jeden Satz 3–5-mal wiederholen. Wiederholungen spielen eine immense Rolle in diesem Prozess. Das Gehirn besitzt eine Affinität für Wiederholungen. Daraus schliesst sich, dass Sie durch diese Wiederholungen Ihr Verhalten langfristig verändern. Sobald Sie alle Sätze aufgeschrieben haben, legen Sie das Blatt vor sich hin, wo es gut sichtbar ist. Nun nehmen Sie Ihr Handy oder das Mikrofon, um Ihre Tonspur aufzunehmen. Während der Aufnahmen berühren Sie das Blatt bitte nicht. Alle zusätzlichen Geräusche müssen Sie danach entfernen, damit sie Sie beim Hören des fertigen Produktes nicht stören. Mit Versprechern, Kratzen, Rauschen oder Ihrer Atmung gehen Sie genau gleich vor. Am Ende möchten Sie eine klare Aufnahme. Denken Sie nicht, dass das ein allzu schweres Vorgehen ist. Mit ein wenig grundlegendem Verständnis ist diese Tonspur relativ leicht erstellbar. Es gibt etliche gratis Programme im Internet, welche Sie für Ihr Vorhaben nutzen können. Sobald Sie die aufgenommene Datei in dem Programm haben, die vielleicht drei Minuten dauert, säubern Sie sie von allen störenden Geräuschen. Zusätzlich entfernen Sie alle Versprecher. Wenn Sie dies erledigt haben, sollten Sie eine klar hörbare, saubere Version Ihrer Aufnahme besitzen, welche vielleicht drei Minuten lang dauert. Diese drei Minuten kopieren Sie nun nacheinander, bis Sie eine Aufnahme von ca. einer Stunde haben. An diesem Punkt gibt es verschiedene Wege, die Sie nehmen können. Entweder Sie speichern die Datei einfach auf Ihrem Handy, um damit am Morgen direkt nach dem Aufstehen oder direkt vor dem Schlafengehen zu arbeiten. Das Unterbewusstsein ist zu diesen Tageszeiten besonders aufnahmefähig. Die Aufgeschlossenen, welche tiefer damit arbeiten möchten, kopieren diese Tonspur, bis drei identische Spuren untereinander vor Ihnen liegen. Jetzt halbieren Sie die erste Spur innerhalb einer Pause und nehmen den hinteren Teil nach vorne. Zusätzlich wählen Sie die Einstellungen so, dass diese Spur nur auf der linken Seite des Kopfhörers hörbar ist. Nun gehen Sie zur zweiten Spur und nehmen nur ca. ein Drittel, innerhalb einer Pause, von hinten nach vorne. Bei dieser Spur wählen Sie die Einstellungen so, dass sie nur auf der rechten Seite des Kopfhörers hörbar ist. Diese Methode hat zum Ziel, die Spuren asynchron laufen zu lassen, um eine noch höhere Effektivität zu gewinnen. Die dritte und letzte Spur lassen Sie so, wie Sie ist – also auf beiden Seiten hörbar. Danach speichern Sie die Datei ab und laden Sie direkt auf das Medium, welches Sie benutzen werden, um damit zu arbeiten.

Wie gesagt, den bestmöglichen Zugang haben Sie **jeden** Morgen direkt nach dem Aufstehen und **jeden** Abend direkt vor dem Schlafengehen. Sie durchlaufen zu diesen Zeitpunkten einen natürlichen Gehirnwellen-Zyklus, der unumgänglich über die gewünschten Theta- sowie tiefen Alphawellen verläuft. Dies ist genau der richtige Zustand, um Ihre Software neu umzuschreiben. Jedoch haben Sie auch die Möglichkeit im Alltag durch Meditation in dieses Gehirnwellen-Muster anzudocken. Das heisst, genau zu diesen Zeiten, in denen das Unterbewusstsein weit geöffnet ist, dürfen Sie eben diese Spuren hören. Es kann womöglich am Anfang gewöhnungsbedürftig sein, drei Spuren gleichzeitig zu hören. Dann stellen Sie die Wiedergaben ein wenig leiser. Sie müssen nicht einmal genau verstehen, was gesagt wird, Ihr Unterbewusstsein versteht alles und nur darum geht es. Währenddessen dürfen Sie einfach Ihren Atem beobachten. Einfach beobachten. Sollte es für Sie dennoch zu anstrengend sein, zwingen Sie sich nicht und wechseln zur erstgenannten Version mit einer Spur. Das Unterbewusstsein kann bis zu 80'000 Informationen pro Sekunden wahrnehmen, das Bewusstsein hingegen nur 2000. Und was Sie schlussendlich direkt wahrnehmen, ist ein weiterer Bruchteil dessen. Die oben genannten wahrgenommenen Informationsgrössen stellen keine absolute, endgültige Zahl dar, sondern sollten Ihnen ein Gefühl dafür geben, in welcher Relation die beiden stehen. Daher sind drei Tonspuren für Ihr Unterbewusstsein eine wohl bekannte alltägliche Situation.

**Tipp:** Eine schnelle Verbesserung Ihrer Gefühlslage erlangen Sie durch die Powerpose in Kombination mit einem Lächeln. Positive Gefühle erzeugen eine weite offene Brust, einen geraden Rücken und eine tiefe gesunde Bauchatmung. Ihre Emotionen richten sich stark nach Ihrer Körperhaltung. Sie können nicht traurig sein und eine aufrechte Haltung haben oder glücklich und gebeugt durch das Leben laufen.

Stellen Sie sich hierzu etwas breiter als hüftbreit hin. Gerade Wirbelsäule und eine leicht angehobene Brust. Die Arme strecken Sie leicht angewinkelt nach oben. Halten Sie eine Faust oder spreizen Sie Ihre Finger. Wählen Sie die Position der Finger, welche für Sie mehr den Eindruck von Grösse und Kraft widerspiegelt. Zu dieser Haltung spannen Sie in Ihrem Gesicht den Musculus Zygomaticus an. Er ist dafür zuständig, dass Sie lächeln. Es sollte ein ausserordentlich starkes Grinsen sein, fast schon grimassenhaft, damit die vollumfängliche Wirkung einsetzen kann. Als Hilfe können Sie auch auf einen Bleistift beissen, ohne die Lippen damit zu berühren.

Dies ist jetzt die Ausgangsposition. Wie weiter oben beschrieben besteht weiteres Potenzial darin, dass Sie sich positive Autosuggestionen aufsagen und/oder binaurale Beats, bilaterale Musik, isochrone Töne oder Silent Subliminals zusätzlich hören. Nur fünf Minuten in diesem Zustand werden etliche Gene aktivieren, die Sie dazu befähigen, jede Aufgabe leichter zu lösen. Testen Sie es für sich selbst. Definieren Sie für sich auf einer Skala von 1 bis 10, wo Sie gerade gefühlsmässig stehen. Danach setzen Sie einen Timer auf fünf Minuten und bleiben in dieser Position stehen und arbeiten mit den oben genannten weiteren Potenzierungsmöglichkeiten. Wenn Sie die Arme nicht so lange über Ihren Kopf halten können, dann versuchen Sie es einfach so lange, wie es Ihnen möglich ist. Am Schluss der Übung definieren Sie noch einmal, wo Sie nun auf der Skala stehen. Ich wette mit Ihnen, Sie sind mindestens einen Punkt nach oben gerutscht. Um meine Gedankengänge besser verständlich zu machen, möchte ich Ihnen das Bild auf der nächsten Seite erklären. Hier zeige ich Ihnen, auf was Ihre Affirmationen auftreffen, und geben Ihnen ein Ratschlag, wie Sie am besten damit umgehen sollten.

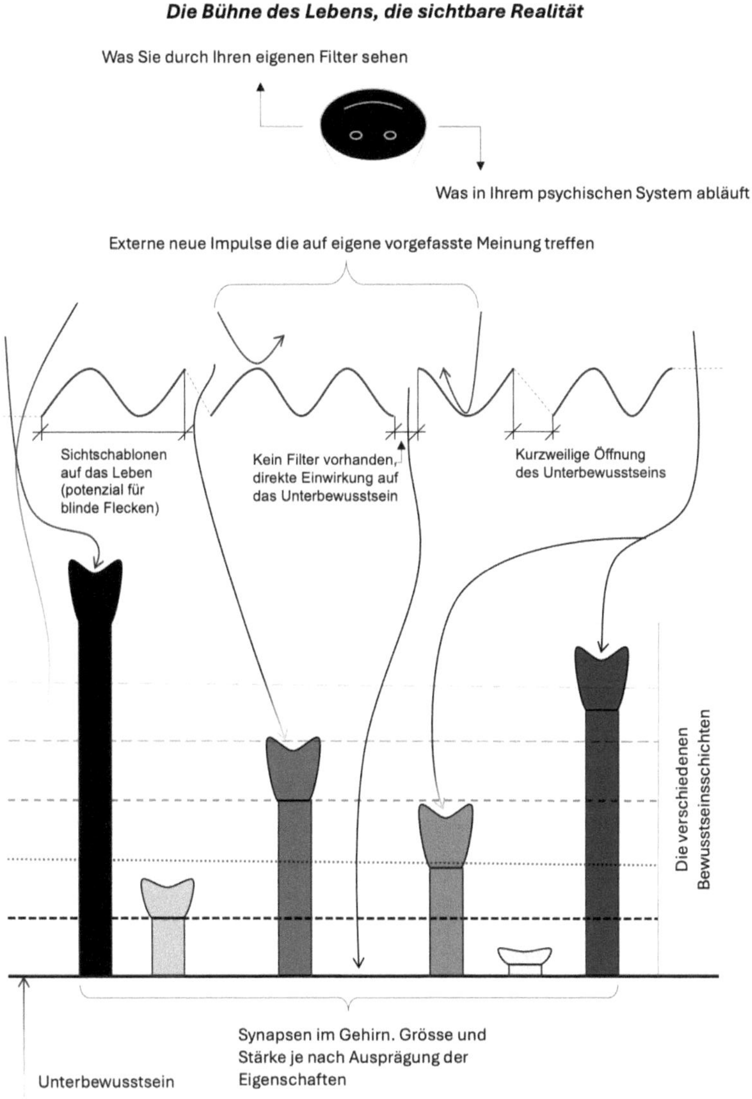

**Die Bühne des Lebens, die sichtbare Realität**

Was Sie durch Ihren eigenen Filter sehen

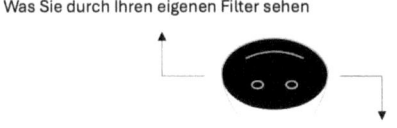

Was in Ihrem psychischen System abläuft

Externe neue Impulse die auf eigene vorgefasste Meinung treffen

Sichtschablonen
auf das Leben
(potenzial für
blinde Flecken)

Kein Filter vorhanden,
direkte Einwirkung auf
das Unterbewusstsein

Kurzweilige Öffnung
des Unterbewusstseins

Die verschiedenen
Bewusstseinsschichten

Unterbewusstsein

Synapsen im Gehirn. Grösse und
Stärke je nach Ausprägung der
Eigenschaften

**Abbildung 5:** Eine Darstellung wie äussere und innere Umweltfaktoren in einer wechselseitigen Beziehung stehen

169

# Gesundheitsschlüssel: Psychologie

Die einzelnen Synapsen stehen für unterschiedlich stark kultivierte Eigenschaften. Wenn Sie in Ihrem Freundeskreis als gesundheitsbewusster Sportler angesehen werden, kann möglicherweise die Synapse ganz links Ihre sportliche Ausprägung bedeuten. Das kann Formen beinhalten wie Fitness, Joggen, Schwimmen oder dass Sie so gut wie jede Treppe nehmen anstatt des Lifts etc. Die Synapse apostrophiert Ihre sportliche Tendenz, welche Sie in Ihrem Gehirn in der Vergangenheit erschaffen haben. Zu einem sportlichen und gesunden Lebensstil gehört natürlich auch eine holistische Ernährung. Das heisst, die Synapse ganz rechts steht für Ihre Tendenz zu einer ganzheitlichen Ernährung. Es fällt Ihnen leicht, regelmässig für sich zu kochen, und es benötigt Ihrerseits kaum noch grosse Disziplin, um am Ball zu bleiben. Sie achten auf biologische sowie regionale Produkte. Sie haben die flexible sowie rigide Esskontrolle schon gut austariert. Es fällt Ihnen zunehmend leichter, auf verarbeitete Lebensmittel zu verzichten, und Sie wenden sich dem Nährstoffreichen zu. Trotz allem haben Sie auch Verständnis für Genuss und gönnen sich, eben flexibel und in wohl dosierten Massen, auch einmal Pizza, Kuchen, Schokolade oder etwas Ähnliches. Das Bewusstsein hat sich schon so stark erweitert, dass Sie nur noch selten an rigide Esspraktiken glauben: nie mehr Schokolade, nie mehr Eis, nie mehr Zucker. Klingt utopisch – ist es auch. Noch immer höre ich von diesen Extremen in meiner Arbeit. Diese Vorgehensweise kann für einen temporären Zeitraum wertvoll sein, um aus einer Sucht herauszukommen und seinem Dopaminhaushalt einmal Raum zu geben, um sich wieder zu erneuern. Aber bitte halten Sie nur dann für die Ewigkeit daran fest, wenn Sie nicht jeden Tag damit kämpfen müssen.

Was hier der springende Punkt ist: Es ist möglich, etwas für immer zu negieren. Nur wollen Sie das wirklich? Wenn ja, würde das bedeuten, dass Sie einen fortdauernden Krieg in Ihrem Kopf hätten. Zu viel Lebensenergie würde verloren gehen. Und für was?! Für gar nichts.

Die bessere Option wäre, das aus Ihrer Sicht «verbotene» Lebensmittel aus Ihrem Gewahrsein zu entlassen, weil sich nur Gedanken, die in Ihrem Gewahrsein/Bewusstsein sind, in Ihrer Realität widerspiegeln. Sie können an nichts denken, was Sie nicht in Ihrem Kopf haben. Denken Sie darüber nach. Ja ich weiss, es tönt Paradox.

Oder Sie lernen, wie die meisten Menschen, einen gesunden Umgang mit der flexiblen Esskontrolle. Wie Sie sehen, ist aber diese Synapse noch nicht ganz ausgearbeitet. Die letzte Bewusstseinsschicht darf diese noch wie eine Pflanze, die im Boden schon ihre ersten Lebenszeichen ausbildet, durchbrechen, um ein völlig integraler Bestandteil der Persönlichkeit zu werden. Bis dahin können dezente Verfehlungen, wie sich zu überessen, das Entsagen von spezifischen Lebensmitteln usw., verteilt, aber divergierend im Alltag vorkommen – von einer Integration zu einer Inklusion. Sobald Sie das erreicht haben, benötigen Sie keine weitere Disziplin, um diese Fertigkeit zu elaborieren.

Es versteht sich hingegen von selbst, dass bestimmte Fertigkeiten einer weiteren Beachtung bedürfen, da sie möglicherweise noch nicht hinreichend entwickelt sind und mit der Zeit durch die Gehirnneuroplastizität abermals eine tabula rasa erfahren würden, sofern keine kontinuierliche Weiterentwicklung stattfindet. Die zweite Synapse von rechts könnte so ein Kandidat sein. Hier zum Beispiel war der letzte Winter Ihre erste Ski-Saison. Sie waren zwei Wochen in Davos zum Skifahren. Sie haben mit einem kleinen flachen Hang angefangen. Sie positionierten Ihre Skier abwechselnd in Pommes-Frites- und Pizza-Form. Anfänger wissen, wovon ich rede. Nach dem Skiurlaub informierten Sie sich enthusiastisch im Netz über etwaige Kurse und Skiausrüstung. Zu diesem Zeitpunkt wurde die Aussaat getätigt und das Saatgut im Boden/in Ihrem Gehirn eingepflanzt. Jetzt kommt es darauf an, wie viel Aufmerksamkeit Sie diesem neuen Interessensfeld schenken. Auch hier gibt es wieder zahlreiche Ausgangslagen, in welche Richtung es gehen könnte. Eine Möglichkeit würde daraus bestehen, dass Sie Ihre Freude an dem neu entdeckten Gebiet intensivieren und ein Entzücken verspüren bei kleinen Neuentdeckungen auf Ihrer Suche nach Möglichkeiten, um in diesem

Themengebiet mehr Fuss fassen zu können. Das heisst, die Synapse wird mehr genutzt, die nötigen Gehirnareale werden besser durchblutet und geben dem Gehirn ein Signal von Wichtigkeit. Use it or lose it – benutze es oder verliere es.

Eine andere Version Ihrer Persönlichkeit könnte dem nicht allzu viel Aufmerksamkeit schenken. Das neue Gebiet dümpelt so vor sich hin. Sie kommen immer wieder mal mit dem Skifahren in Kontakt, aber es kitzelt Sie nicht in einer Weise, dass Sie Ihre ganze Konzentration darauf richten möchten. Jedoch unter diesen Umständen und abhängig von dem Interessensintervall, in dem die externen Informationen auf Ihr Bewusstsein treffen, würde die Option bestehen, dass sie relativ lange mit dieser synaptischen Aktivität leben könnten. Hier entscheidet allein Ihr Fokus, auf was Sie sich richten. Alles, was wir im Kopf haben, bekommt unsere Aufmerksamkeit – unsere Energie. Dies bedeutet, dass die synaptische Aktivität zunimmt – völlig unabhängig davon, wie wir die Thematik in unserem Bewertungssystem einordnen, ob wir ihr also mit einer Aversion oder Affinität begegnen. Jeder Gedanke hat die Macht, Ihr Leben komplett zu verändern, wie ein kleiner Schneeball, der ohne Halt zu einer riesigen Lawine wird und, bedingt durch Ihre eigenen gedanklichen Richtlinien, entweder alles zerstört oder Sie mental emporhebt. Es ist immer Ihre Entscheidung!

Wenn Sie Ihrer, ich nenne sie jetzt mal so, Skisynapse, konstant Futter geben, das darf auch alle 2–3 Monate etwas Kleines sein, besteht die Möglichkeit, dass Sie enorm lange eine Aktivität im Gehirn begünstigen. Sie können immer wieder auf altes innerviertes Wissen oder alte Muster zurückgreifen.

Ein anders Szenario wäre, Sie haben einen Winter lang Spass am Skifahren und es trägt Sie noch eine Weile im Alltag mit, aber danach verläuft alles wieder im Sande. Das heisst, Ihr Gehirn hat keinen Mehraufwand und darf erneut zu seinem Wohlfühlzustand der Gewohnheit wechseln.

Sie verstehen jetzt, wie Ihr Gehirn mit neuem Wissen umgeht. Selbstverständlich kann hier jedes Beispiel herangezogen werden und es limitiert sich nicht auf

# Gesundheitsschlüssel: Psychologie

Gesundheit, Sport oder Skifahren. Sobald Sie eine neue Fertigkeit entwickeln möchten, besteht Ihre Aufgabe darin, dass Sie Ihrem Gehirn viele unterschiedliche Inputs geben, damit das Unterbewusstsein Munition bekommt, um kreativ daraus etwas zu erschaffen. Verwenden Sie alle Sinneskanäle. Dies potenziert den Neuheitseffekt, was wiederum dazu führt, dass Sie länger motiviert bleiben.

Oftmals stehen wir uns jedoch selbst im Weg. Die jahrelange Erziehung, das Schulsystem, die Gesellschaft und viele weiter Einflüsse haben eine enorme Wirkung auf unsere Perspektiven in der Welt. Wir wissen nicht, was wir nicht wissen, aber kennen unsere eigenen Grenzen sehr gut. Wir haben ein klares Bild von uns, was wir können und was nicht. Aber entspricht das der Wahrheit? Nein. Es gibt in dem Sinne keine Grenzen, ausser die, welche wir uns selbst auferlegt haben. Unsere vermeintlichen Grenzen wurden meist schon früh in der Kindheit geprägt und später im Erwachsenenalter noch nachmodelliert und weiterhin verfestigt.

Die Wellenlinien sollten dies darstellen. Das Bewusstsein ist niemals konstant, daher wandern unsere Grenzen von Zeit zu Zeit in einem gewissen Rahmen. Wir wechseln von Resilienz zu Vulnerabilität und wieder zurück. Gefühle sowie Gedanken kommen und gehen. Wir sind einem ständigen Wandel durch Veränderungen unterworfen. All diese unumstösslichen Gegebenheiten haben selbstredend einen Effekt darauf, wer wir denken zu sein oder eben auch nicht. Dennoch haben wir einen sogenannten Grundtenor, was unsere Persönlichkeit angeht. Dieser ist nicht in Stein gemeisselt und deshalb absolut, sondern nur tief in unserem Unterbewusstsein verankert, und es bedarf ein wenig mehr Aufmerksamkeit, um die Persönlichkeit, wie eine Wachsfigur, langsam zu verändern. Alles ist möglich!

Sie bleiben Sie. Es geht nicht darum, einen kompletten Shift zu absolvieren, wenn Sie das nicht möchten, sondern die Eigenschaften, welche Sie im ersten Schritt angenommen haben und nach und nach umändern wollen, zu verändern, und zwar auf besonnene Weise, bis es Ihrer Vorstellung entspricht. Steter Tropfen höhlt den Stein.

# Gesundheitsschlüssel: Psychologie

Selten gehen psychische Umwandlungen auf einfache Weise vonstatten, wie das Betätigen eines Lichtschalters. Die Analogie des Dimmers kommt der Wahrheit hier schön näher. Mit dem Wissen, dass Ihr Blick Ihnen grundsätzlich nur eine gefilterte Version der Bühne des Lebens darbietet, ist es essenziell, sich selbst zu hinterfragen, wo die eigenen Begrenzungen liegen. Nur so können Sie effizient an sich arbeiten.

Wenn Sie felsenfest davon überzeugt sind, dass die Welt nichts Gutes für Sie bereithält, werden Sie genau das bekommen und durch diesen Filter die Welt sehen. Jedes Lächeln, jegliche Hilfsbereitschaft oder liebevolle Geste filtert Ihr Unterbewusstsein komplett aus, damit Ihr Gehirn seine, wenn auch destruktive, Bestätigung bekommt. Fokussieren Sie sich auf die positiven Gegebenheiten, auch wenn sie noch so klein erscheinen, und Ihre Filter werden mit der Zeit langsam ausgewechselt. Positivität ist erlernbar und trainierbar, genau wie sein Pendant.

## 14.1 Persönlichkeitsmodifizierung durch den Neurotransmitter Dopamin

Motivation, Enthusiasmus und Freude stehen und fallen mit Dopamin. Dementsprechend wollen Sie ein grosses, gesundes Kontingent an Dopamin in Ihrem System. Vertrauen Sie mir. Nur leider stellt sich unsere heutige Lebensweise so dopaminfeindlich dar, wie es nur geht. Jedes Mal, wenn Sie auf irgendeine Art Lust empfinden, sei es beim Essen, bei jeglicher Display-Zeit, aber auch bei negativen Verhaltensmustern wie Gedanken, Emotionen oder Aktivitäten etc. wird Dopamin ausgeschüttet. So schön, so gut. Nur ist dieses Reservoir limitiert. Das heisst, wenn Sie dieses wertvolle Ingrediens für den Konsum von sozialen Medien, Streaming-Portalen, Fast Food, Pornos, Casinos, Sex, Drogen (auch Alkohol und Nikotin) usw. «verschwenden», bleibt nichts mehr übrig, um in der echten Welt Freude zu fühlen.[50] Sie bekommen nicht mehr denselben Kick, und die Freude an vermeintlichen Kleinigkeiten verschwindet allmählich immer mehr.

174

# Gesundheitsschlüssel: Psychologie

Im besten Falle lösen Sie sich ganz von diesen Unterhaltungen. Haben Sie schon einmal das Wort Unterhaltung genauer betrachtet? Das Wort kann folgendermassen getrennt werden: Unter/haltung – unten/halten. Sollen wir mit diesem spezifischen Konsum unten gehalten werden? Was weiss ich schon. Schwer zu glauben, dass stundenlanges vor dem Display sitzen oder täglicher Alkoholkonsum, mir in meiner Urteilsfähigkeit oder meinem Selbstvertrauen schaden könnte. Die Drahtzieher meinen es sicher nur gut und wollen das Beste für uns, damit wir langfristig Frieden im Herzen spüren. Ich hoffe Sie verstehen die Satire. Ansonsten wünsche ich Ihnen viel Glück auf Ihrem Weg! Sie werden es benötigen.

Wenn Sie es jedoch noch nicht schaffen sich völlig von der Unterhaltung zu lösen, dann versuchen Sie einen gesunden Umgang damit zu finden, um bewusst bei der Sache zu sein, anstatt eben nur zu konsumieren. Wie gesagt, Sie möchten genügend von diesem exquisiten Botenstoff in sich tragen, damit das Leben farbenfroh ist / wird und sich Ihre Lebensbühne nicht nur in verschiedenen Grautönen zeigt. Damit ein Reset im Gehirn stattfinden kann, müssen Sie vorerst alle Dopamin-aussaugenden Aktivitäten einstellen. Am Anfang kann es sich wahrscheinlich wie ein Verzicht oder gar eine Tortur anfühlen, weil Ihr Gehirn auf eine falsche Route getrimmt worden ist, um sein Lager aufzustocken. Es lechzt nach Dopamin und denkt, es könne von aussen den Bestand aufstocken. Da dies immer nur ein Kredit ist und die Rechnung mit hohen Zinsen nicht auf sich warten lässt, stolpert es metaphorisch gesehen gemächlich blind in eine Tischkreissäge. Wenn Sie ehrlich zu sich selbst sind (und das empfehle ich von tiefstem Herzen) und erkannt haben, dass Sie süchtig sind/waren, werden die ersten paar Tage des Entzugs nicht einfach. Aber hier gilt: ein Schritt zurück und dafür zwei vorwärts. Sie kommen aus der Stagnation heraus und drehen, wie an einem Dimmer, der an Ihre Lebensfreude gekoppelt ist, langsam nach oben. Die Welt wird wieder bunter. Es braucht nicht einmal allzu viel Investition von Ihrer Seite. Es fühlt sich nur so an, weil Sie kaum Lebensenergie in sich tragen und, Hand aufs Herz, ein Junkie sind. Das tönt hart – ist aber so. Oder haben Sie einen anderen Begriff, für jemanden, der nicht mehr ohne seine Kompensation (alles oben Genannte) leben kann? Sie denken, Sie sind kein Junkie? In diesem Fall lassen Sie alles auf der Stelle los, was Ihnen externes Glück auf Knopfdruck verschafft. Viel Spass bei dem Versuch.

Der erste Schritt ist immer, ehrlich zu sich selbst sein. Wenn Ihnen der Begriff Junkie missfällt, dann wählen Sie für sich eine andere Beschreibung. Jedoch achten Sie darauf, nichts zu beschönigen und immer völlig bei der Wahrheit zu bleiben. Vielleicht haben Sie auch Gedankengänge wie die folgenden: Ich nehme keine Drogen, also kann ich gar kein Junkie sein. Falsch gedacht. Es geht nicht darum, ob Sie Drogen konsumieren oder nicht, sondern ob das, was einen Junkie ausmacht, in Ihrem Gehirn stattfindet.

Wussten Sie, dass die Kokain-, Casino- und Soziale-Medien-Abhängigen (allen voran die TikTok-Süchtigen) die identischen Anzeichen von Sucht in Ihrem Gehirn aufweisen?[51] Es dreht sich immer um Dopamin. Ein Junkie muss nicht immer von körperlichem Verfall gekennzeichnet sein. Auch geistiger Verfall ist ein Zeichen davon. Wenn Ihr Leben von Depressionen und mangelnder Lebensfreude/Lebensenergie begleitet wird, müssen gar keine weiteren Merkmale hervorgehoben werden, um klarzumachen, dass Sie etwas an Ihrem bisherigen Handeln ändern müssen.[52] Je nachdem, wo Sie auf der Skala stehen, ist womöglich eine radikale Veränderung die falsche Vorgehensweise. Fragen Sie sich selbst, was der kleinste mögliche Schritt ist, den Sie gehen können, ohne Gefahr zu laufen, direkt wieder in alte Muster zu verfallen. Trotz des vermeintlich kleinen Schritts haben Sie die erste Hürde von etwas ganz Grossem überschritten. Gerade psychologisch – psycho-**logisch** – ist es für Ihren langfristigen Erfolg wichtig, Ihre Veränderung mit kleinen Erfolgsmomenten zu krönen. Zu Beginn schon die ersten Erfolge zu verbuchen, schüttet ein wenig Dopamin aus, sodass Sie Rückenwind erhalten, um weiterhin am Ball zu bleiben. Ja, genau: Wir spielen Dopamin gegen Dopamin aus. Wer gewinnt?

Sie dürfen stolz auf sich sein. Gehen Sie jeden Tag nur 1 % in die Richtung, die Ihnen gefällt. Stellen Sie sich vor, wo Sie nach einem Monat, nach drei Monaten oder nach einem Jahr stehen. Falls Sie jeden Tag zu Ihrem Suchtmittel gegriffen haben, versuchen Sie beispielsweise, dies nur jeden zweiten Tag oder mit einer verminderten Dosis zu machen. Wenn Sie schon ein wenig weiter sind oder nicht so tief darin stecken, passt womöglich ein Intervall von nur am Wochenende oder nur einmal unter der Woche besser. Es gibt sicher auch Leser, die kurzen Prozess machen möchten, weil die Sucht sie schon zu lang begleitet und sie bemerken, wie schädlich diese eigentlich für sie ist. In diesem Fall empfehle ich Ihnen, zusätzlich einen Handzähler zu kaufen. Diese Produkte sind finanziell erschwinglich, zudem unterstützen Sie Ihr Vorhaben langfristig. Jeden Tag, an dem Sie konsumfrei sind, klicken Sie den Zähler eins nach oben. Zusätzlich platzieren Sie den Zähler an einem gut sichtbaren Ort, damit Sie jeden Tag Ihren Erfolg sehen und weiterhin motiviert bleiben. Selbstredend müssen Sie den Zähler auch wieder löschen, wenn Sie einen Rückfall hatten. Dies ist überhaupt nicht schlimm, verloren hat nur der, der aufgibt und es nicht weiterhin versucht. Sie gehören definitiv nicht dazu. Erkennen Sie selbst, was am besten zu Ihnen passt. Wie alles muss auch dies zu Ihrer neuen Gewohnheit werden. Es braucht Zeit und Geduld. Aber wenn Sie Ihr Ziel immer im Auge behalten und schon langsam spüren, wie Sie Ihren eigenen Dimmer nach oben stellen, kann es gar nicht anders sein, als dass Sie Ihr Ziel erreichen. Wichtig ist es, die permanente gedankliche sowie geistige Ausrichtung (Ihr Bild von Ihrem erwünschten Ziel, Ihr Fixstern) aufrecht zu erhalten. Sie laufen im Leben immer in die Richtung, die Ihrem inneren Bild von sich selbst entspricht. Generell beherzigen Sie alle Tipps und Tricks in diesem Kompendium, dadurch erleben Sie eine Verbesserung in allen Lebensbereichen.

Kurzfristige Handlungen haben selbstverständlich keine langfristige Auswirkung und gleichem mehr dem Tropfen auf einem heissen Stein. Das heisst, um langfristig dranzubleiben, ist es wichtig, kontinuierlich Belohnungen einzubauen. Durch die Belohnungen wird wiederum Dopamin ausgeschüttet und das gibt dieser Wanderung ein gutes Hintergrundgefühl, damit Ihr Gehirn den Sinn dieses Projekts mit sich selbst sieht. Sie können alles erreichen, wenn Sie zu 100 % dahinterstehen. Der Glaube versetzt Berge.

# Gesundheitsschlüssel: Psychologie

Dennoch weiss ich auch, wie es sein kann, wenn man schon so viel versucht hat und einfach nicht vorwärtskommt oder das Gefühl hat, ständig im Kreis zu laufen. Es gibt etwas, das Sie immer wieder in gewohnte Muster zurückzieht, fast schon magnetisch. Wie ein Schatten verfolgt es Sie. Der Lebensrucksack ist zu schwer und Sie kommen kaum vorwärts.

Hier ist tieferliegend anzusetzen. Seelische Verletzungen, die keiner sieht, die aber verheerende Auswirkungen haben, beeinflussen die Psyche in solchem Masse, dass etliche Störungen entstehen können. Nicht nur Soldaten, welche Grausames erlebten und nach dem Krieg wieder heimkehren, leiden an einer PTBS (Posttraumatischen Belastungsstörung), sondern auch der «Otto Normalverbraucher» kann daran leiden. Es lief so weit alles passabel in Ihrem Leben und plötzlich gehen Sie durch eine Situation, die Sie nicht (mehr) verkraften können. Die Psyche dissoziiert und spaltet einen Teil von sich ab, damit es kein Blackout gibt. Was in Ihrem System als wichtiger Notfall-Regulierungsmechanismus abläuft, ist für Sie womöglich ein lebenslanges Handicap. Traumata im klassischen Sinn sind allerdings nur ein Hindernis, wenn Sie nicht mit diesen Teilen arbeiten. Die miteinander verbundenen Sinneseindrücke, körperlichen Zustände und Gefühle werden folglich in den sogenannten Mandelkernen im Gehirn gespeichert. Unter Umständen zerfallen diese bei bzw. nach einem Trauma, ähnlich wie die Splitter eines zerbrochenen Spiegels, in zahlreiche Einzelteile, sodass sie nicht mehr als sinnvolles Ganzes wahrgenommen bzw. einem solchen zugeordnet werden können. Wieso kommt mir dabei Lord Voldemort in den Sinn? Ähnlich wie bei einem zerbrochenen Spiegel, in dem Sie sich anschauen, hat jeder einzelne Teil ein ganzes Bild von Ihnen. Die einzelnen Teile haben jedoch keine Verbindung zueinander. Diese Analogie kommt einer Psyche nach einem oder mehreren traumatischen Erlebnissen sehr nahe. So können unter gewissen Umständen zukünftig nutzbare Lernerfahrungen nicht oder nur fragmentiert in die Persönlichkeit integriert werden.

Diese Fragmente beginnen, ein Eigenleben zu entwickeln, und können auf allen Sinneskanälen als sogenannte Intrusionen, das heisst als innere Bilder des traumatischen Erlebnisses, wiederkehren. Sie überlagern die aktuelle Realität. In derartigen Situationen erfolgt zudem eine Unterdrückung einzelner Hirnfunktionen, wobei beispielsweise eine Beeinträchtigung des Broca'schen Sprachzentrums zu beobachten ist. In der Konsequenz ist eine adäquate verbale Ausdrucksfähigkeit nicht gegeben. Des Weiteren ist die Reizschwelle gegenüber potenziell bedrohlichen Aussenreizen deutlich herabgesetzt. Ein Trauma ist eine Erfahrung, die bei einem Menschen eine intensive und anhaltende psychische Belastung hervorruft. Traumata können verschiedene Ursachen haben, wie zum Beispiel schwere Unfälle, Gewalt, Erziehung, Missbrauch oder Naturkatastrophen. Sie können akut oder chronisch sein und zu einer Vielzahl von Symptomen führen, wie zum Beispiel Angst, Depression, Schlafstörungen, Alpträume, Gefühlseinschränkung oder auch Überregungssymptome, Reizbarkeit, Flashbacks, Konzentrationsschwierigkeiten und Vermeidungsverhalten. Das Zusammenwirken von fragmentarischen Erinnerungen, Erinnerungslücken und/oder anhaltenden Bildern sowie Gefühlen stellt für Betroffene eine Belastung dar, die sie bewusst oder unbewusst täglich begleitet.

Der Begriff Trauma rückt langsam wieder in den Mainstream, was ich als lobenswert erachte. Dieses Thema braucht mehr Aufmerksamkeit in unserer Gesellschaft. Die Auswirkungen von Traumata auf das Gehirn und die Gehirnwellen sind gut erforscht. Die Gehirnwellen sind elektrische Aktivitäten, die vom Gehirn erzeugt werden und in verschiedenen Frequenzen auftreten. Es gibt, wie auf S. 153 / 154 beschrieben, verschiedene Arten von Gehirnwellen, wie zum Beispiel Alpha, Beta-, Theta- und Delta-Wellen. Jede Art von Gehirnwellen ist mit verschiedenen kognitiven Funktionen und emotionalen Zuständen verbunden.

Ein Trauma kann die Gehirnwellenaktivität beeinflussen und zu Veränderungen in der Gehirnaktivität führen. Bei Menschen, die traumatischen Ereignissen ausgesetzt waren, wurde eine erhöhte Aktivität in der Amygdala beobachtet, einem Teil des Gehirns, der für die Verarbeitung von Angst und Stress zuständig ist. Gleichzeitig wurde eine reduzierte Aktivität im präfrontalen Cortex beobachtet, jenem Teil des Gehirns, der für die Regulierung von Emotionen, der Impulskontrolle und die

Entscheidungsfindung zuständig ist. Sie verstehen langsam immer besser, wieso Sie Ihren linken präfrontalen Cortex mit einer fokussierten Meditation besser durchbluten lassen sollten.

Diese Veränderungen in der Gehirnaktivität können sich auch auf die Gehirnwellen auswirken. Zum Beispiel wurde bei Menschen, die traumatischen Ereignissen ausgesetzt waren, eine erhöhte Aktivität von Beta-Wellen im Gehirn beobachtet. Beta-Wellen sind mit einer erhöhten Aufmerksamkeit, aber auch mit einer erhöhten emotionalen Reaktivität verbunden. Gleichzeitig wurde eine reduzierte Aktivität von Alpha-Wellen im Gehirn beobachtet, die normalerweise mit einer entspannten und ruhigen Aufmerksamkeit in Verbindung gebracht werden.

Diese Veränderungen in der Gehirnaktivität und den Gehirnwellen können langfristige Auswirkungen auf die psychische Gesundheit haben. Zum Beispiel wurde bei Menschen, die traumatische Ereignissen erlebt haben, ein erhöhtes Risiko für psychische Erkrankungen wie die posttraumatische Belastungsstörung (PTBS) beobachtet. Insgesamt kann festgestellt werden, dass Traumata Veränderungen in der Gehirnaktivität und den Gehirnwellen hervorrufen können, die sich auf die psychische Gesundheit auswirken. Eine gezielte Behandlung von Traumata kann dazu beitragen, die Gehirnaktivität und die Gehirnwellen zu normalisieren und die psychische Gesundheit zu verbessern.[53]

Ein Trauma entsteht, wenn das Gehirn ein traumatisches Ereignis nicht vollständig verarbeiten kann. Normalerweise durchläuft das Gehirn verschiedene Phasen der Verarbeitung, um ein Ereignis zu speichern und zu integrieren. Bei einem Trauma kann dieser Prozess jedoch gestört werden, was dazu führt, dass das Ereignis nicht vollständig verarbeitet wird und weiterhin belastend bleibt. Das wiederum bedeutet, dass die nächste schwierige Situation, in die man gerät, auf die vorhergehende trifft und beides akkumuliert. Ohne den Mut, etwas daran zu ändern, zieht sich die Schlinge immer mehr zu.

# Gesundheitsschlüssel: Psychologie

In der Regel geht ein Trauma mit einer erhöhten Aktivierung des sympathischen Nervensystems einher, das für die "Kampf-oder-Flucht"-Reaktion verantwortlich ist. Dies führt zu einer erhöhten Ausschüttung von den Stresshormonen Adrenalin und Cortisol, die den Körper in einen Zustand der Alarmbereitschaft versetzen. Wenn dieser Zustand anhält und das traumatische Ereignis nicht verarbeitet wird, kann dies zu einer dauerhaften Übererregung des Nervensystems führen, die sich in verschiedenen Symptomen äussert.[54] Es ist wichtig zu beachten, dass Traumata sehr individuell sind und dass jeder Mensch auf unterschiedliche Weise darauf reagieren kann. Eine erfolgreiche Behandlung von Traumata erfordert daher in der Regel eine individuelle Herangehensweise, die auf die spezifischen Bedürfnisse und Erfahrungen des Einzelnen abgestimmt ist. Sie können es sich so vorstellen: Der Teil von Ihnen, welcher sich abgespalten hat, was ein normaler Vorgang bei einem Trauma ist, befindet sich zurzeit in einem Vakuum. Das ist gut. Bis jetzt. Durch diese Abkapselung sind Sie wieder mehr oder weniger alltagstauglich. Selbstverständlich erfolgt das nicht mehr auf dem gleichen Niveau wie vor dem Erlebnis – aber das Leben geht weiter. Sie bemerken womöglich kleine Veränderungen in Ihrem Wesen. Vielleicht vergessen Sie schneller einmal etwas. Bemerken Sie weniger Konzentrationsfähigkeit? Einen grösseren Hang zu Vulnerabilität? Das ganze Leben hat ein wenig seinen Glanz verloren. Wo sind die Farben hin? Alles wird überdeckt von einer grauen Wolke. Trotz allem geht das Leben weiter. Hier ist wichtig zu sagen, dass Sie solche oder ähnliche Merkmale nicht auf die leichte Schulter nehmen sollten, wenn Sie diese über eine geraume Zeit beobachten. Sie sind es wert, dass es Ihnen von den Tiefen Ihres Herzens bis nach aussen in die Welt ausgezeichnet geht und Sie nicht seelische Narben daran hindern, dem Leben vollumfänglich nachzugehen. Fühlen Sie alles, was in Ihnen gefühlt werden möchte. Zu guter Letzt möchte ich Ihnen am Ende dieses Abschnitts einen Satz mitgeben, über den Sie gerne nachdenken dürfen:

**Heilung ist immer das Gegenteil von dem,**

**was Sie in erster Linie verletzt hat.**

# Gesundheitsschlüssel: Psychologie

Ein Begriff aus der Physik erscheint mir hier passend: die Entropie. Dieser Begriff kommt aus einem Unterfach der Physik, der Thermodynamik. Es gibt die reversible und die irreversible Entropie. In der reversiblen Variante geht der Weg von A nach B und wieder zurück nach A. In der irreversiblen Variante geht der Weg von A nach B zu C und so weiter. Es gibt kein Zurückkommen. Das heisst, im ersten Beispiel könnte ein Pendel als Veranschaulichungsobjekt dienen. Ein Pendel schwingt wohl bekannt von einer Seite zur anderen, von A nach B, und durch die physikalischen Gesetze wieder nach A. Das ist reversibel. Ein heisses Getränk ziehe ich als bildhaftes Beispiel für irreversiblen Entropie heran. Der Temperaturunterschied zwischen Tasse und Umgebung führt dazu, dass ein stetiger Fluss der Wärme von heiss nach kalt stattfindet. Allerdings handelt es sich hierbei um einen einseitigen Prozess, da die Wärme nicht in beide Richtungen fliesst. Irgendwann erreicht das Getränk die Temperatur der Umgebung und es findet kein weiterer Wärmeaustausch statt. Die unterschiedlichen Temperaturen verschmelzen sozusagen zu einer homogenen Masse. Der nächste Schritt ist demnach von B nach C. Aber wieso erzähle ich Ihnen das alles? Es ist eine perfekte Metapher, um zu beschreiben, was mit uns nach einem nicht verarbeiteten Trauma passiert. Ein normales, gesundes zentrales Nervensystem kommt immer wieder zu Ihrem in der DNA vorprogrammierten Zustand, zurück. Unser Nervensystem strebt grundsätzlich ein Gleichgewicht in allen Zellen an – von A nach B und wieder zurück. Jedoch bietet unser heutiges Leben unendlich viele Stressoren, die unser Nervensystem permanent auf Spannung halten. Tiefenentspannung ist schwieriger denn je. Dadurch ist unsere Lebensbatterie grundsätzlich schon vor einem traumatischen Erlebnis, in das wir hineinstolpern, nicht auf 100 % geladen. Deshalb können wir uns nicht die nötige Ruhe gönnen und das Trauma in einem geschützten Rahmen verarbeiten, um für das nächste Ereignis gewappnet zu sein. Das bedeutet, dass unser Nervensystem sich von A nach B nach C hin entwickelt. Wir entfernen uns immer mehr von uns selbst und der psychische oder körperliche Schmerz akkumuliert sich. Wo das endet, können Sie sich vorstellen. Wir dürfen daher eher eine Syntropie, wie folgt beschrieben, anstreben.

Syntropie ist hier der Drang nach Selbstvervollkommnung, der lebender Materie innewohnt. In diesem Sinne wurde der Begriff Syntropie durch Albert Szent-Györgyi (1893–1986; Nobelpreisträger)
als ein Begriff der negativen Entropie geprägt, um das grundlegende, der Entropie entgegengesetzte Naturprinzip des Strebens
nach einer höheren Ordnung zu beschreiben. Syntropie ist hier der
Drang nach Selbstvervollkommnung, der lebender Materie innewohnt. In diesem Sinne wird der Begriff gerne von Kreationisten be-
nutzt, um einen göttlichen Organisationsplan für die Welt gegen
Charles Darwins Evolutionstheorie zu formulieren.

Ich möchte Ihnen gerne den Begriff der Syntropie nahebringen, der metaphorisch
besagt, dass Frieden und Glückseligkeit unsere grundlegenden Gefühlszustände
sind. Leider ist dieser natürliche Zustand aber unter einem Berg von Neurosen,
Traumata oder anderen Ego-Anteilen verborgen. Mein Ziel ist es, Ihnen mit diesem vorliegenden Buch eine praktische Anleitung an die Hand zu geben, die Sie
Schritt für Schritt näher an Ihren wahren Kern heranführt. Um praktisch zu werden,
können Sie mit Focusing starten. Je nach Umfang und Alter des Traumas bietet
sich die Titration an. Titration ist ein Begriff aus der quantitativen Analyse der Che-
mie. Es geht darum, einen Stoff dem anderen zuzuführen und zu beobachten, was
passiert, weil man noch nicht genau weiss, wie sie miteinander interagieren oder
weil zu Beginn die verschiedenen Elemente noch eine zu grosse Wirkung aufeinander haben. Um Ihnen ein besseres Verständnis davon zu bieten, in welche
Richtung ich mit Ihnen gehen möchte, beziehe ich mich auf die Vedanta, die sich
auf die alten überlieferten hinduistischen Schriften (die Veden) berufen. In den
Schriften wird beschrieben, dass der Mensch aus drei Gehirnen besteht. Das erste
Gehirn (Tamas) ist das stammesgeschichtlich älteste Gehirn (Reptiliengehirn) und
hat seine Repräsentanz im Stammeshirn – dem Instinktzentrum. Das zweite Gehirn (Rajas/Säugetiergehirn) ist der Hirnbereich, in dem die Gefühle entstehen.
Das Zwischenhirn steht für das Emotionalzentrum. Das dritte Gehirn (Sattva) ist

der evolutionär jüngste Teil des Gehirns, der sich in den höheren Säugetieren entfaltet und beim Menschen sein Maximum erreicht. Das Grosshirn ist das Zentrum
des Bewusstseins, der Wahrnehmung, des Denkens, Fühlens und Handelns in
komplexer Vernetzung – das Mentalzentrum. Im Alltag sprechen wir von Begrifflichkeiten wie dem Bauchgefühl für das erste Gehirn, der Liebe oder einem
Auf-das-Herz-Hören für das zweite Gehirn und dem Denken für das dritte Gehirn.
Die Begriffe Tamas, Rajas und Sattva habe ich nur der Vollständigkeit halber auf-
gelistet, sie spielen jedoch für den praktischen Teil in dem Sinne keine Rolle.

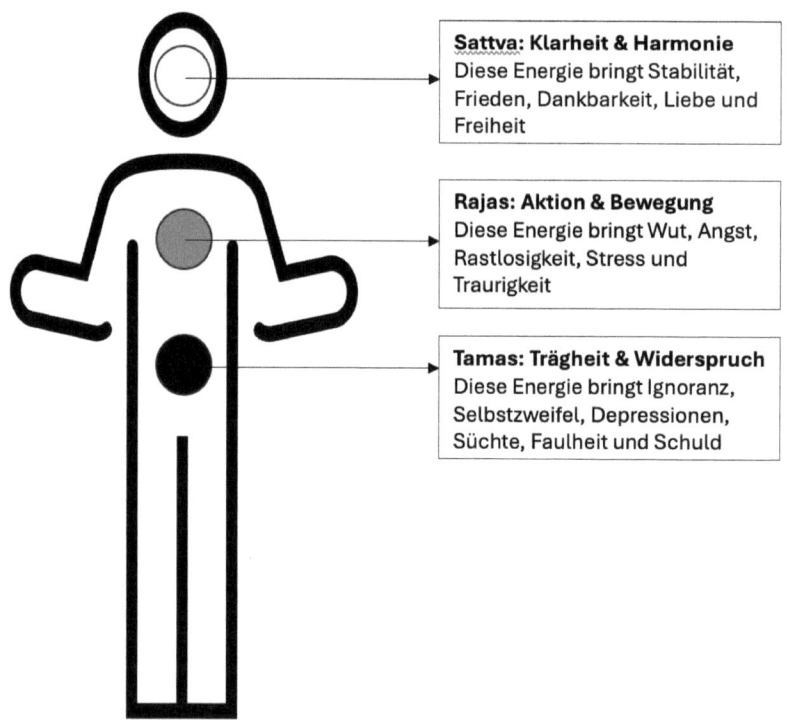

**Sattva: Klarheit & Harmonie**
Diese Energie bringt Stabilität,
Frieden, Dankbarkeit, Liebe und
Freiheit

**Rajas: Aktion & Bewegung**
Diese Energie bringt Wut, Angst,
Rastlosigkeit, Stress und
Traurigkeit

**Tamas: Trägheit & Widerspruch**
Diese Energie bringt Ignoranz,
Selbstzweifel, Depressionen,
Süchte, Faulheit und Schuld

**Abbildung 6:** Unsere 3 Gehirne, in denen sich die meiste Energie sammelt

# Gesundheitsschlüssel: Psychologie

In der Chakra-Lehre ist Tamas den unteren drei Chakren zugeordnet. Diese drei Energiepunkte sind von unten aufsteigend das Wurzel-, das Sakral- sowie das Solarplexus-Chakra. Wenn wir mit den oben genannten negativen Energien zu kämpfen haben, streben wir im Leben nach sofortiger Bedürfnisbefriedigung und verhalten uns eher instinktiv wie ein Tier. Durch äussere Reize wird in Ihnen Lust oder Aversion erzeugt, diesen gehen Sie durch Ihre Konditionierung, ohne zu überlegen, nach oder Sie bleiben fern. Es gibt auf dieser Stufe kaum einen angewandten freien Willen.

Das Solarplexus-, Herz- und Halschakra sind Rajas zugeordnet. In diesem Bereich machen wir uns schon mehr Gedanken um uns und unsere Umwelt. Eine erhöhte emotionale Intelligenz ist vorhanden. Soziale Interaktionen, Gemeinschaft und Zugehörigkeit sind wichtige Werte auf dieser Stufe – wir bewegen uns sozusagen vom Tierischen ins Menschliche. Vom freien Willen wird schon mehr Gebrauch gemacht, dennoch können Süchte oder Programme noch weiterhin, manchmal sogar unbewusst, unentdeckt in das Leben eingreifen.

Die letzte und höchste Stufe ist Sattva. Wenn wir die unteren niederen tierischen Triebe gemeistert haben, steigen wir in unserer Realität auf. Erinnern Sie sich: Ihre wahrnehmbare Realität ist Ihre aktuelle Realisation, die Stufe, auf der Sie zurzeit sind. Sie müssen sich bewusst machen, dass das, was Sie sehen, immer nur Ihre unmittelbare Stufe darstellt und Sie nicht absolut alles sehen, sondern nur das, was Sie mit Ihren derzeitigen Filtern sehen können. Um einen freien Energiefluss von unten nach oben zu gewährleisten, müssen Sie sich von folgenden Ablenkungen befreien: Identifikation mit den Gedanken, dem Verlangen (Pornografie, hochverarbeitete Nahrungsmittel, Drogen, allgemein Sucht), von sexuellen Aktivitäten, allen voran mit wahlloser Partnerwahl ohne tiefere Verbindung, sowie von genereller Angst, insbesondere die vor dem Tod. Gleichzeitig sind energiebereitstellende Massnahmen wie Fasten, gesunde biologische Lebensmittel, sauberes gefiltertes Trinkwasser, Meditation und/oder Achtsamkeit, moderater Sport sowie Stille essenzielle, täglich einzubauende Gewohnheiten, die dem anderen diametral entgegengesetzt sind und unterstützend wirken. So fluid wie das Leben nun ist, so wandelbar ist auch Ihr inneres System. Das heisst, wenn Sie denken, Sie haben eine Stufe gemeistert und müssen sich nicht mehr mit Ihren «Dämonen» auseinandersetzen, dann kann ich Ihnen versichern, die Verlockung wird es so lange versuchen, bis sie es geschafft hat, Sie um den Finger zu wickeln. Ihnen ist egal, wie weit Sie schon fortgeschritten sind auf diesem glorreichen Pfad. Das Einzige, was für sie zählt, ist es, Ihre Aufmerksamkeit (das heisst, Ihre Energie) zu bekommen, um Sie langsam wieder mit oben genannten Ablenkungen zu vergiften.

Aber keine Angst, Sie werden auf Ihrem Weg Ihre Antennen verfeinern, damit Sie Lug und Trug besser entdecken. Durch das Verzichten bauen Sie sich zusätzlich eine starke Disziplin auf, welche Ihnen auf jeder Ebene im Leben weiterhilft. Zum Verständnis möchte ich noch anmerken, dass das Mentalgehirn nichts mit Kopfmenschen oder sehr logisch denkenden, rationalen Menschen zu tun hat. Es geht um geistige Aspekte, die es zu kultivieren gilt, um von der Hölle (Tamas) in den Himmel (Sattva) zu kommen. Es sind innere Werte, die wir veredeln dürfen, bei denen wir alle wissen, dass sie den eigentlichen Wert des Lebens ausmachen: Dankbarkeit, Liebe, Glückseligkeit, Frieden, eine helfende Hand bieten, Unterstützung, weil es uns allen mal schlecht geht und wir dann auch froh sind, wenn uns jemand beisteht, Entspannung, Ruhe/Stille, das Miteinander fördern, anstatt das Gegeneinander, Ehrlichkeit – zuerst zu sich selbst, aber dann auch allen anderen gegenüber, Fairness, Zufriedenheit etc. Im Grunde wollen wir alle eine Welt, in der die Menschen genau diese Tugenden in sich tragen. Wir können das alle haben.

Falls Sie noch keine dieser Tugenden in Ihrem Leben wahrnehmen, analysieren Sie, wieso dem so ist. Die Aussenwelt ist nur eine Reflektion, ein Spiegel Ihres Innenlebens. Ändern Sie sich und die Welt ändert sich mit Ihnen.

**Frieden zeigt sich erst, wenn wir selbst im Frieden sind.**

Womöglich könnten in Ihnen Gedanken aufkommen wie: «Wieso sollte ich mich verändern, die anderen machen es ja auch nicht, oder ich habe mal eine Woche

# Gesundheitsschlüssel: Psychologie

lang versucht, nett zu sein, ich bekam nur aufmüpfige Antworten zurück.» Nicht Sie haben diese Gedanken, es ist Ihr Ego und Ihr Ego kämpft mit allen Mitteln, damit es in Ihrem Kopf überleben darf. Das ist so lange ein Problem, wie wir denken, wir sind unsere Gedanken.

Das Spannende am Menschsein zeigt sich in der Wahrnehmung. Versuchen Sie mal, ein neues mentales Modell bei sich zu installieren. Ich möchte Sie ermutigen, sich vorzustellen, dass Sie eine Art Antenne sind, durch die Gedanken empfangen werden, statt selbst Gedanken zu erzeugen. Gerade am Anfang ist es wichtig, dass Sie diesen neuen Glaubenssatz immer wieder aktiv verinnerlichen, damit Sie Ihre Wahrnehmung allmählich in diese Richtung entwickeln können. Ich wünsche Ihnen hiermit eine tiefgreifende Realitätsveränderung! Um den ersten widerspenstigen Gedanken, der vielleicht bei Ihnen in Bezug auf Veränderung entstanden ist, aufzugreifen, möchte ich Ihnen eine Anekdote aus meiner Kindheit erzählen. Mein Vater riet mir, dass ich nur mit der Masse mitgehen solle, wenn ich es als richtig empfinden würde. Wenn ich aber das Gefühl habe, die Bewegung sei nicht kongruent mit meinen inneren Werten, dann solle ich es unterlassen mitzugehen. Auch wenn Gefühle von Isolation, Ausgeschlossenheit oder Unsicherheit in mir entstehen sollten, gelte es meine Integrität zu bewahren.

Nachfolgend eine kurze Fabel, die diesen Wert widerspiegelt:

**«Eines Tages brach im Wald ein großes Feuer aus, das drohte alles zu vernichten. Die Tiere des Waldes rannten hinaus und starrten wie gelähmt auf die brennenden Bäume.**
**Nur ein kleiner Kolibri sagte sich: "Ich muss etwas gegen das Feuer unternehmen." Er flog zum nächsten Fluss, nahm einen Tropfen Wasser in seinen Schnabel und ließ den Tropfen über dem Feuer fallen. Dann flog er zurück, nahm den nächsten Tropfen und so fort.**

All die anderen Tiere, viel größer als er, wie der Elefant mit seinem langen Rüssel, könnten viel mehr Wasser tragen, aber all diese Tiere standen hilflos vor der Feuerwand.

Und sie sagten zum Kolibri: "Was denkst du, was du tun kannst? Du bist viel zu klein. Das Feuer ist zu groß. Deine Flügel sind zu klein und dein Schnabel ist so schmal, dass du jeweils nur einen Tropfen Wasser mitnehmen kannst."

Aber als sie weiter versuchten, ihn zu entmutigten, drehte er sich um und erklärte ihnen, ohne Zeit zu verlieren: "Ich tue das, was ich kann. Ich tue mein Bestes.»

**Die Geschichte des Kolibris von**
**Wangari Maathai, kenianische Politikerin, 1940–2011**

Stehen Sie wie der Kolibri für das Richtige ein und nicht für das, was Sie denken, dass die Gesellschaft, die Masse, zurzeit woke findet. Jeder weiss in seinem Herzen, was richtig ist. Machen Sie sich selbst Gedanken über ein Thema, auch wenn das anstrengender ist als eine vorgefertigte Meinung von aussen zu übernehmen. Geben Sie Ihrem Leben wiederholt mehr Ruhe sowie Stille und Sie werden bemerken, dass Sie in einen tieferen Kontakt mit sich selbst treten und die Antworten auf das Leben klarer werden. Die Masse kann recht haben, aber sie kann genauso gut falsch liegen. Hier sollten Sie jede Situation neu bewerten. Nur weil die meisten Menschen Ja sagen, heisst das nicht, dass ein Nein allenfalls besser platziert wäre. Trauen Sie sich, anders zu sein.

Um den zweiten Gedanken, der vielleicht bei Ihnen in Bezug auf Veränderung entstanden ist, aufzugreifen, muss ich Ihnen leider mitteilen, dass eine Woche Arbeit an Ihrer Persönlichkeit nur einen Tropfen auf dem heissen Stein darstellt. Das ist zu kurz und zu wenig. Das langfristige, grosse Ziel ist es, diese freundliche, liebevolle Tugend als einen Persönlichkeitsaspekt Ihres Selbst zu innervieren. Gerade am Anfang ist es natürlich schwer, weil das Unterbewusstsein Ihnen noch die alten Muster in Ihrem Leben spiegelt. Aber Sie dürfen Ihr Unterbewusstsein wie eine Wachsfigur betrachten. Jede Wachsfigur kann man mit Wärme ummodellieren. Wenn man aber nur kurze Zeit den Föhn auf eine Wachsfigur hält, passiert noch nicht viel. Man kann noch nicht mit der Figur arbeiten, weil das aktuelle Bild noch sehr gefestigt ist. Wenn man sich aber das Ziel vorgenommen hat, ein neues Bild, eine neue Figur zu kreieren, muss länger mit dem Föhn gearbeitet werden, um in tiefere Schichten vorzudringen.

Sie verstehen meinen Vergleich. Jede Gewohnheit können Sie abändern, aufbauen oder loslassen. Wenn Sie kontinuierlich dranbleiben, erreichen Sie alle Ihre gesteckten Ziele. Jede positive Verbesserung Ihrer Gemütslage erhöht den Glücksmittelwert der Welt, Ihres Landes, Ihrer Stadt, Ihres Dorfs, Ihres Freundeskreises oder Ihrer Familie. Verstehen Sie, wie wichtig es ist, dass Sie glücklich und zufrieden sind? Sie helfen jedem einzelnen Menschen damit. Mit Ihrer Energie können Sie Menschen anstecken und die wiederum weitere. Ein positiver Virus. Nur weil alle kämpfen, müssen Sie das nicht auch tun. Nur weil alle schlecht über andere Menschen reden, müssen Sie nicht auch. Nur weil alle motzen, müssen Sie nicht auch. Seien Sie lieber ein Vorbild. Seien Sie ein Kolibri und die Welt wird zu einem besseren Ort.

Um nun auch mit den drei Gunas (Tamas, Rajas, Sattva) arbeiten zu können, müssen Sie Ihr Bewusstsein, also Ihren bewussten Willen, als eine Welle betrachten. Sie steigt auf und bricht wieder usw. Sie steuern alles. Sie haben immer die Kontrolle und entscheiden selbst, wie weit Sie sich in die Titration hineinfallen lassen, also wie weit sie in Ihre Gefühle einsteigen möchten.

Sitzen Sie aufrecht oder legen Sie sich hin, wenn Sie nicht Gefahr laufen, dabei einzuschlafen. Die Wirbelsäule sollte gerade sein. Um in einen gewissen mentalen Zustand zu kommen, bieten sich verschiedene Möglichkeiten an, z. B. ein klassischer mentaler Bodyscan, bei dem Sie unten bei den Füssen anfangen und sich nur im Bewusstsein nach oben arbeiten und jedem einzelnen Körperteil kurz Ihre Aufmerksamkeit schenken. Vielleicht mögen Sie es, lieber physisch durch Ihren

Körper zu wandern, dann bietet sich die Muskelrelaxation von Jacobson an. Sie fangen wieder unten bei den Füssen an und spannen die jeweiligen Körperteile in jede Richtung für ein bis zwei Sekunden an, um danach direkt wieder loszulassen und die neu gewonnene Entspannung zu geniessen. Egal welche Präferenz Sie haben, die Atmung ist überall wichtig. Atmen Sie immer tief in den Bauch ein, ohne grosse Anstrengung. Die oft im Alltag ausgeführte Brustatmung wollen wir bewusst loslassen damit ein gesünderes Atemmuster sich etablieren darf. Spüren Sie, wie Ihr Bauch sich anhebt und wieder in sich zusammenfällt, während Sie durch Ihren Körper wandern.

Wenn Sie das achtsam durchgeführt haben, sollten Sie schon um einiges ruhiger sein. Entspannung hilft uns, näher zu unserem Kern zu kommen. Gehen Sie jetzt mit Ihren Gedanken wieder zu den drei Gehirnen und wo sie lokalisiert sind. Vor allem sollten Sie Ihre Aufmerksamkeit auf Ihren Torso richten. Wie fühlt sich Ihre Bauchgegend an? Bleiben Sie einfach mit Ihrer Konzentration dort. Es gibt kein Richtig oder Falsch. Einfach nur wahrnehmen. Spüren Sie einen Stein im Magen? Ein Loch? Flattern, Euphorie, Nervosität? Vielleicht ein Stechen? Einen Druck? Alles, was Sie wahrnehmen, ist wertneutral. Es ist weder gut noch schlecht. Es ist einfach nur. Womöglich fühlen Sie gar nichts in der Bauchregion. Dann flanieren Sie langsam zu Ihrer Herz- oder Halsregion. Geben Sie sich und Ihren Emotionen Zeit, sich zu zeigen. Wenn Sie gestresst sind und unbedingt etwas spüren möchten, wird es schwer, den Kontakt zu finden.

Die Analogie einer scheuen Katze hilft bei diesem Vorgehen. Beim Spazieren sehen Sie eine junge, scheue Katze. Die Katze möchte offensichtlich gestreichelt werden. Das Problem ist, sie ist noch unerfahren und weiss nicht, wie sie mit dieser Situation umgehen soll. So ziemlich das Schlechteste, was Sie machen können, ist auf die Katze zuzuspringen und laut zu schreien. Das Kätzchen würde sofort das Weite suchen. Also pirschen Sie sich langsam zu ihm heran, knien Sie sich nieder und bewegen kontrolliert Ihre Hand zum Rücken des Kätzchens, dann wird es sich mit grosser Wahrscheinlichkeit streicheln lassen.

Genau gleich dürfen Sie auch mit Ihren eigenen Gefühlen umgehen. Lautes Gebaren, Ungeduld sowie Druck sind kontraproduktive Vorgehensweisen beim Auflösen Ihrer eigenen blockierten Emotionen.

Sobald Sie bei einer Empfindung angekommen sind, geht es darum, dort zu bleiben. Gesellen Sie sich zu dieser Empfindung. Nicht mehr und nicht weniger. Einfach nur wahrnehmen. Mit der Zeit wird sich dieses Gefühl oder Empfinden verändern oder sogar wandern. Alles, was passiert, ist in Ordnung. Sie gehen einfach mit, bei jedem Gefühl, bei jeder Empfindung, sogar wenn es die Region ändert. Ihr eigener Körper nimmt Sie mit auf eine Reise durch sich selbst. Es besteht die Möglichkeit, dass Bilder oder Gedanken entstehen. Wenn Sie der Meinung sind, dass diese Bilder und Gedanken für den Prozess hilfreich sein könnten, wäre es empfehlenswert, ihnen den nötigen Raum zu geben, um sich zu entfalten. Ansonsten wäre es ratsam, sich nicht ablenken zu lassen und das Bewusstsein sanft wieder zur letzten Empfindung zurückzuführen. Je länger Sie praktizieren, umso mehr gewinnen Sie an Selbsterkenntnis sowie Selbstwirksamkeit. Sie werden sich leichter fühlen. Der «Lebens-Rucksack» ist geordneter. Bei jedem Gefühl oder jeder Empfindung entscheiden Sie, wie tief Sie darin Eintauchen. Hier schliesst sich der Kreis zu dem Bild, dass Sie eine Welle sind. Wenn ein Gefühl entsteht und immer grösser wird (die Welle wird grösser), können Sie Ihr Bewusstsein davon abziehen und die Erregung wieder abklingen lassen (die Welle bricht). Und im nächsten Augenblick tauchen Sie wieder ein. Jedes Mal entladen Sie ein wenig des blockierten Gefühls. Sie setzen sich nicht direkt mit dem ganzen Berg, dem kompletten Trauma, auseinander, sondern schaufeln oder schaben sogar nur an der Oberfläche, bis der Berg immer kleiner wird. Durch das kontrollierte, dosierte Ablassen der angestauten Energie bekommen Sie wieder mehr Vertrauen in Ihren Körper. Sie verstehen ihn aufs Neue besser. Dies gibt Ihnen Kontrolle über Ihr eigenes Leben zurück. Ihre Selbstwirksamkeit steigt, was in einem kausalen Zusammenhang zu Ihrer wachsenden Resilienz steht.

Wie bei allem im Leben ist hier auch die Regelmässigkeit von Vorteil. Ihr Körper wird sich mehr und mehr an den Assimilationsprozess gewöhnen und die

Gehirnströme werden sich auf ein «normales» Niveau einpendeln. Selbstverständlich wird dies nicht nach einer Session passieren. Es ist wie im Sport. Wir können einen Monat lang auf unsere Ernährung achten, regelmässig moderaten Sport treiben, auf die Erholung achten, keine Gifte zu uns nehmen etc. Und dann?! War es das wieder. Das Ganze bringt nur diesen Monat etwas. Schade, das ist leider zu wenig. Alle guten Tugenden dürfen wir wie unser Handy immer bei uns tragen. Lebenslang. Gerade unsere mentale Gesundheit benötigt eine autoritative Aufmerksamkeit. Sie bedarf einer ständigen Observation, weil sich insgeheim sehr schnell «Fehler» in die Software des Gehirns einschleichen. Wenn Sie hier anfangs nicht ein gewisses Bemühen aufbringen und ein systematisch heilendes Gehirn kultivieren, wandern Sie sukzessive in eine Art geistiges Gefängnis. Das Perfide daran ist, dass Sie womöglich nichts davon wissen. Es stellt eine Art Vakuum in Ihrem eigenen Erleben der Welt dar. An dieser Stelle ist es passend, noch einmal darauf hinzuweisen, dass wir die Welt nicht sehen, wie sie ist, sondern wie wir sind, besser gesagt, wie unser Unterbewusstsein ist. Wir alle leben auf dem gleichen Planeten Erde, jedoch sieht sie jeder aus seiner eigenen Perspektive – aus seinem eigenen Unterbewusstsein heraus an.

Die von mir vorgeschlagenen Tools in diesem Buch sind fundiert und haben Ihre Daseinsberechtigung. Mit hoher Wahrscheinlichkeit wird nicht jede Methode Sie langfristig begleiten, jedoch picken Sie sich die heraus, die Ihnen liegen. Wenn Sie sich auf einer Skala von 1 bis 10 auf einer 4 befinden und nach Anwendung einer Technik vielleicht auf einer 5 oder 6 stehen, hat das Ihr Leben schon bereichert und ich konnte Ihnen vorerst schon einmal ein Stück weiterhelfen. In letzter Instanz gibt es psychotherapeutische oder psychologische Anlaufstellen, die unter Umständen sogar über die Grundversicherung abgerechnet werden können. Es gibt IMMER Hoffnung! Bedenken Sie: Es gibt das Gute. Es gibt das Schlechte. Es gibt das Schlechte im Guten. Es gibt das Gute im Schlechten. All das beschreibt das Leben. Ein zweipoliger Aufbau der Natur.

# Gesundheitsschlüssel: Psychologie

## 14.2 Das Verlassen der Komfortzone

In jedem Menschen ist der Gedanke der Freiheit tief verwurzelt. Unter den gleichen Gegebenheiten bezüglich des sozioökonomischen Status, des Breitengrads, der Kultur, des Wohnorts etc. fühlen sich die einen freier als die anderen, wie kommt das? Die geradezu schlichte rudimentäre Antwort ist: das Bewusstsein. Alles ist Bewusstsein. Es ist die Theaterbühne für Ihr Leben. Wenn Sie einmal genau nachdenken, können Sie sich vieler Dinge gar nicht zu 100 % sicher sein. Vieles wurde gelernt, adaptiert, korrigiert, umgewandelt, weiterentwickelt, aber in letzter Instanz spielt sich alles in Ihren Gedanken ab. Jeder einzelne Glaubenssatz. Ein Gedanke kommt und geht. Nehmen Sie Ihre Gedanken nicht zu ernst. Ein Schritt nach dem anderen aus Ihrer Komfortzone. Experten reden von ca. 60'000 bis 80'000 Gedanken pro Tag, die ein normaler Mensch denkt. Diese Mannigfaltigkeit von gedanklichen Seifenblasen, welche entstehen, grösser werden und plötzlich wieder zerplatzen, wirken auf mich sehr instabil. Jede Zelle in sowie an Ihnen verändert sich permanent. Das Einzige, worauf wir sicher setzen können, ist, dass wir bewusst sind und wahrnehmen können. Wir nehmen unsere Atmung wahr, wir sind sie nicht. Wir nehmen unsere Gedanken sowie unsere Gefühle wahr, wird sind sie nicht. Sie verstehen, worauf ich hinausmöchte. Bewusstsein ist nur die Bühne, auf dem das Schauspiel des Lebens stattfindet. Im Umkehrschluss bedeutet dies, dass Sie Bewusstsein sind, nicht mehr und nicht weniger. Sie bieten lediglich einen Schauplatz an, auf dem Ihre eigene kreierte Projektionsfläche illuminiert. Bereits im Kybalion, in dem das antike metaphysische Wissen aus der Tabula Smaragdina und dem Corpus Hermeticum in sieben hermetischen Gesetzen überliefert ist, findet sich das folgende Gesetz

**«Das Prinzip der Entsprechung: Wie oben, so unten; wie unten, so oben»**

**Das Kybalion, 1908**

Weil wir Bewusstsein sind, bedeutet dies, dass alles, was wir «vermeintlich» ausserhalb von uns sehen, ein Spiegel unseres Innenlebens ist. Da sowieso das Licht,

193

welches von aussen auf unser Auge fällt und von unserem Gehirn decodiert wird, keine Bedeutung hat, bis es auf unseren Verstand trifft, spielt sich unser ganzes Leben nur im Kopf ab. Als einfaches Beispiel: Sie kennen Tage, an denen es Ihnen einfach gut geht, alles läuft, wie es soll. Durch diese optimistische Grundhaltung sind Ihre sozialen Kontakte plötzlich geschmeidiger, Sie erhalten eher mal ein Lächeln von fremden Personen, es ergeben sich «zufällige» Kontakte, das Leben fügt sich perfekt in Ihren Flow ein usw.

An einem anderen Tag sind Sie gestresst, haben schlecht geschlafen und wollen den Tag einfach nur schnell «überleben». Hier ergeben sich die gleichen Zeichen. Sie werden vielleicht eher mal angerempelt in den öffentlichen Verkehrsmitteln, die Mitarbeiter, mit denen Sie eigentlich gut auskommen, nerven Sie, Ihr Hund zeigt Ihnen Ihre eigene Abneigung usw. Die Welt ist so, wie sie ist, weil Sie so sind, wie Sie sind. Verändern wir unser Innenleben, verändert sich unsere externe Welt. Ihre Welt gibt es erst, weil Sie da sind und sie bewusst wahrnehmen können. Wie könnten Sie überhaupt irgendetwas wahrnehmen, wenn Sie gar nicht da wären? Ergo: Alles geht von Ihnen aus! Verstehen Sie, wieviel Macht Ihnen diese Erkenntnis gibt?!

An dieser Stelle möchte ich Ihnen eine viel diskutierte Frage aus der Philosophie stellen, welche auf das oben beschriebene Bewusstsein eingeht:

«Sie sitzen zu Hause in Ihrer Wohnung. Zur gleichen Zeit bricht im nächstgelegenen Wald eine Baumkrone ab und fällt mit voller Wucht zu Boden. Da Sie zu Hause sitzen und Bewusstsein der einzige Kanal ist, um etwas zu hören, stellt sich die Frage, ob Sie jetzt überhaupt ein Geräusch hören, während die Krone zu Boden fällt?» Die Schnellen sagen jetzt: «Ja klar!», aber woher wissen Sie das? Das ist die Frage …

Wenn Sie es schaffen diese radikale Perspektive zu internalisieren, durchschreiten Sie eine Metamorphose vom Reagieren zum Agieren. All die Impulse sowie

# Gesundheitsschlüssel: Psychologie

Eindrücke von aussen tangieren Sie nicht mehr. Sie entscheiden selbst, auf was Sie reagieren und auf was nicht mehr. Die Quintessenz dessen ist Freiheit. Innerer Frieden.

Sie wagen sich an grössere Projekte, egal in welchem Bereich, weil Sie nun differenzierter an Hürden herantreten. Wenn es mal nicht sofort funktionieren sollte, wie Sie es gerne hätten, berührt es Ihren Selbstwert in keinster Weise. Sie verstehen, dass Fehlschläge zum Leben dazugehören. Alles im Leben ist einem Rhythmus unterworfen. Es kann nicht nur linear nach oben gehen. Es ist an der Zeit, Ihre Komfortzone zu verlassen und neue Herausforderungen anzunehmen. Komfortzonen sind wichtig für unser psychisches Wohlbefinden und dienen als Barriere gegen Angst und Unruhe. Paradoxerweise ist aber die Komfortzone nicht immer angenehm und entspannt, sondern verweist oftmals einfach nur auf den Umstand, dass wir in einer gewohnten Umgebung sind. Sie fühlen sich womöglich nicht wohl, aber die Umgebung ist bekannt und daher weniger angsteinflössend als die Welt dort draussen, ausserhalb Ihrer «Wohlfühl»-Oase. Aber um zu wachsen und uns weiterzuentwickeln, müssen wir unsere Komfortzone schon fast gewohnheitsmässig verlassen und uns neuen Erfahrungen sowie Herausforderungen stellen. Indem Sie Ihre Komfortzone erweitern, können Sie Ihre Fähigkeiten verbessern, neue Fähigkeiten erlernen und sich selbst neu entdecken. Wenn Sie bereit sind, Ihre Ängste zu überwinden und neue Wege zu gehen, werden Sie erstaunt sein, was Sie erreichen können. Vielleicht haben Sie Angst vor Veränderungen oder Sie haben Angst vor dem Scheitern. Aber denken Sie daran, dass Fehler Teil des Lernprozesses sind und jeder Fehler eine Chance zur Verbesserung anbietet. Sie werden merken, dass sich das wahrhaftige Leben ausserhalb der Grenzen abspielt, die Sie selbst gezogen haben.

Trauen Sie sich also, Ihre Komfortzone zu verlassen. Probieren Sie etwas Neues aus, sei es eine neue Sportart, das Erlernen einer Fremdsprache, die Teilnahme an einem Abendkurs oder Sie gehen einer neuen Karrierechance nach. Sie werden bald feststellen, dass Sie mehr erreichen können, als Sie jemals für möglich gehalten haben. Es wird Ihnen Freude bereiten, zu wachsen und neue Abenteuer zu erleben. Sie werden es bestimmt nicht bereuen! Leider ist unser Selbstvertrauen keine konstante Eigenschaft. Aber vielleicht liegt genau hier die Chance für jeden von uns, Tag für Tag unsere Komfortzone zu erweitern mit unmittelbarem Zuwachs an eigener Selbstsicherheit? Wie immer Sie es auch sehen, Folgendes gilt:

**Nichts hat eine Bedeutung, ausser der Bedeutung, die Sie darin sehen.**

Hören Sie niemals auf, sich herauszufordern, Sie können nur davon profitieren. Kleine, überschaubare Schritte werden Ihnen helfen, sich jeden Tag freier in Ihrem eigenen Körper zu fühlen. Dazu liste ich Ihnen ein paar Herausforderungen auf, die Ihr Selbstvertrauen systematisch steigern:

- vor jemandem stolpern
- sich beim Bezahlen im Betrag irren
- vor anderen etwas fallen lassen (zum Beispiel eine Gabel, eine Münze)
- etwas bestellen, das nicht auf der Karte steht
- jemanden mit dem falschen Namen ansprechen
- nach einem Laden fragen, in dem man sich bereits befindet
- beim Bezahlen mit der Hand zittern
- ungewöhnlich viele Kleidungsstücke zum Anprobieren in die Kabine mitnehmen
- beim Schuhkauf eine zu kleine Schuhgrösse angeben
- sich so anziehen, dass etwas an Ihrer Kleidung nicht stimmt: ein Hemdzipfel, ein herausschauendes Rückenschild, verschiedenfarbige Socken, nicht zueinander passende Kleidungsstücke, offener Hosenschlitz (wenn Sie sehr mutig sind!)
- nach etwas fragen, das es offensichtlich in dem Laden nicht gibt
- einen Kunden nach etwas fragen, als ob er der Angestellte des Ladens wäre

- nach einer Information oder nach dem Weg fragen und dann darum bitten, die Auskunft zu wiederholen
- jemandem eine Frage stellen und dabei stottern oder mit einem ungewöhnlichen Akzent oder in einem fremdartigen Tonfall sprechen
- jemandem im Raucherbereich bitten, das Rauchen einzustellen
- absichtlich zu spät zu einer Verabredung kommen
- etwas ohne genügend Geld oder ohne Kreditkarte zu kaufen versuchen
- etwas in einem Kaufhaus kaufen und die falsche Kundenkarte anbieten
- die falsche Toilette betreten
- laut summen oder singen, sodass andere Sie hören können
- etwas bestellen und mindestens zweimal seine Meinung ändern
- quer durch den Raum grüssen oder etwas sagen, sodass andere Leute aufmerksam werden
- mit einer Tür falsch umgehen (drücken, wenn man ziehen soll, und umgekehrt), an einer abgeschlossenen Tür rütteln, den verriegelten Türflügel zu öffnen versuchen etc.
- seinen Traumpartner ansprechen
- etwas kaufen, dessen man sich normalerweise schämen würde
- gegen die Laufrichtung der anderen Passanten gehen, plötzlich stehen bleiben oder durch seine Gehweise in der Fussgängerzone auffallen
- sich öffentlich ausrufen lassen
- gegen etwas stossen
- Smalltalk mit fremden Personen führen
- einem Ladenangestellten sagen, man hätte etwas verloren und fragen, ob es gefunden wurde
- das Geschlecht eines Babys gegenüber den Eltern verwechseln

Wenn Ihnen diese Fehler im wirklichen Leben zu bedrohlich erscheinen, dann versuchen Sie es zunächst mit der imaginären Konfrontation. Visualisieren Sie die schwierige Situation immer wieder, um jedes Mal wie bei einem Ventil ein wenig der Nervosität oder des Drucks abzulassen. Fragen Sie sich auch, wieso Sie peinlich berührt sind in gewissen Situationen und woher dieses Gefühl kommt? Das Schwierigste ist es, sich aus seinem eigens erbauten Gefängnis zu befreien. Es gibt keine Begrenzung ausser die, die wir uns selbst auferlegt haben.

Prägen Sie sich folgende Weisheit ein: Wenn Sie Handlungen ausüben, die Sie aufgrund von Angst, Eigennutz, Bequemlichkeit und damit verknüpfter Instinkte und Prägungen niemals tun würden, werden Sie frei und brechen die physikalischen Kontrollmechanismen und erzeugen damit ein Ungleichgewicht innerhalb der geltenden Gesetze der Welt. Damit haben Sie den ultimativen Schlüssel für Ihr Leben in Freiheit, gefunden.

Fangen Sie zuerst mit den leichteren Herausforderungen an und arbeiten Sie sich dann langsam zu den schwierigsten vor. Wenn Sie dies in einer Gruppe von maximal zwei weiteren Personen machen und das Ganze als Spiel ansehen, kann daraus noch ein freudiges Erlebnis entstehen.

**Das 3-Zonen-Modell**

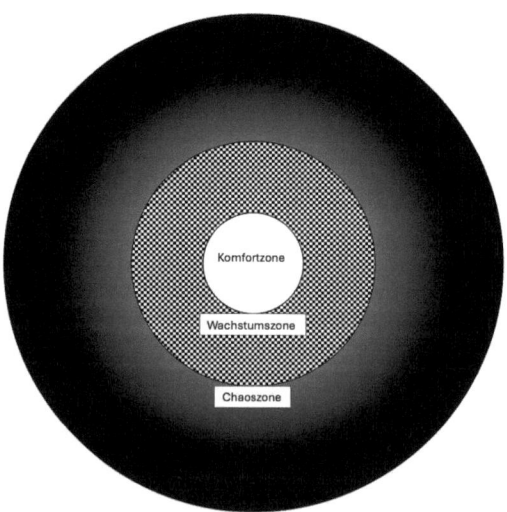

**Abbildung 7:** eine klassische Komfortzone von innen nach aussen

198

# Gesundheitsschlüssel: Psychologie

Sie sehen in der Mitte Ihre Komfortzone. Trüglicherweise kursiert über jene Zone leider ein falsches Bild, was sie im wahrsten Sinne eigentlich darstellt. Die Komfortzone ist ein sehr subjektives Erfahren der Realität. Jeder Mensch hat auf unterschiedlichen Gebieten ein variierendes Gefühl von seiner eigenen Sicherheit, sprich seiner Komfortzone. Hier angekommen sind wir schon bei dem springenden Punkt: Sicherheit, Berechenbarkeit, Gewohnheit. Das sind starke Wörter. Sie alle beschreiben im Kern, was uns dieses Gefühl in dieser Zone gibt und wieso wir ihr so ergeben sind. Der Verstand liebt Vorhersehbarkeiten. Von Zeit zu Zeit geniessen wir es, völlig frei sein von jeglichem externen Druck. Die Arbeit ruft nicht, die Familie ist versorgt, der Haushalt ist geschmissen und wir dürfen uns einfach in das Ungeplante, Unvorhersehbare hineinfallen lassen, damit wir den inneren Raum der eigenen spontanen Improvisation für den derzeitigen Moment öffnen können. Herrlich. Kreativ.

Je nach Konditionierung des Gehirns (falls Sie offen sind) können Sie hier genussvolle, bereichernde Lebensmomente geschenkt bekommen. Aber sogar, wenn Ihr Verstand dazu prädestiniert ist, sich in diese Momente völlig fallen zu lassen, kommt er immer wieder zurück und plappert wild drauflos, als ob es um seine eigene Existenz ginge. In gewisser Weise stimmt das sogar. Um uns selbst eine Identität zu geben, erzählt der Verstand, wer wir «vermeintlich» sind oder eben nicht sind, damit ein Rahmen um unsere Persona geschaffen wird. Ich komme später darauf zurück.

So genussvoll, wie diese Augenblicke sein können, so stark holt Ihr Ego Sie auch wieder in den sicheren Hafen von Gedanken, Emotionen sowie Alltagsdruck zurück. Heimwärts zur Komfortzone! Zuviel Freiheit sowie Losgelöstheit macht Ihrem Ego, dem Verstand, Angst. Daher sucht er immer wieder die Komfortzone und das klar umzäunte geistige Gefängnis – eben das Gewohnte und Bekannte. Das Perfide an dem Ganzen ist, dass wir uns dort wohler fühlen als in einem neuen freien Kontext, sogar wenn diese Zone mehr Stress in jeglicher Hinsicht auslöst, einfach nur, weil wir sie schon kennen. Jedes Gehirn operiert nach diesen Richtlinien. Das war früher eine überlebenswichtige Grundlage. Weil fast die ganze Evolution auf dem Hirnstamm und dem limbischen System des Gehirns aufbaut, können wir das schlecht ablegen. An diesem Punkt ist es wichtig zu verstehen, dass Sie in sich selbst eine Verkörperung all Ihrer früheren Auffassungen, Ansichten, Meinungen, Überzeugungen, Hoffnungen und Träume aufgebaut haben. Dieses Material steht Ihnen griffbereit zur Verfügung, auch über und unter Ihnen. Sie haben in Ihrem Verstand ein charakteristisches Sammelsurium an Gedanken und Emotionen angehäuft und dann haben Sie dieses Material zu der Vorstellungswelt verwoben, in der Sie leben. Dieses mentale Gebäude schottet Sie von allem natürlichen Licht ausserhalb Ihrer Wände ab. Ihre Gedankenwände sind so dick und undurchdringlich, dass es innerhalb des «Gebäudes» nichts als Dunkelheit geben kann. Sie achten derart gebannt auf Ihre Gedanken und Emotionen, dass Sie die von Ihnen festgelegten Grenzen nie überschreiten. Wenn der Leidensdruck noch nicht genug gross ist, um eine Veränderung anzustossen, dürfen Sie selbstverständlich noch länger an diesem isolierten Ort bleiben. Ein Hoch auf den freien Willen! Sind Sie jedoch an dem Punkt auszubrechen, ist Ihr Werkzeug das Bewusstsein. Verurteilen Sie sich nicht, wenn es manchmal schwerfällt, neue Gewohnheiten anzugehen. Ihr Gehirn kann sich in erster Linie gar nicht in anderer Weise verhalten. Heruntergebrochen ist für das Gehirn alles gefährlich, was es nicht in seiner Datenbank kennt, und grundsätzlich spürt es eine Aversion dagegen. Metaphorisch gesehen nehmen Sie Ihr Gehirn an die Hand und füttern es mit neuen Daten, damit es mutiger wird für kommende Ereignisse. Es müssen keine grossen Schritte sein, bewegen Sie sich jeden Tag nur 1 % ausserhalb Ihrer Komfortzone und Sie werden sich schon bald nicht wiedererkennen. Aber auch diese wohl bekannte Zone ist keine Konstante. Wenn Sie gar nichts machen und immer in die gleichen routinierten Handlungen rutschen, wird die aktuelle Zone nach und nach kleiner. Es ist wie ein Gefängnis, das Sie selbst erschaffen haben und bei dem Sie mit der Zeit immer noch eine weitere Backsteinschicht innerhalb des Raumes an allen vier Wänden errichten, um sich vor der «bösen» Welt da draussen noch besser schützen zu können. Nur gleichzeitig treten Sie immer mehr von Ihrem Geburtsrecht, der Freiheit, ab. Das empfinde ich als keinen guten Deal. Wie sehen Sie das?

# Gesundheitsschlüssel: Psychologie

Eine Möglichkeit besteht darin, sich auf eine neue Zone zu fokussieren. Dabei handelt es sich, oben bewusst im Schachbrettmuster dargestellt, um die Wachstumszone. Sie wissen nie, wie das Leben spielt. Ich empfehle Ihnen, immer einen Zug zu machen, egal wie es aussieht. Weil es hier nur zwei Optionen gibt: Entweder Sie ziehen einen überlegten Zug und stehen potenzieller besser da als vorher, oder Sie bleiben stehen und geben auf, mit der Folge, dass das von Ihnen erbaute illusorische Gefängnis in Ihrem Kopf, Sie immer mehr eingrenzt. Also ist die logische Konklusion, machen Sie einen Zug! Das Leben ist sowieso spannender im Wachstumsbereich, ausserhalb der Sicherheit. Sie werden viel mehr erleben als jemals zuvor und bekommen endlich den delektablen Nektar des Lebens zu kosten. Sie nehmen endlich am Geschehen teil und sind nicht mehr nur ein Statist. Der vor Ihnen liegende Moment passiert sowieso, also wieso nicht das Beste aus dieser Situation machen und tief in die Geheimnisse der Welt eintauchen?

Wie gesagt, es müssen gerade am Anfang keine riesigen Sprünge sein, sondern es darf sich auch langfristig exponentiell entwickeln. Wie Sie hier vorgehen können, ist weiter unten in der Konfrontations-Hierarchie beschrieben.

**«Wer zugleich seine Schatten und sein Licht wahrnimmt, sieht sich von zwei Seiten und damit kommt er in seine Mitte.»**

**Carl Gustav Jung, Schweizer Psychiater und Begründer der analytischen Psychologie, 1875–1961**

Wie bei allem gibt es auch ein Zuviel des Guten. Der Wachstumsweg ist auf Ihrer derzeitigen Persönlichkeitsstufe begrenzt. Als Beispiel: Sie möchte es üben, eine freie Rede oder einen Vortrag zu halten. Sie fühlen sich aber noch sehr unsicher in dieser Fertigkeit. Kein Problem. Der erste Zug wäre womöglich, Sie halten eine Rede vor einer Person, welche Ihnen nahesteht und gleichzeitig auch konstruktive Kritik äussern darf, ohne dass es Sie in Ihrer Persönlichkeit verletzt. «Nur» dies erweitert bereits Ihre Komfortzone. Dann fahren Sie fort und halten vor Ihrem

Kollegium in Ihrem Geschäft einen kleinen Vortrag über ein Thema, in dem Sie sehr versiert sind. Die Komfortzone wächst weiter.

Sie verstehen, wie der Aufbau ist. Die Schritte müssen nicht genau diese Grössenordnung haben, sie sind mehr als Referenz zu betrachten. Würde jedoch dieselbe Person mit diesem Ziel ein Angebot bekommen in einem Hallenstadion mit, sagen wir, 10'000 Hörern die freie Rede ausüben dürfen, wäre das an diesem Punkt fatal. Die Chaoszone macht sich bemerkbar. Das Gehirn hat dafür keine feste Referenz und sieht es als bewusstes Stolpern in eine laufende Kreissäge. Es ist noch zu weit von der eigenen Komfortzone entfernt. Im schlimmsten Fall kann die Psyche stark traumatisiert werden und der Vorfall die Person weit in ihrer Entwicklung zurückwerfen. Weniger ist hier mehr, denn es ist immer noch mehr als nichts. Hören Sie auf Ihren Körper, was er Ihnen sagt. Das Bauch- sowie Herzgefühl sind grundsätzlich gute Berater.

Wir spielen nicht nur Schach mit dem Leben, sondern auch mit uns selbst in unserem Kopf. Wir versuchen besser zu sein als wir selbst. Wir tricksen uns aus, damit wir uns kurzfristig gut fühlen. Das sind gängige Mechanismen, um einer kognitiven Dissonanz kurzfristig zu entgehen. In einer kognitiven Dissonanz gibt es mindestens zwei oder mehrere für Sie übergeordnete wichtige Gedanken, die alle Ihre Aufmerksamkeit wollen und in entgegengesetzte Richtungen abzielen. Sie wollen abnehmen UND lieben Pizza. Wenn Sie hier gedanklich nicht klar sind, wird es schwierig, sich für eine Seite zu entscheiden – ergo entsteht eine kognitive Dissonanz. Da Sie aber ein bewusst agierender, intelligenter Mensch sind, suchen Sie langfristige Veränderungen und nicht kurzfristige Freuden. Wenn Sie die Regeln ändern, die Sie kontrollieren, dann ändern Sie auch die Regeln der eigenen Kontrolle.

Wenn Sie Ihr Freiheitskapital aufwerten möchten, bieten sich unter anderem soziale Situationen an. Sie haben eventuell die Intention, die Welt zu einem besseren Ort zu machen. Wo geht das besser, als damit anzufangen, vor der eigenen

# Gesundheitsschlüssel: Psychologie

Haustüre zu kehren? Durch kleine Impulse Ihrerseits können weitreichende Veränderungen stattfinden.

Sie nehmen sich vor, jeden Tag drei Menschen Ihr Lächeln zu schenken. Simpel – aber mit einer immensen positiven Kraft. Es kostet nichts und erhöht den allgemeinen Glückshaushalt der Menschheit. Auf dem Weg zu einer besseren Welt. Nach vier bis fünf Tagen sind es nur noch zwei Personen pro Tag. Sie bekommen ein leicht schlechtes Gewissen, weil Sie sich etwas Nobles vorgenommen haben und es jetzt nicht mehr ganz beibehalten. Es nagt an Ihnen. Damit Sie diesem Gefühl ausweichen können und nicht in einer quälenden kognitiven Dissonanz enden, reden Sie sich ein, dass Sie schon so vielen Menschen ein Lächeln geschenkt haben, dass das doch genügen sollte. Sie lächeln jetzt nur noch eine bis zwei Personen an. Aber das reicht noch nicht. Sie werden schon noch morgen oder übermorgen mehr Menschen anlächeln. Oder Sie kommen einfach wieder auf die drei Personen zurück, die Sie sich vorgenommen haben. So oder so ähnlich könnte Ihr innerer Dialog mit sich selbst ablaufen.

Verstehen Sie jetzt, was ich mit meiner Aussage meine, dass Sie gegen sich selbst Schach spielen? Daher ist es wichtig, ehrlich zu sich selbst zu sein und jeden Tag ein wenig an Ihrer Freiheit zu arbeiten. Am Schluss profitieren Sie am meisten davon. In Ihrem Leben geht es nur um Sie. Nachfolgend ein wertvolles Tool um Ihne dabei zu helfen Ihre Komfortzone zu erweitern. Es geht nicht darum, von heute auf morgen ein komplett neues Selbstverständnis für Ihre Persönlichkeitsstruktur zu etablieren. Widmen Sie sich stattdessen mit genügend Zeit und Geduld diesem Prozess, denn: "Gut Ding will Weile haben." Da Sie durch das Lesen dieses Buches schon eine Grundmotivation zur Persönlichkeitsveränderung in sich tragen, werden Sie diese Aufgabe meistern.

## Konfrontations-Hierarchie

- Entwerfen Sie eine Konfrontations-Hierarchie. Sie sollte sich von kleinen oder milden Herausforderungen über mittelschwere bis hin zu sehr schweren steigern. An der Spitze der Hierarchie sollten Sie sich mit Ihren Kernängsten auseinandersetzen. Wenn Sie die imaginäre Konfrontation durchführen, schreiben Sie ein Drehbuch für diese Szene.
- Beginnen Sie mit der leichtesten Konfrontation. Wenn Sie sich der Situation aussetzen, sollte Ihre Angst auf ein mittleres Niveau ansteigen. Sie können jederzeit Atemtechniken oder Hilfsmantras einsetzen, aber vermeiden Sie jede Form von Sicherheitsverhalten (keine Vermeidungstaktik).
- Bleiben Sie so lange in der Situation, bis Ihre Angst auf ein geringeres Niveau gesunken ist.
- Wiederholen Sie die gleiche Konfrontation (nicht unbedingt am gleichen Tag), bis sie nur noch eine geringe Angst auslöst.
- Führen Sie die gleiche Prozedur mit dem nächsten Punkt auf Ihrer Hierarchie-Liste durch, arbeiten Sie sich so durch die ganze Hierarchie hindurch.

Jetzt sind Sie dran. Suchen Sie sich ein Problem aus, welches Sie mit der Konfrontationstechnik angehen können. Beginnen Sie mit etwas Kleinem; Sie müssen Ihr Leben nicht über Nacht verändern. Wichtig ist nur, dass Sie den ersten Schritt machen.

**«Ich werde nie in meinem Leben verstehen, warum die Menschen so viel Zeit darauf verschwenden, sich selbst an der Nase herumzuführen, indem sie sich alle möglichen Entschuldigungen für ihre Schwäche einfallen lassen. Sie täten besser daran, die gleiche Zeit und Mühe auf die Bekämpfung ihrer Schwächen zu verwenden, dann wären alle Entschuldigungen überflüssig.»**

**Elbert Hubbard, amerikanischer Schriftsteller, 1856–1915**

Das Interessante am Leben ist, dass wir uns immer weiter von unserem Kern entfernen, wenn wir uns in unserem selbsterfundenen Drama verstricken (wir nennen es Ego – in der Psychologie das Selbst oder auch Ich). Sobald wir uns mit Situationen, Erfahrungen und Menschen identifizieren, kreieren wir eine Anhaftung. Ähnlich wie bei einem Klebstoff ist es dann nur schwer möglich, sich dem «Drama des Lebens» zu entwinden. Anhaftung hält fest. Anhaftung möchte kontrollieren. Anhaftung ist nicht das wahrhaftige Leben. Das müssen Sie verstehen, in erster Linie nur kognitiv theoretisch und dann mit einem viel tieferen Verständnis des Lebens. Die Art zu leben. Die Kunst zu leben. Haben Sie sich jemals Gedanken darüber gemacht, ob Sie auf dem richtigen Pfad sind bezüglich der Wahrnehmung Ihrer Realität?

Wie oft leben wir nicht im gegenwärtigen Moment? Wie oft sind wir mit den Gedanken in der Vergangenheit oder in der Zukunft?
Stellen Sie sich einmal die Frage, wie Sie Ihr Leben bewerten würden, wenn Sie jetzt auf der Stelle sterben und vor Gott, dem Universum oder, wenn Ihnen das nicht gefällt, vor sich selbst Rechenschaft ablegen müssten? Könnten Sie sagen, dass Sie Ihr Leben genauso gelebt haben, wie Sie es sich vorgestellt haben? Haben Sie in jeder Situation Ja zum Leben gesagt, indem Sie das Leben genommen haben, wie es ist? Haben Sie selten eine Chance verpasst? Waren Sie glücklich? Würden Sie noch einmal auf die Welt kommen und Ihr Leben genauso oder ähnlich leben?

# Gesundheitsschlüssel: Psychologie

Sinnieren Sie über Ihr ganzes Leben und ziehen Sie Bilanz. Wenn Sie mit Nein antworten, ist das kein Problem, weil es nie zu spät ist, für das Leben die richtigen Weichen zu stellen.

Wenn Sie permanent in Ihrem Kopf sind und an die Vergangenheit sowie die Zukunft denken, sind Sie nie im Moment. Das führt dazu, dass Sie sich immer weiter von Ihrem derzeitigen Leben entfernen. Als Ergebnis zeigt sich, dass das Leben Sie lebt und nicht Sie Ihr eigenes Leben gestalten. Um aus diesem Hamsterrad herauszukommen, möchte ich Ihnen folgendes spannende Kapitel anbieten …

# 15 Gesundheitsschlüssel: Bewusstsein

Wie Sie bestimmt schon bemerkt haben, versuche ich im ganzen Buch an Ihre gedankliche Autonomie zu appellieren. Das soll heissen, ich biete Ihnen sehr gerne Gesundheitstools in den vier Bereichen Ernährung, Sport, Psychologie sowie auf diesem sinnstiftenden Themengebiet an. Folgend eine passende Textpassage aus dem Buch «Hingabe» von dem Autor Michael Alan Singer:

> «Man sollte seine spirituelle Entwicklung als Lernweg hin zu einem Leben frei von Stress, Problemen, Angst und Melodramen betrachten. Dieser Pfad, bei dem man sein Leben einsetzt, um sich spirituell zu entwickeln, ist der erhabenste Pfad überhaupt. Und es gibt wahrhaft keinen Grund für Spannungen und Probleme. Zu Stress kommt es nur, wenn man sich den Ereignissen des Lebens widersetzt. Wenn Sie das Leben weder von sich abhalten noch es an sich heranziehen, erzeugen Sie keine Reibung. Sie sind einfach gegenwärtig. In diesem Zustand nehmen Sie die Ereignisse des Lebens einfach zur Kenntnis und erleben sie. Wenn Sie sich für diesen Weg entscheiden, werden Sie erkennen, dass es möglich ist, ein Leben im Zustand des Friedens zu führen. Was für ein erstaunlicher Prozess das Leben doch ist, dieses Fliessen von Atomen durch Raum und Zeit! Es ist eine endlose Folge von Ereignissen, die Gestalt annehmen und sich gleich im nächsten Moment wieder auflösen.»

Der gegenwärtige Moment, den Sie beim Lesen dieses Satzes erleben, ist nun schon wieder vorbei. Wenn Sie sich dieser erstaunlichen Lebenskraft widersetzen, baut sich in Ihnen Spannung auf und diese setzt sich in Ihrem Körper, Ihrem Verstand und Ihrem Herzen fest. Die Neigung zu Stress und Widerstand im Alltag ist unschwer zu erkennen. Stellen Sie sich, gerade in schwierigen Situationen, auf die Probe. Ist Ihnen schon einmal aufgefallen, dass eine Situation erst einen Widerstand erzeugt, nachdem Sie einen negativen Gedanken bekamen, Sie an diesem anhafteten und sich die zuvor noch neutrale Situation nun in einen

# Gesundheitsschlüssel: Bewusstsein

Widerstand verwandelte? Sobald so eine Lebenssituation bei Ihnen entsteht, lassen Sie diesen Moment einfach passieren. Ich meine, was sollen Sie sonst machen? Dieser Moment passiert, weil er gerade passiert. Dann wäre es doch das denkbar Schlechteste, was Sie machen könnten, sich gegen diesen jetzigen Lebensmoment zu stellen und Widerstand aufzubauen. Und doch machen wir es automatisch, weil wir alle noch zu unbewusst durch das Leben laufen. Aber indem Sie diesen Hinweis lesen, erhoffe ich mir für Sie, dass Sie beim nächsten Mal kurzerhand die Spannung im Gesicht, den Schultern sowie dem Bauch loslassen können und dem sowieso nicht Veränderbaren volle Kontrolle gewähren. Wenn wir diese Neigung verstehen wollen, müssen wir untersuchen, warum wir uns so sehr dagegen sträuben, das Leben einfach Leben sein zu lassen. Was steckt in uns, dass wir versuchen, uns den Realitäten des Lebens zu widersetzen?

Wenn Sie aufmerksam in sich hineinblicken, werden Sie erkennen, dass Sie es sind, das Selbst, das innewohnende Wesen, dem diese Kraft zu eigen ist. Jedem ist es frei überlassen, ob er reaktiv agiert oder sein Bewusstseinslevel steigert und kausal dazu mehr Frieden empfindet. Dieser freie Wille ist schon Fluch und Segen zugleich. Finden Sie nicht? Ich spreche von dem unbewusst gegen sich selbst gerichteten freien Willen. In diesem Sinne gibt es kein Richtig oder Falsch, Sie dürfen beides wählen, müssen infolgedessen aber auch mit den Konsequenzen rechnen. Jedoch möchte ich Ihnen kein neues Dogma auferlegen, sondern aufzeigen, dass Sie in jedem Fall Ihres Glückes Schmied sind. Sie haben die Freiheit, jede Lebenssituation in einen gesunden, hedonistischen Augenblick zu verwandeln. Sie haben zu jeder Zeit die freie Wahl, wofür Sie sich entscheiden. Ob es sich wie in diesem Kontext um spirituellen oder religiösen Glauben handelt, ist in erster Linie völlig belanglos, unter der Prämisse, Sie glauben an irgendetwas. Es ist egal, an welchen Gott Sie glauben oder ob Sie überhaupt an einen Gott glauben. Unter der Berücksichtigung, dass es einen gibt, spielt es sowieso keine Rolle, ob Sie an ihn glauben oder nicht, weil er trotz aller Widerstände auf Ihr Leben einwirken wird. Jeder muss hier selbst für sich entscheiden, welchem Glauben er folgt. Ihnen ist auch nicht verwehrt, von jedem Glauben die Lebensphilosophie abzuleiten, die Sie für Ihr Leben als richtig empfinden. Je tiefergehender Sie sich über die verschiedenen Glaubensströme informieren, desto objektiver können Sie beurteilen, was Ihnen zusagt. Im Folgenden nenne ich ein paar Weltanschauungen, nur um einige zur Erweiterung Ihres Glaubensfundus beizutragen.

## Fatalismus:

Als Fatalismus wird eine Weltanschauung bezeichnet, der zufolge das Geschehen in Natur und Gesellschaft durch eine höhere Macht oder aufgrund logischer Notwendigkeit vorherbestimmt ist. Aus der Perspektive von Fatalisten erscheinen die Fügungen des Schicksals unausweichlich und der menschliche Wille als machtlos gegenüber den Ereignissen. Dies bedeutet jedoch nicht, dass menschliche Entscheidungen und Handlungen keinerlei Bedeutung hätten. Mit der Überzeugung, dem eigenen Schicksal ausgeliefert zu sein, verbindet sich im Fatalismus eine davon geprägte Gefühlslage und Lebenseinstellung, die als "Schicksalsergebenheit" bezeichnet werden kann.

## Determinismus:

Der Determinismus, von lateinisch determinare für "festlegen", "Grenzen setzen" und "begrenzen", besagt, dass alle Ereignisse, auch zukünftige, durch Vorbedingungen eindeutig festgelegt sind. Die Gegenposition, der Indeterminismus, besagt, dass es Ereignisse gibt, die nicht eindeutig durch Vorbedingungen festgelegt sind, sondern einen gewissen Grad an Unbestimmtheit aufweisen.

## Stoizismus:

Die stoische Philosophie bietet uns eine praktische Anleitung, die uns dabei unterstützen kann, ein erfüllteres Leben zu führen. Als Stoiker lernen wir, uns auf das zu konzentrieren, was in unserer Macht liegt, und zu akzeptieren, was nicht in unserer Macht liegt. Wir reflektieren, welche Möglichkeiten wir haben, um ein erfülltes Leben zu führen, unabhängig von den Umständen. Durch beständiges, stoisches Training können wir unsere Resilienz und Zufriedenheit fördern und uns den Herausforderungen des Lebens mutiger stellen.

# Gesundheitsschlüssel: Bewusstsein

## Anthroposophie:

Ein wesentlicher Aspekt ist die Anwendung des Evolutionsgedankens auf die spirituelle Entwicklung, ein Thema, das auch heute noch von grossem Interesse ist. Dabei integrierte Rudolf Steiner evolutionäre Ansätze sowohl des Darwinisten Ernst Haeckel als auch der modernen Theosophie, wie sie von Helena Petrovna Blavatsky vertreten wurde. Die Anthroposophie stellt sich der Herausforderung, die Menschheit und ihre Entwicklung spirituell und übersinnlich zu verstehen, wobei sie sich von einem rein weltlichen naturwissenschaftlich orientierten Fortschrittsgedanken distanziert. Dabei grenzt sie sich von der Theosophie und ihrer Orientierung an östlicher Religiosität ab.

Selbstverständlich können Sie auch aus allen Religionen etwas für sich ableiten. Sobald Sie Ihren «Glauben und/oder Ihre Weltanschauung» gefunden haben, haben Sie einen weiteren Gesundheitsparameter zu Ihrer Gesundheit hinzugefügt. Trotz dieser Denkanstösse müssen Sie nichts davon wählen. Bleiben Sie nicht bei den von mir angefügten Glaubensrichtungen hängen. Es gibt so viel mehr Weltanschauungen als die oben erwähnten. Welches mentale Modell möchten Sie sich selbst überstülpen? Sie entscheiden, wie Sie die Welt sehen. Sie erschaffen Ihre eigene Realität und das tagtäglich. Alles darf, nichts muss. Glauben Sie an sich, der Rest kommt von alleine. Glaube gibt Sinn. Glaube gibt Hoffnung. Glaube gibt Kraft.

Wieso gibt es Spontanheilungen bei Menschen? Wieso können Menschen trotz der Diagnose einer unheilbaren Krankheit lachen und glücklich sein? Wieso gibt es Menschen, die in allem und jedem das Gute sehen? Wieso gibt es Menschen, die wirklich schwere Schicksalsschläge erlebt haben und trotz aller Widrigkeiten weitermachen? Wieso werden manche Menschen vom Glück und die anderen vom Pech verfolgt?

**Einzig allein durch den Glauben.**

# Gesundheitsschlüssel: Bewusstsein

Ich meine nicht nur den Glauben an etwas Grösseres, sondern auch den Glauben an sich selbst. Finden Sie Gott, das Universum oder die Energie in sich selbst. Sie sind die Quelle von allem. Wenn dieser terminologische Begriff eine Aversion in Ihnen erzeugt, fragen Sie sich warum? Das Problem ist nicht der Begriff Gott, sondern Ihre eigene geistige Grenze. Womöglich gefallen Ihnen die Begrifflichkeiten Energie, Universum oder Geist besser? Oder auch nicht. Es sind alles Synonyme für das Gleiche. Sie sollten dankbar dafür sein, dass Ihnen von aussen eine Grenze aufgezeigt wird, die Ihnen dabei hilft, sich selbst besser kennenzulernen. Denn nur so finden Sie auch zu sich selbst. Es gibt nämlich kein aussen, sondern immer nur Ihre eigene geistige Reflektion Ihres Wertesystems in Ihrem Verstand. Also handelt es sich immer um Ihre eigenen Grenzen. Das wiederum heisst, hier gibt es ein Potenzial für Wachstum. Es ist wichtig, dass Sie diese Grenze nicht einfach wegdrücken oder Ihr Gegenüber verbal angreifen und Ihren eigenen Schmerz auf diese Person projizieren. Sonst bleiben Sie ewig an dieser psycho(un)logischen Grenze stehen. Dabei ist es das Ziel dieses Buches, Sie zu einem freieren Menschsein zu begleiten, denn weil Sie diese Zeilen gerade lesen, schlummert in Ihnen genau dieser Befreiungswille. Diese Grenzen stellen sich uns selbstverständlich nicht nur entgegen, wenn es um den Glauben geht, sondern in allen alltäglichen sozialen Situationen. Hier gilt die Devise: wahrnehmen – akzeptieren – überschreiten.

Dafür bedarf es, allem voran am Anfang, unermüdlicher Geduld, um Ihren Geist, jedes Mal, wenn er wieder auf den Autopiloten schaltet, achtsam zurückzuholen. Genau hier verpassen Anfänger oft den Anschluss, weil es doch eine gewisse Kontinuität benötigt, um langfristige Veränderung zu begünstigen. Sie werden aber als Belohnung, sobald Sie eine subjektive Schwelle überschritten haben, erkennen, dass Ihr Bewusstsein klarer wird und Sie mehr vom Leben, das direkt vor Ihnen passiert, wahrnehmen können. Durch das Schulen Ihres Bewusstseins können Sie auch negative Eindrücke herausfiltern, was wiederum in ein grösseres Bewusstseinsspektrum mündet. Sie können sich ansatzweise ein Bild davon machen, wenn Sie sich vorstellen, dass Ihr Bewusstsein wie eine Bühne oder wie ein

# Gesundheitsschlüssel: Bewusstsein

Feld fungiert, das heisst wie eine Plattform, auf der all Ihre Gedanken sowie Gefühle entstehen, um von Ihnen wahrgenommen zu werden. In der Regel ist diese
Plattform komplett überfüllt und es schiesst ein Gedanke nach dem anderen darüber. Es gibt kaum Platz für Stille oder Ruhe. Durch das achtsame Praktizieren
eines Fokus auf den gegenwärtigen Moment werden Sie, sobald die subjektive
Schwelle überschritten ist, eine tiefe Ruhe und mehr Energie erfahren – mehr
Energie, weil jeder einzelne Gedanke oder auch jedes Gefühl ein wenig Energie
von Ihnen abzieht. Alles, was auf diese Plattform kommt, akkumuliert sich und
zehrt von Ihrer Energie. Daher bleibt nach dem Ausbleiben dieser wahrnehmbaren
Eindrücke mehr von Ihrem Lebensnektar zurück. Glauben Sie mir, Sie wollen das.

Wer möchte denn bewusst permanent unter gedanklichem und emotionalem
Strom stehen? Keiner. Dennoch fragen Sie sich, wie viele Menschen wahrhaftig
frei davon sind? Daher rate ich Ihnen, investieren Sie ein wenig Mühe, um im gegenwärtigen Moment anzukommen. Auch wenn es sich anfangs wie ein Kampf
gegen Windmühlen anfühlt, überwinden Sie jeglichen Frust oder jede Aversion
dagegen. Hinter der Mauer sind die Früchte.

Es gibt keine Zukunft oder Vergangenheit. Es gibt immer nur diesen ewigen jetzigen Moment. Sie haben das Spiel geknackt, wenn Sie in diese Präsenz ankommen. Alles passiert in diesem derzeitigen Moment. Sie sind der Kanal, durch den
alles fliesst. Haben Sie in Ihrem Leben schon einmal eine Quelle gesehen? Es
gibt einen sogenannten Nullpunkt. Gerade dort, wo das Wasser aus den Tiefen
entweicht und sich für uns sichtbar zeigt, ist der Nullpunkt. Sie sind eigentlich dieser Nullpunkt. Eigentlich – weil wir Mühe haben, den augenblicklichen Moment
völlig zuzulassen. Wir möchte immer die Kontrolle behalten. Dabei sollten wir für
unseren Frieden das, was direkt vor uns entsteht, absolut zulassen. Das ist unser
Nullpunkt. Klares, fliessendes, bewegliches Wasser, wie bei einer Quelle, symbo-
lisiert auf den Punkt gebracht unser Leben. Sobald wir aber Kontrolle ausüben
möchten, verschmutzen wir das klare Wasser mit Dreck. Das zeigt sich in unserem
Leben auf die Weise, dass wir selbst nicht mehr so genau wissen, wer wir eigentlich sind und was uns ausmacht, welche Ziele wir im Leben haben oder was uns

glücklich macht. Kontrolle ist starr. Das Leben ist fluid. Werden Sie fluid, damit Sie endlich am Leben teilnehmen.

Manchmal wissen wir aber dennoch nicht genau, wie wir das Leben jetzt angehen sollten. Es kann echt verwirrend sein, obwohl tiefere Werte in uns verankert sind, die den Weg grundsätzlich klar und deutlich aufzeigen. Durch Stress in jeglicher Form in Kombination mit wenig Entspannung verlieren wir uns immer mehr in Handlungen, welche mehr einem Kredit mit horrenden Zinsen gleichen als wahrhaftiger Entspannung. Ich rede davon, dass wir bei Energielosigkeit zu Social Media, Streaming-Portalen, Drogen, Alkohol, Nikotin und Ähnlichem greifen, die uns noch weiter das Leben aussaugen, anstatt dass sie uns wie echte Entspannungs-Tools helfen würden, Energie zu tanken.

Aber wenn Sie es geschafft haben, bis zu diesem Punkt zu lesen, haben Sie die eine oder andere Entspannungsperle schon für sich aus diesem Buch herausgezogen. Gleichwohl können Fragen auftauchen, die nicht nur etwas mit Ihrer Entspannung zu tun haben. Daher biete ich Ihnen eine Visualisierung von Piero Ferrucci aus dem Buch «Werde was Du bist» an, mit der Sie tiefer mit sich selbst in Kontakt treten können, um eine Antwort aus sich selbst heraus zu generieren. Lesen Sie die Anleitung 1–2-mal durch und verinnerlichen Sie den Ablauf, damit Sie ihn selbst geistig durchführen können. Optional können Sie sich die Anleitung auch vorlesen lassen.

## Der innere Dialog

Stellen Sie sich einen Sommermorgen vor. Sie stehen in einem Tal. Langsam werden Sie sich Ihrer Umgebung bewusst; die Luft ist rein und der Himmel tiefblau, Blumen und Wiesen umgeben Sie. Der Morgenwind streicht sanft über Ihr Gesicht. Spüren Sie Ihre Füsse auf dem Boden. Nehmen Sie wahr, was für Sie Kleidung tragen. Nehmen Sie sich etwas Zeit, um alles genau wahrzunehmen.

# Gesundheitsschlüssel: Bewusstsein

Sie spüren in sich Bereitschaft und Erwartung. Ihr Blick fällt auf einen Berg. Er erhebt sich ganz in der Nähe und während Sie zum Gipfel blicken, spüren Sie ein Gefühl der Erhabenheit.

Dann entschliessen Sie sich, den Berg zu besteigen. Sie gehen in einen Wald hinein, nehmen das angenehme Aroma von Nadelbäumen wahr und spüren die kühle, dämmrige Atmosphäre des Waldes. Als Sie den Wald wieder verlassen, treffen Sie auf einen steilen Weg. Aufwärtssteigend spüren Sie die Anstrengung in Ihren Beinmuskeln und die Energie, die Ihren Körper gleichzeitig anregt.

Der Weg hört jetzt auf und alles, was Sie sehen, sind Felsen. Während Sie nach oben steigen, merken Sie, wie der Aufstieg mühsamer wird, Sie müssen auch Ihre Hände zu Hilfe nehmen. Die Luft wird frischer und dünner. Sie spüren Erhabenheit; die Umgebung ist völlig still.

Jetzt führt Sie der Aufstieg in eine Wolke. Alles sieht weisslich neblig aus – sonst ist nichts zu erkennen. Sie gehen vorsichtig und behutsam weiter; Sie sehen knapp Ihre Hände auf den Felsen vor Ihnen. Jetzt löst sich die Wolke auf und Sie können den Himmel wieder über sich sehen. Hier oben ist alles viel heller und klarer. Die Luft ist aussergewöhnlich rein, die Farbe der Felsen und des Himmels sind intensiv; die Sonne scheint wärmend. Sie sind bereit weiterzugehen. Das Klettern ist leicht geworden. Es ist, als hätten Sie weniger Gewicht; Sie fühlen sich von dem Gipfel angezogen und sind darauf erpicht, ihn zu erreichen.

Während Sie sich der obersten Bergspitze nähern, nehmen Sie immer intensiver ein Gefühl der Höhe wahr. Sie halten an und schauen sich um. Sie sehen andere Berge nah und fern, das Tal unter Ihnen und einige Dörfer darin. Sie sind jetzt ganz oben auf dem Berg und stehen auf einem grossen Plateau. Jetzt ist die Stille vollkommen. Der Himmel ist von tiefstem Blau.

In einiger Entfernung sehen Sie jemanden. Es ist eine weise und liebevolle Person, die bereit ist, Ihnen zuzuhören und Ihnen zu sagen, was Sie wissen möchten.

# Gesundheitsschlüssel: Bewusstsein

Diese Person erscheint zunächst nur als ein kleiner, erleuchteter Punkt in der Entfernung.

Ihr habt euch bemerkt und geht langsam aufeinander zu. Sie spüren die Gegenwart dieser Person und die Freude und Kraft, die sie Ihnen vermittelt.

Sie sehen das Gesicht und das strahlende Lächeln dieser weisen Person und die liebende Wärme, die von ihr ausströmt.

Nun steht ihr euch gegenüber; Sie sehen der weisen Person in die Augen. Sie sprechen über Probleme oder stellen Fragen, die Ihnen wichtig sind. Still und aufmerksam folgen Sie den Antworten. Sie führen den Dialog so lange, wie Sie das Bedürfnis haben. Danach bedanken und verabschieden Sie sich. Nun gehen Sie Ihren Pfad wieder zurück.

Das ist ein sanfter Weg, um Ihr Inneres kennenzulernen. Wie bereits geschrieben, müssen Sie nicht jede Technik anwenden. Wählen Sie stattdessen bewusst diejenige aus, die zu Ihrem subjektiven Leben passt. Bei anderen ist eine etwas härtere Tour wohl die bessere Wahl. Diese Person ist entweder schon zu weit von ihrem Inneren entfernt oder würde die Lernaufgabe auf dem sanften Weg nicht lernen. Aber das Leben zeigt uns ganz genau, wo wir stehen. Wir müssen unsere Lernaufgabe meistern. Jeder Mensch muss das. Wir werden mit unseren Aufgaben konfrontiert, bis wir sie bewältigt haben. Probleme bleiben solange Probleme, bis wir sie gelöst haben. Kennen Sie noch die Schneekugeln, die man schüttelt, sodass der «Schnee» danach langsam wieder zu Boden fällt? Manchmal kann es helfen, das ganze Leben auf den Kopf zu stellen, indem man es einmal richtig durchschüttelt, damit in dem Chaos eine neue Ordnung entstehen kann. Denn wenn Sie immer wieder das Gleiche denken, fühlen und dementsprechend handeln, bleiben Sie auf ewig die gleiche Person.

# Gesundheitsschlüssel: Bewusstsein

«Achte auf Deine Gedanken, denn sie werden Worte. Achte auf Deine Worte, denn sie werden Handlungen. Achte auf Deine Handlungen, denn sie werden Gewohnheiten. Achte auf Deine Gewohnheiten, denn sie werden Dein Charakter. Achte auf Deinen Charakter, denn er wird Dein Schicksal.»

**Unbekannte Quelle**

Wir alle wollen, zumindest in einem bestimmten Bereich, eine Verbesserung erzielen. Wenn Sie gar nichts ändern, bleiben diese Gedanken unerfüllte Träume und nie in Ihrem Leben manifestierte Hoffnungen. Dies wird durch starre Meinungen, unveränderbare Ansichten und eine feste Weltsicht begünstigt. Diese Haltung kann man sogar in einem Magnetresonanztomographen, kurz MRT, visualisieren. Bei diesem Verfahren, bei dem man liegend in eine Röhre hineinbefördert wird, kommt hochspezialisierte bildgebende Technik zur Anwendung. Während Sie darin liegen, werden Ihnen verschiedenartige Bilder auf einem Monitor angezeigt. Neutrale, aber auch emotional aufgeladene. Jedes Bild oder Geräusch erzeugt in Ihrem Gehirn ein neuronales Verbindungsnetz. Sobald die dynamischen Bilder angefertigt worden sind, werden diese von den Radiologen analysiert.

Es gibt einen signifikant markanten Unterschied zwischen dem Gehirn eines Jugendlichen und dem eines erwachsenen Menschen. Die synaptischen Verbindungen im Gehirn eines Erwachsenen, der nie selbst auf der kognitiven Metaebene agierte, sind völlig voraussagbar und klar ersichtlich. Die neuronalen Verbindungen des Jugendlichen sind hingegen noch frisch und wie ein Schwamm noch elastisch, sie sind sozusagen noch offen für eine Modellierung. An dieser Stelle möchte ich anmerken, dass es selbstverständlich verschiedene Gehirnareale gibt, welche spezifische Funktionen bei der Übertragung unserer Sicht auf die Welt innehaben. Jedes Gebiet hat seine eigene individuelle Aufgabe. Bei einer Gehirnverletzung besteht bis zu einem gewissen Grad die Möglichkeit, die zerstörten Funktionen des verletzten Areals auf andere zu übertragen. Einen Sonderfall stellen Personen mit Synästhesie dar. Die üblichen Verbindungen im Gehirn überschreiten hier mehrere Areale. Das heisst, diese Personen hören etwas und ihr Gehirn verbindet das Areal des Hörens mit dem Areal der Farberkennung, sprich, Sie hören Farben. Jedes Lied hat eine gewisse farbliche Note. Das Gleiche kommt zustande, wenn sie etwas lesen oder die Tonlage, mit der ein Mensch spricht, hören. Nur der Vollständigkeit halber habe ich diese spezielle Gehirnvernetzung, welche zu maximal 5 % in der Gesellschaft vorkommt, erwähnt. Ich gehe davon aus, dass Sie kein Synästhesist sind und daher tendenziell eher starre neuronale Verbindungen im Gehirn haben.

Wenn Sie daher niemals einen Blick auf Ihre synaptische Verdrahtung in Ihrem Gehirn werfen, wird Ihre Vergangenheit Ihre Zukunft. Das ist völlig in Ordnung, wenn Sie damit zufrieden sind, aber ich meine zu wissen, dass wir grundsätzlich gerne etwas in unserem Leben ändern würden und uns nicht ständig im gleichen Fahrwasser fortbewegen wollen. Sie machen sich unzugänglich für neue, expandierende Wahrnehmungen und schneiden sich damit selbst ins Fleisch, wenn Sie Ihre starren Glaubenssätze, welche in Ihrer Verstandessoftware gespeichert sind, nicht aufgeben.

## 15.1 Ihre eigene Dia-Show, in der Sie drinnen leben

Wenn Sie schon bis zu diesem Punkt des Buches gekommen sind, sollte Ihnen allmählich klar geworden sein, auf welche Fährte ich Sie aus unterschiedlicher Perspektive aufmerksam machen möchte. **Alles** spielt sich in Ihrem Kopf ab! Es gibt keine Realität dort draussen ausserhalb von Ihnen. Wir sehen immer nur unsere eigene einzigartige Welt. Daher lohnt es sich mit Sicherheit nicht, mit jemandem zu streiten, der einen anderen Blickwinkel hat. Denn wir müssen hier beachten, dass uns etwas an dieser Person stört, wobei andere diese Person wiederum in einem völlig anderen Licht sehen. Das heisst, dass wir die Situation subjektiv bewerten und selbst in der Hand haben, wie wir Sie sehen. Damit können wir arbeiten.

# Gesundheitsschlüssel: Bewusstsein

Das bedeutet, dass wir uns eigentlich über unsere eigene Begrenzung aufregen und nicht über die uns gegenüberstehende Person. Verstehen Sie das? Sie schauen Ihr eigenes Wertesystem an, welches von anderen Menschen nicht eingehalten wird. Das führt in Ihnen zu Stress oder Druck und äussert sich, wenn Sie sich Ihrer selbst nicht bewusst sind, in einer Projektion auf andere. Die anderen sind schlecht, nicht ich, das ist das Ergebnis. Dabei schauen Sie in einen Spiegel.

Wir dürfen uns über jede neue Perspektive freuen, weil Ihr Leben bereichert wird, wenn Sie offen sind. Sie können in jedem Moment reicher werden an Erfahrungen, wenn Sie es nur zulassen und nicht zu verkrampft an Ihrem eigenen Bild festhalten. Die Sicht auf Ihre Umgebung ist einmalig. Daher versuchen Sie auch niemanden von Ihrer Welt zu überzeugen. Tauschen Sie sich aus und im besten Fall kann etwas Wundervolles daraus entstehen, was zu einer Win-win-Situation führt. Um Ihnen ein besseres Verständnis davon zu geben, was ich Ihnen vermitteln möchte, habe ich, auf der nächsten Seite, eine Grafik erstellt:

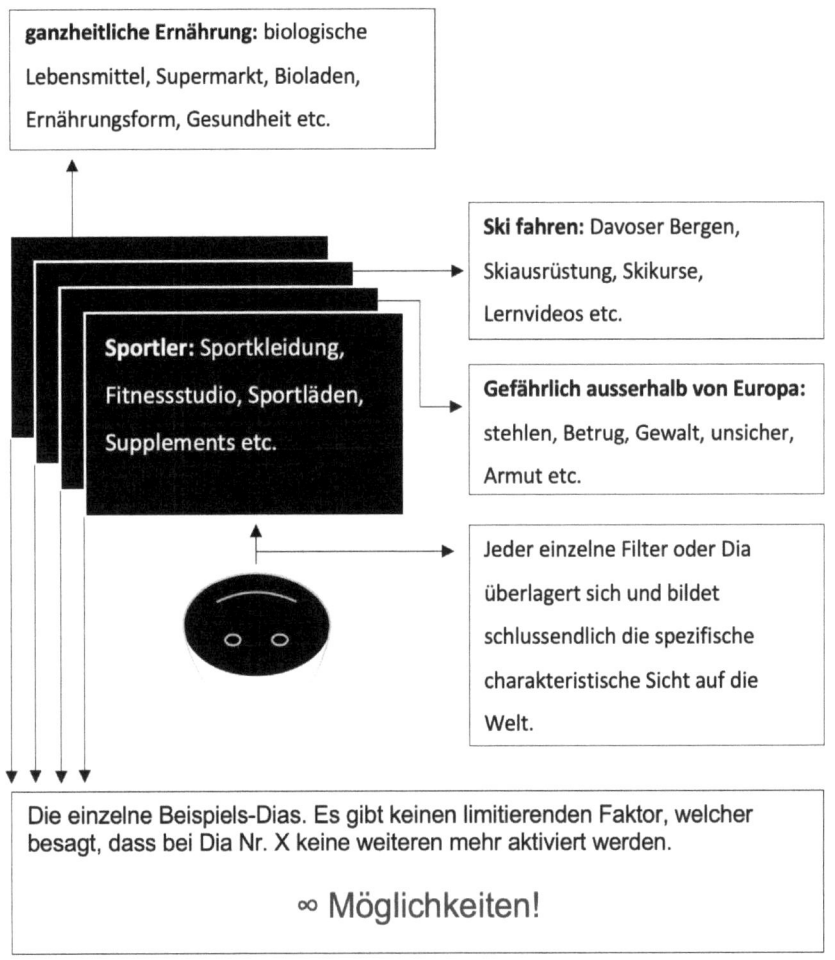

**Abbildung 8:** Wir unterliegen etlichen subjektiven Filtern, die unser wahres Sehen unterbinden

Damit das Buch in sich schlüssig ist wie ein Ouroboros (altägyptisches Bildsymbol
einer Schlange oder eines Drachen, der sich in den eigenen Schwanz beisst und
so mit seinem Körper einen geschlossenen Kreis bildet), habe ich mich auf den
einzelnen Dias (den schwarzen, rechteckigen Feldern) auf meine fiktive Person

im vorherigen Bild bezogen. Wie Sie sehen, handelt es beim ersten Dia (Bild oder auch Filter) um den Sportfilter, durch den wir die Welt sehen. Die Reihenfolge ist absolut zufällig und hat keine tiefere Bedeutung. In diesem Beispiel sieht die Person, egal wo sie ist, jedes Fitnessstudio oder andere Einrichtungen, um Sport zu betreiben. Sie sieht zusätzlich gesunde Restaurants oder Möglichkeiten, um sich mit bevorzugten Nährstoffen zu versorgen. Des Weiteren tauchen in ihrem Filter womöglich Nahrungsergänzungsmittel-Läden oder dergleichen auf. Dieses Dia bleibt, egal wo sie sich befindet, an seinem Platz. Es spielt keine Rolle, ob die Person in ihrer gewohnten Umgebung oder fernab in einem weit entfernten Land ist, die selbst integrierten Filter begleiten sie **immer**. Bedenken Sie, Sie können vor sich selbst nicht weglaufen, dies ist insbesondere bei den vermeintlich negativen Dias wichtig. Es besteht die Möglichkeit, die Bilder zu akzeptieren, zu verändern, anzunehmen oder zu löschen, aber davor zu fliehen oder sie gar zu unterdrücken, ist ein hoffnungsloses Unternehmen. Sie sind sich selbst am nächsten.

Der zweite Filter ist ein negatives Bild auf die Welt, in der sich die Person befindet. Sie war womöglich in einem armen Land in Südamerika und wurde dort beraubt. Sie wurde nicht zimperlich mit einer Waffe bedroht. Nach einer kurzen Rangelei schubste der Täter die Person auf den Boden und nahm alles, was sie auf sich hatte, gnadenlos mit. Diese verständlicherweise als barbarisch erlebte Erfahrung hinterlässt massive Spuren auf die Sicht ihrer Welt. Fortan ist sie verängstigt. Es geht gar so weit, dass sie keine Reise mehr ausserhalb von Europa unternimmt, weil ihr Gehirn ihr einen neuen Frame auf die Welt gab, durch den sie nun hindurchblickt. Dazu gesellt sich aber nicht nur die Angst, sich in fremden Ländern aufzuhalten, sondern es breitet sich langsam eine generalisierte Angststörung aus, die auch in ihrem eigenen Heimatland Probleme bereitet. Jeder Blick, jedes versehentliche Streifen von einem Fremden in einer alltäglichen Situation lassen die einmal erfahrene Angst wieder aufflammen. Das kann bewusst oder unterbewusst stattfinden.

Keine schöne Vorstellung, oder? Ich kann mir vorstellen, dass Sie es nicht präferieren würden, wenn Sie so ein Bild in Ihrem Filtersystem hätten.

# Gesundheitsschlüssel: Bewusstsein

Ich kenne Sie zwar nicht, aber ich kann mit 99-prozentiger Wahrscheinlichkeit sagen, dass Sie spezifisch so einen Frame oder einen in abgewandelter Form haben. Sie können diese Erfahrung durch alle möglichen unerfreulichen Situationen ersetzen. Es gibt dabei keine Grenzen. Jede von Ihnen als negativ bewertete emotional aufgeladene Situation hat das Potenzial, Ihr Filtersystem zu ergänzen. Sie glauben es nicht? Wenn Sie wissen wollen, wo Ihre Grenzen Sie einschränken, dann gehen Sie einfach auf die Grenze zu. Nehmen wir an, Sie leiden an sozialphobischen Tendenzen. Als Sie jung waren, hatten Sie einmal eine Situation, in der Ihre damalige beste Freundin Sie hintergangen hat, und dieses Erlebnis hat Sie emotional geprägt. Durch das überraschende, negative Verhalten wurde Ihrem Filtersystem hinzugefügt, dass Menschen unberechenbar sind und daher keine sichere, vertraute Verbindung aufgebaut werden kann. Das ist eine Ihrer Grenzen, die Ihr Gehirn in der Vergangenheit für Sie erstellt hat.

Wenn Sie bezweifeln, dass es eine Hürde ist, dann beweisen Sie es, indem Sie über die Schwelle treten. Gehen Sie auf Menschen zu, obwohl Sie diese Angst fühlen. Das bedeutet es, ausserhalb der Komfortzone zu leben, um dem Gehirn neue Erfahrungen zu bieten, damit es langfristig freier wird. Dieses Beispiel kann natürlich durch jegliche andere angsterfüllte Situation ersetzt werden. Nehmen wir an, irgendetwas geschieht, was die alten Angstgefühle in Ihnen wieder aktiviert, und Sie beschliessen, direkt darauf zuzugehen. Je näher Sie dieser Gefängnismauer kommen, umso stärker wird in Ihnen der Drang sein zurückzuweichen.

Was Sie aus Ihrer Vergangenheit angesammelt haben, bildet einen Wall, mit dem Sie intuitiv versuchen, bewussten Kontakt zu vermeiden. Das ist ein völlig normaler unterbewusster Prozess. Wir versuchen, diesen Elefanten im Raum zu ignorieren. Sie können gar nichts dagegen machen, er ist da. Aber weil Sie vermeiden, dagegen zu laufen, hört Ihre Freiheit genau dort auf, wo der Wall beginnt. Diese schützenden Aspekte in Ihnen werden zu Ihrem unsichtbaren Gefängnis, weil sie die Grenzen Ihrer Wahrnehmung bestimmen. Da Sie bis jetzt noch nicht bereit waren, sich dieser Schwelle zu nähern, können Sie nicht sehen, was sich auf der anderen Seite befindet.

# Gesundheitsschlüssel: Bewusstsein

Wenn man sich den Grenzen seiner Gedanken und Emotionen nähert, ist das so, als bewege man sich auf einen Abgrund zu. Im weitesten Sinn kommt eine Todesangst auf, man könne ja sterben, wenn man über diesen Abgrund tritt. In gewisser Weise muss etwas in Ihnen sterben, und zwar der alte limitierende Anteil, der Sie zurückhält, damit ein neuer Anteil, der Phönix aus der Asche, emporsteigen darf. Es können niemals zwei Anteile des gleichen Themas simultan koexistieren. Sie dürfen den Abgrund aber aufsuchen – und wenn Sie ausbrechen möchten, werden Sie ihn überschreiten. Irgendwann begreifen Sie, dass hinter der Mauer keine echte Gefahr lauert. Was sich in Wahrheit dort befindet, sind in der Vergangenheit selbstaktivierte Sicherheitsmechanismen, die das echte Leben von Ihnen fernhalten. Wenn Sie am Leben wahrhaftig teilnehmen und sich nicht mehr von der Angst herumkommandieren lassen möchten, stehen Sie vor einer unumgänglichen Entscheidung. Wenn Sie zu einem Wall kommen und diese Grenze Sie vor altem Schmerz schützt, werden Sie nicht hinter diese Hürde gelangen wollen. Wenn Sie aber wissen, dass genau diese Grenze Sie eigentlich davon abhält, Ihr volles Potenzial zu entfalten, werden Sie alles dafür tun, um sie zu überwinden. Sie müssen durch dieses Gefühl durch! Eigentlich ist es nicht schwierig, diese unsichtbaren Grenzen zu überwinden, nur sind wir noch so stark an die entsprechenden Emotionen gekoppelt, dass es uns daran hindert, wachsen zu können. Immer wieder, jeden Tag, stossen wir im natürlichen Lauf des Lebens an unsere Limitierungen und versuchen, diese niederzureissen. Doch immer wieder verteidigen wir auch die Grenzen, weil Sie sich vertraut anfühlen.

Sie müssen verstehen: Wo Sie sich verteidigen, verteidigen Sie in Wahrheit Ihre Grenze. Es gibt in Ihnen sonst nichts zu verteidigen. Es gibt nur Ihr Bewusstsein, dass Sie existieren und das umgrenzende Haus, das Sie errichtet haben, um darin vermeintlich sicher, aber abgekapselt zu wohnen. Was Sie verteidigen, ist das Haus, das Sie erbaut haben, um sich zu schützen. Sie verstecken sich darin. Wenn etwas geschieht, das diesen Wall Ihrer Psyche ins Wanken bringt, nehmen Sie sofort eine Abwehrhaltung ein. Sie haben ein Bild von sich errichtet, haben sich in diesem Gebilde eingerichtet und nun verteidigen Sie Ihr Heim mit allen

# Gesundheitsschlüssel: Bewusstsein

Mitteln. Doch wodurch wird dieses innere Heim im Gegensatz zu den Limitierungen Ihrer Gedanken aufrechterhalten? Wenn Sie von sich sagen «Ich bin ein Mann und bin 43 Jahre alt. Ich bin mit Marita verlobt und habe an Schule X meinen Abschluss erworben ...», dann sind das Gedanken. Die tatsächlichen Verhältnisse existieren in Ihrem Inneren nicht, ausser in Form von Gedanken, an denen Sie festhalten: «Ich war als Schüler sehr beliebt und an meiner Schule war ich ein Friedensstifter.» Das war vor etlichen Jahren. Diese Situation gibt es heute nicht mehr. In Ihrem Inneren aber gibt es sie und daraus bestehen die Grenzen, innerhalb derer Sie leben. Was geschieht, wenn jemand Ihr Selbstbild hinterfragt und ein kleines Loch hineinreisst? Was geschieht, wenn es jemandem gelingt, einen der fundamentalen Gedanken zu erschüttern, auf denen das Haus Ihrer Psyche errichtet wurde? Stellen Sie sich vor, Ihr Vater, mit dem Sie selbst verständlicherweise eine tiefere emotionale Verbindung haben, sagte in Ihrem 23. Lebensjahr: «Du wirst es nie zu etwas bringen!». In einem vulnerablen, schwachen Moment Ihrerseits speichert Ihr Gehirn diese Aussage von einem Menschen ab, von dem wir wissen, dass diese Aussage mehr über ihn aussagt als über den Adressaten. Das Alter spielt insofern keine Rolle, solange die Psyche ein Leck aufweist und externe Informationen durch wenige, bis gar keine Filter direkt ins Unterbewusstsein rutschen können. Das Gehirn eines Kindes ist dennoch offener für die automatischen psychischen Sicherheitsmechanismen. Es gibt etliche Beispiele von Menschen, die eine schlechte Erfahrung im Kindergarten oder zu einem noch früheren Zeitpunkt machten und im Alter von fünfzig, sechzig oder siebzig Jahren und aufwärts immer noch die gleichen Grenzen in sich tragen. Diese unterbewusste Software ist eigentlich ein Hindernis, das wir uns selbst in den Weg legen. Dadurch wird das Leben schwieriger, als es sein müsste. Jetzt steht jemand vor Ihnen und sagt wie damals Ihr Vater: «Du wirst es nie zu etwas bringen.» Direkt entsteht eine gedankliche sowie emotionale Kaskade. Sie wurden getriggert. Grenze. Wall. Gefängnis. Diese Aussage hat Ihr gesamtes inneres Sein durcheinandergebracht. Eine einzige unpassende Aussage und das Gebäude beginnt, in sich zusammenzufallen. Der Verstand kann gewaltig in Angst und Aufruhr geraten, nur weil irgendetwas Sie bis in die Knochen erschüttert, weil es das

Gedankenhaus, in dem Sie wohnen, in Frage stellt. Um alles wieder ins Lot zu bringen, beginnen Sie gedanklich zu argumentieren: «Was weiss er schon?! Ich habe schon so viel erreicht!» Sie zählen alles auf. Nun fühlen Sie sich schon ein Stück besser. Und wie sieht es bei ihm aus? Jetzt zählen Sie alles aus Ihrer Sicht Negative über Ihren Kontrahenten auf. Es ist auch eine beliebte Reaktion des Verstandes, die Verletzung einfach nach aussen zu projizieren. Schon besser. Schon wieder ein Pflaster auf die seelische Narbe, damit Sie immer holotisch geschützt bleiben, um ja ohne Veränderung im Leben weiterzumachen. Damit haben Sie die seelische Wunde recht gut überdeckt.

Dieser unbewusste Vorgang ist bei uns allen genau nach diesem Schema aufgebaut. Wir gehen mit unseren Grenzen genauso um. Wir achten stets darauf, dass sie fest und undurchlässig bleiben. Nichts darf diesen Wall erschüttern. Achten Sie darauf, wie Sie die mutmasslich einstürzenden Grenzen mit Gedanken verspachtelt haben. Sie haben mit Gedanken geflickt, was aus lauter Gedanken besteht. Normalerweise ist das eine sinnvolle, logische, konkludente Vorgehensweise – wenn Sie sich dadurch nicht blöderweise vom Leben abspalten würden. Sie haben in Ihrem Verstand ein charakteristisches Sammelsurium an Gedanken und Emotionen angehäuft, um dieses Material zu einer Vorstellungswelt zu konstruieren, in der Sie dann leben. Dieses mentale Gebäude schottet Sie von dem «echten» Leben ausserhalb Ihrer selbst ab. Ihre Gedankenwände sind so dick und undurchdringlich, dass es innerhalb des Gebäudes nichts als Dunkelheit geben kann. Sie achten derart gebannt auf Ihre Gedanken und Emotionen, dass Sie die von Ihnen festgelegten Grenzen nie überschreiten. Das geht so weit, dass wir unsere eigenen Grenzen noch ausschmücken und uns obendrein schön darin einrichten. Zusätzlich erzählen wir uns innerhalb der Grenzen eine schöne, das Selbst aufwertende Geschichte, damit wir uns auch richtig gut fühlen in unserem eigenen Gefängnis, verbarrikadiert vor der Aussenwelt. Wir wollen die Wahrheit nicht wahrhaben. 99,5 % der Menschheit werden von Sehnsüchten und Ängsten gesteuert, das entspricht nicht der Freiheit und sie geben weiter der inakzeptablen

# Gesundheitsschlüssel: Bewusstsein

Energie, dieser Stimme in Ihrem Kopf, Nahrung. Dadurch leben sie nicht ihr volles Potenzial. Für welchen Weg entscheiden Sie sich tagtäglich?

Um Ihnen hoffentlich noch klarer zu machen, wie gravierend es für Ihr Leben sein kann, wenn Sie Ihre Grenzen aufrechterhalten, möchte ich Ihnen noch eine Tatsache mitgeben. Nicht jeder Hundehalter hat einen riesigen Vorgarten mit grosser Umzäunung. Oftmals leben ebendiese Menschen in Grossstädten oder Vorstädten mit einem kleinen Garten direkt an der Hauptstrasse. Der Hund möchte jetzt aber dennoch raus und man möchte ihm das auch gewähren. Neben dem Rausgehen an der Leine ist die einzige Option, dem Hund mitzuteilen, wo er sich bewegen darf und wo nicht, indem man ihm diese Begrenzungen signalisiert. Also bekommt er ein Halsband mit einem darin enthaltenen Signal. Zusätzlich wird an den äussersten drei Grenzen des Gartens, direkt vor dem Haus, in den Boden ein zweites Signal eingegraben. Von aussen ist das keine sichtbare Mauer oder Beschränkung. Der liebe Doggo freut sich, als er zum ersten Mal ganz alleine aus dem Haus darf. Den Garten erkundend, schnüffelnd und nichts Böses ahnend bewegt er sich langsam in die Nähe des verbuddelten Signals. Er setzt sich und freut sich über seine Freiheit. Es schaut umher, um zu sehen, was es sonst noch so in seiner Umgebung gibt. Er riecht etwas, hebt seine Schnauze und schnüffelt. Er kann den Duft von dem anderen Garten über der Strasse lokalisieren. Mit dem Gedanken spielend, dass es für Herrchen kein grosses Problem darstellen sollte, wenn er kurz rüberginge, um dem lieblichen Duft nachzugehen, macht er sich schon auf den Weg. Mit erwartungsvollem, zielgerichtetem, aufrechtem Gang geht er los, bis ihn plötzlich ein Stromschlag aus allen Wolken holt. Er schreckt zurück. Was war das?! Er schaut ringsumher, sieht jedoch nichts Verdächtiges. Nach kurzem Überlegen und Mut fassend versucht er es noch einmal. Und wieder. Sehr unangenehm. Er erkennt, es passiert immer, wenn er eine gewisse Stelle des Gartens übertritt. Intelligent wie er ist, versucht er es an einer anderen Seite des Gartens noch einmal. Schmerz. Verängstigt und den Schwanz einziehend zieht er sich zurück. Jetzt weiss er, seine «Freiheit» geht bis an die Grenzen des Gartens.

# Gesundheitsschlüssel: Bewusstsein

Sie denken, diese Geschichte ist erfunden? Falsch. Es gibt tatsächlich solche Vorrichtungen, um dem Haustier «liebevoll» mitzuteilen, wohin es darf und wohin nicht. Mal unabhängig von den ethischen Aspekten dieser Vorrichtung ist ein ähnlicher Mechanismus auch in Ihnen vorhanden. Als geistige Disposition. Ihre elektrischen Stromschläge sind Emotionen. Jedes Mal kommen Sie an Ihre subjektiven Grenzen und ein starkes negatives Gefühl macht sich breit und lässt Sie zurückweichen, sodass Sie ja in Ihrer sicheren Komfortzone bleiben. Bleiben Sie nicht gefangen. Keine Macht der Angst! Die Begrenzungen fühlen sich waschecht an, aber sie sind lediglich Illusionen in Ihrem Kopf. Es gibt sie nicht wirklich. Sie setzen die Grenzen und Sie verrücken Sie auch jedes Mal ein wenig weiter von sich weg, wenn Sie sich selbst konstant ausserhalb Ihrer Komfortzone bewegen.

Natürlich gibt es auch die Gegenpole, also die positiven Filter. Um wieder auf die Dias zurückzukommen: Es gibt keine Limitierungen in der Anzahl der Dias. Gewissermassen betrüben unendliche Filterarten Ihre Sicht auf die «echte» Welt. Hier ist noch wichtig zu erwähnen, dass Filter, wie gesagt, nicht nur negativ sein müssen, sondern dass sie eben auch positiv wirken können. Die positiven Filter haben fast eine noch grössere Wirkung auf Sie. Denn bei den destruktiven sind Sie sich mehrheitlich bewusst, dass Sie sie loshaben möchten, weil sie Ihnen schaden. Wenn Sie die Empfehlungen in diesem Buch beherzigen, ist das Auflösen oder Modifizieren dieser völlig unterschiedlichen Filter ein völlig autodidaktischer Vorgang, welcher Ihnen einen klareren Blick auf die objektive Welt schenkt. Hingegen können sich bei den vermeintlich guten Dias einige dazugesellen, welche eine gewisse Illusion aufrechterhalten und Sie vom Leben eher fernhalten, als dass sie es ermöglichen, sich ihm anzunähern. Ich sage nicht, dass alle guten Filter schlecht sind. Aber Filter sind eben Filter. Sie filtern immer etwas von dem heraus, was eigentlich da ist. Sie können sich das so vorstellen, als ob Sie eine Sonnenbrille mit orangenen Linsen tragen würden. Ihnen gefällt der Blick durch diesen Filter. Er macht alles ein wenig fröhlicher. Sie sehen zwar immer noch die Formen und Umrisse aller Gegenstände etc., aber sie sind eben alle orange und zeigen nicht mehr ihre wahre Farbe, sondern eine Illusion. Genau so können Sie sich die einzelnen Filter vorstellen, welchen Sie tagtäglich ausgesetzt sind. Dazu kommt, dass gerade zu Beginn niemals nur ein Filter wirkt, sondern permanent eine Vielzahl von multiplen Wechselwirkungen zwischen jedem einzelnen Filter, den Sie jemals in Ihrem Leben erzeugt und abgespeichert haben, auftritt. Das ist faszinierend und beängstigend zugleich. Es stellt ein kleines Wunder dar, dass wir Menschen mit so vielen Einschränkungen überhaupt noch fähig sind, miteinander zu koexistieren. Wenn Sie voll und ganz am Leben teilnehmen möchten, dann sind diese ganzen Frames, ob gut oder schlecht, eine weitere Tür von Ihrem Glück entfernt. Dieser Abschnitt war nur ein kurzer Exkurs, um Ihnen die Mechanik der Dias von beiden Seiten zu beleuchten. So erhalten Sie ein lückenloses Bild. Im Folgenden erläutere ich weiter, wie die Grafik mit den Dias in unserem Leben interagiert.

Das nächste Dia der Person ist das Skifahren. Wie stark der Einfluss des Dias auf die Sicht ist, liegt immer an der emotionalen Vernetzung im Gehirn. Da jetzt in diesem Fall die Verdrahtung nicht allzu stark ausfällt, wird diese Person nicht an jedem Eck spezifische Erfahrungen machen, welche das Ski-Interesse verstärken. Wie oben beschrieben kommt es hier auf die intrinsische Motivation an, ob dieses Interesse weiterverfolgt wird und somit das Dia mit der Zeit immer stärker wird, was wiederum in einer erhöhten Resorption für dieses Thema resultiert. An diesem Punkt sollten Sie verstanden haben, dass Ihre Sicht auf die Welt nicht objektiv ist, sondern sehr subjektiv. Der erste Schritt ist die Anerkennung dessen. Beobachten Sie sich im Alltag selbst, wie denken Sie, wie fühlen Sie, wie gehen Sie mit anderen Menschen um, können Sie auch Perspektiven, die konträr zu Ihrer positioniert sind, einfach so stehen lassen? Diese analysierenden sowie reflektierenden Prozesse sind unerlässlich. Sie möchten sich besser kennenlernen und erfolgreicher im Leben agieren? Dann gehen Sie auf die kognitive Metaebene. Denken Sie über Ihr Denken nach, ohne es direkt zu bewerten, sondern mit einem völlig neutralen Blick. Gerade am Anfang birgt der gewohnte Ablauf Ihres Gehirns einige Hürden. Doch wenn Sie sich konsequent selbst beobachten, erkennen Sie sich selbst immer besser. Die Analogie mit der Katze, die vor dem Mäuseloch sitzt und wartet, bis die Maus rauskommt, erachte ich hier als treffend. Sie sind die Katze und warten, bis der nächste Gedanke kommt. Woher kommt er? Können Sie eine Seite ausmachen, von wo der nächste Gedanke kommt? Hat der Gedanke einen Geschmack? Wenn Sie raten müssten, was der nächste Gedanke ist, wüssten Sie es? Was passiert mit Ihrem Körper bei dem nächsten Gedanken? Es passiert so viel in Ihrem Verstand, worüber Sie keine Kontrolle haben. Denken Sie immer noch, dass es Ihre eigenen Gedanken sind oder dass Sie womöglich einfach nur eine Antenne sind, die alles aufnimmt, was der Kopf so vor sich hinplappert, sodass Sie sich fälschlicherweise mit all diesen Gedanken verbinden und davon ausgehen, dass Sie diese zwecklosen Erzeugnisse sind? Seien Sie einfach der stille, neutrale Beobachter. Es geht um diesen stillen ewigen Moment, der bewusst wahrgenommen werden kann, wenn Sie sich zum Beispiel die oben genannte Frage, «Woher kommt mein nächster Gedanke», stellen. Anfangs kann es sein, dass Sie mit dieser Übung eventuell für ein paar Sekunden keine Gedanken haben, aber machen Sie sich keine Sorgen, Ihr Verstand hat jahrelange Übung und versorgt Sie in absehbarer Zeit wieder mit einem neuen gedanklichen Futter. Das Ziel ist es, diese Stille zwischen den einzelnen Gedanken auszudehnen. Sie werden mit der Zeit bemerken, dass Sie klarer werden in Ihrem Verstand und Ihnen unter gleichen Gegebenheiten mehr Energie zur Verfügung steht. Jeder einzelne dieser 60'000 – 80'000 Gedanken zieht Ihnen Energie ab. Womöglich wird Ihnen zum ersten Mal bewusst, wie verdichtet Ihr Gedankenkarussell ist, und dementsprechend, wie der Gewohnheit gemäss Ihr Autopilot fungiert. Je nachdem, in welcher Lebenssituation Sie stehen und ob Sie schon einmal Kontakt mit Meditation oder etwas Ähnlichem hatten, kann es sein, dass Sie dennoch für ein paar Sekunden bis hin zu mehreren Minuten in Ihre gedankliche Welt abdriften. Kein Problem. Dieser Autopilot, der sich wie ein Virus in Ihnen schon verselbstständigt hat, ist ein völlig normaler, aber sinnfreier Vorgang, damit Ihr Verstand/Ego sich vermeintlich vor der echten Realität schützen kann. Der Verstand versucht, die ganze Welt zu erklären. Sie laufen zum Beispiel in der Innenstadt herum und Ihr Verstand erzählt Ihnen, was Sie sehen. Wieso muss er das machen? Sie sehen es doch schon? Der Verstand ist so aufgebaut, dass er alles kommentieren sowie etikettieren muss, damit er sich wohl und sicher fühlt. Hinzu kommt, dass er Ihnen in dieser neutralen Situation schon keine Ruhe lässt. Wie ist es dann erst, wenn der Verstand die momentane Erfahrung als negativ abstempelt? Sie wissen, wozu er fähig ist.

Um Ihnen ein klareres Bild zu verschaffen, möchte ich dieses Vorgehen an dieser Stelle entmystifizieren. Stellen Sie sich vor, dass diese Stimme mit all ihren Gefühlsschwankungen eine echte Person ist. Im Grunde ist es genau so, sie hat ihr eigenes Leben und Sie denken, dass Sie diese Person sind. Stellen Sie sich als gedankliches Experiment diese Person ausserhalb Ihrer selbst vor und verbringen Sie ein paar Stunden mit ihr.

Sie haben sich soeben hingesetzt, um sich Ihrem neuen Buch zu widmen. Das Problem ist, diese Person ist auch dabei. Sofort bekommen Sie einen endlosen Monolog zu hören, der sich sonst in Ihrem Inneren abspielt, nur dass die Person jetzt neben Ihnen auf dem Sofa sitzt und mit sich selbst spricht: «Hast du das Licht im Zimmer ausgemacht? Sieh lieber noch einmal nach. Das mache ich später. Ich möchte jetzt dieses Buch lesen. Nein, mach es jetzt. Ist dir die Stromrechnung denn nicht hoch genug?» Still sitzen Sie da und hören sich das an. Dann, ein paar Sekunden später, führt diese Person bereits eine neue Debatte: «Hey, ich will jetzt was essen! Ich will eine Pizza. Nein, du kriegst jetzt keine Pizza; so weit fahre ich jetzt nicht und bestellen möchte ich auch nicht. Aber ich habe Hunger. Wann krieg ich was zu essen?» Zu Ihrem Erstaunen finden diese neurotischen Ausbrüche von Streitgesprächen kein Ende. Und als wäre das nicht genug, pflegt diese Person, anstatt einfach nur zu lesen, auf alles, was in dem Buch passiert, verbal zu reagieren. Von einer Assoziation zur nächsten ist sie in einer unendlichen Schleife gefangen. Dann hört es auf, ebenso abrupt, wie es begonnen hat. Spätestens dann wird Ihnen auffallen, wie Sie sich im verzweifelten Bemühen, sich diese geisteskranke Person vom Leib zu halten, langsam an den äussersten Rand des Sofas manövrieren.

# Gesundheitsschlüssel: Bewusstsein

Mit einem Mitmenschen mit diesen Eigenschaften im realen Leben würden Sie wohl kaum viel Zeit verbringen. Wieso machen Sie es dann mit dieser «Person» in Ihrem Kopf? Diese Software in Ihnen ist schon so ausgeklügelt, dass Sie sogar denken, dass Sie dieser neurotische Virus sind. Es ist wie eine Maske, die wir tragen und von der wir irgendwann vergessen haben, dass wir sie tragen. Dem Gehirn spielen wir so lange eine Software auf, bis sie zu einem Selbstläufer wird. Das nennen wir ein brillantes Vorgehen. Nicht wahr?! Dennoch ist auch diese Ausgangslage nicht determiniert und jedes Programm kann umgeschrieben werden.

**Kommen Sie einfach immer wieder in die Position der Katze zurück.**
**Und noch einmal.**
**Und noch einmal.**
**Und … ja, genau. Noch einmal.**

Machen Sie den Autopiloten unschädlich, indem Sie ihm seine einzige Lebensenergie, die Aufmerksamkeit, rauben. Es ist diese ewige Dualität zwischen Gut und Böse. Gott und Teufel. Hell und Dunkel. Sonne und Mond. Sie als Katze und der Autopilot als Maus. Wer erhält die Aufmerksamkeit? Werden Sie diese Katze, die einfach nur beobachtet. Mit einer gewissen Übung werden Sie, auch bei noch so vielen Mäusen (Gedanken), ewigwährend der stille Beobachter sein. Gratuliere, Sie haben soeben das Dasein als Katze gemeistert. Hieraus entwickeln sich eine erhöhte Kreativität, Glücksergüsse ohne externen Grund und, in einer fortgeschritteneren Version, wundervoller Frieden in Ihrem Herzen. Es verschmilzt alles zu einem Punkt. Es ist einfach nur noch. Keine Dualität. Sein.

Hierbei handelt es sich um einen kurzen Ausreisser in die Welt des Nichts und doch Alles. Jedoch weiss ich, dass der Grossteil der Menschheit **noch** nicht dort ist. Das spielt keine Rolle. Wenn Sie Ihre Welt verändern, verändert sich die Welt. Sie selbst sind der Ursprungsort von allem. Entschuldigen Sie mich, ich drifte wieder ab. Sie bemerken, es ist eine Herzensangelegenheit von mir. Ich möchte Ihnen hiervon nur noch etwas mitgeben: «Werden Sie schwanger mit der Idee, dem Konzept, dem Urgedanken, dass Sie mit allem verbunden sind». Vielen Dank. Jetzt

# Gesundheitsschlüssel: Bewusstsein

geht es weiter in der vorgeblich echten Welt, in dem Sektor der Manipulation der eigenen Psychologie.

Ich möchte Ihnen an dieser Stelle ein weiteres Tool aus dem Buch «Werde was Du bist» von Piero Ferrucci vorstellen, das Ihnen helfen kann, Ihr eigenes Potenzial zu erkennen und zu aktivieren.

## Das Idealmodell

1. Wählen Sie eine Qualität, von der Sie annehmen, dass sie Ihnen zum aktuellen Zeitpunkt behilflich sein kann, den Zweck und Sinn Ihres Lebens sichtbar werden zu lassen.

2. Jetzt stellen Sie sich vor, dass Sie diese Qualität bereits im grösstmöglichen Masse besitzen, in ihrer klarsten und reinsten Form. Lassen Sie zu, dass die Qualität in Ihrer Vorstellung Gestalt und Form annimmt; stellen Sie sich das Bild in allen Einzelheiten vor. Betrachten Sie die Gestalt; sehen Sie den Blick in den Augen, der die Qualität ausdrückt, den Gesichtsausdruck, die Körperhaltung. (Das Bild mag zu Beginn nicht sehr klar, sondern vielleicht verschwommen sein, kommend und gehend; dennoch wird es einen starken Einfluss auf Ihr Unterbewusstsein haben.) Halten Sie das Bild für einige Augenblicke vor Ihrem inneren Auge fest und ermutigen Sie es, die Qualität, die Sie gewählt haben, immer stärker auszudrücken.

3. Stellen Sie sich jetzt vor, dass Sie quasi in das Bild, in die Gestalt, eintreten und eins damit werden – so, als würden Sie neue Kleider anziehen. Spüren Sie, wie die Qualität des Bildes, mit dem Sie verschmelzen, ein Teil von Ihnen wird. Stellen Sie sich vor, wie es ist, diese Qualität im höchsten Masse zu besitzen. Spüren Sie, wie Ihr ganzer Körper, jede einzelne Zelle, davon durchdrungen wird, durch jede Ader fliessend, jede

231

Faser Ihres Körpers füllend. Stellen Sie sich selbst vor, wie die Qualität Ihre Gefühle, Ihre Gedanken, Ihre Absicht durchdringt.

4. Schliesslich stellen Sie sich selbst vor, wie Sie in einer oder mehreren Situationen Ihres täglichen Lebens diese Qualität mehr zum Ausdruck bringen, als Sie es bis anhin getan haben. Stellen Sie sich diese Situation lebhaft und in allen Einzelheiten vor.

Die Technik des Idealmodells können Sie auch in einer stärkeren, nach aussen gerichteten Weise anwenden. Statt die Aufmerksamkeit auf eine besondere Qualität auszurichten, können Sie sich mit dem Bild oder der Form auch eine soziale Funktion, die Sie verändern und verbessern möchten, vorstellen, zum Beispiel sich selbst als idealer Partner, idealer Lehrer, idealer Freund usw. Sie können die Funktion in Ihrer wahren Essenz visualisieren, über den Wert nachdenken und sich all die besonderen Fähigkeiten, die Sie damit in Verbindung bringen, vorstellen. Diese Übung erfolgt ohne jeglichen inneren Druck, ohne grimmigen Entschluss wie die berühmten Neujahrs-Entschlüsse oder im Geheimen gehegten Erwartungen auf Erfüllung, die zu einem besseren zu erreichenden Stadium führen.

**Alles, was Sie brauchen, ist das Bild.**

Sie haben zu jeder Zeit die Möglichkeit, Ihr Unterbewusstsein zu beeinflussen und somit Ihre eigene Wunschwelt zu erschaffen. Doch auf dem Weg werden, das kann ich Ihnen versichern, Hürden auf Sie warten. Sie können nur stärker werden, indem Sie diese meistern. Das Leben erwartet explizit von Ihnen, dass Sie durch diese Talfahrt hindurchgehen. Nur dann haben Sie dem Leben gezeigt, dass Sie würdig sind für eine neue, stärkere sowie resilientere Facette Ihrer Persönlichkeit. Sehen Sie das Leben als ein Spiel an.

# Gesundheitsschlüssel: Bewusstsein

**«Aller Humor fängt damit an,**

**dass man die eigene Person nicht mehr ernst nimmt.»**

**Hermann Hesse, Schriftsteller und Dichter, aus Siddartha, 1877–1962**

Die Bildung der eigenen Wahrnehmung hängt eng mit den Informationen, die man erhält, zusammen. Daher gab ich Ihnen in diesem Buch für Sie positiv bewusstseinserweiternde Techniken und/oder Informationen mit auf Ihren Weg. Personen in einflussreichen Positionen manipulieren Informationen, um die kollektive Wahrnehmung der Realität nach ihren Gunsten zu formen. Durch die Steuerung des Informationsflusses üben sie Kontrolle darüber aus, wie der Einzelne die Welt wahrnimmt. Folglich konstruiert die individuelle Wahrnehmung, die stark von den gelenkten Informationen beeinflusst wird, im Wesentlichen die eigene subjektive Realität, welche wiederum die gewünschte objektive Realität formt. Woher wissen Sie, dass Ihre Meinung wirklich von Ihnen kommt und nicht von der Presse, vom TV, von Social Media usw.? Diese Realität hängt wiederum vom Grad des Bewusstseins und der Einsicht über sich selbst ab. Zu jeder Zeit ist die wichtigste Frage: Wie bewusst sind Sie gerade? Ihr Bewusstseinsgrad entscheidet darüber, ob Sie den ganzen Abend vor einem flimmernden Bildschirm sitzen, ob Sie Fast Food konsumieren oder sich anderweitig ablenken. Mit einem glasklaren, achtsamen Bewusstsein müssen Sie sich nicht anstrengen und schwierige Entscheidungen treffen, im Sinne von, dass man etwas tun sollte und sich dann mit grossem Aufwand selbst überredet, es zu machen. Mit so einem Level an Bewusstsein ist einfach klar, was das Richtige ist, und Sie werden es ohne Mühe in eine Handlung umwandeln.

Die Energie Ihrer Gedanken folgt dem Ort, auf den Sie sich konzentrieren, und beeinflusst sofort alles, woran Sie denken, sei es eine Person, ein Ort oder eine Sache. Diese Energie erreicht ihr Ziel, noch bevor Sie Ihren Gedanken beendet haben. Die Äusserung von Absichten, Gedanken, Segnungen, Negativem, Wohlbefinden, Heilung, Hindernissen oder schädlichen Einflüssen hängt davon ab, wie genau die Geschichte, entweder positiv oder negativ, geformt wird. Dies ist uraltes okkultes Wissen, das so allmählich durch die lang verschlossenen Türen der Logen der Geheimbünde sickert. Versuchen Sie es selbst in Ihrem Leben. Durch die Kombination aus Ihrem Verstand, welcher elektrische Impulse, und dem Herz, das magnetische Impulse aussendet, bauen Sie um sich ein starkes Torus-Feld auf. Je stärker Sie in sich selbst verwurzelt sind, desto stärker wird die Wahrheit, dass Geist über Materie steht, erlebt. Mit dieser fundamentalen Erkenntnis sind Sie Ihrer ultima materia, Ihrem Stein der Weisen, schon sehr viel nähergekommen. Denken Sie aber nicht, dass eine Woche mit «gesunder» Ernährung, Meditation, positiven Affirmationen, dem Ausweichen von verbalen Giftpfeilen oder negativen Emotionen, dem Verzicht auf Süchte jeglicher Art, regelmässigem Schlaf, genügend Sonnenlicht oder Kontakt mit der Natur etc. genügen. Das sollte nur den Auftakt darstellen, der in ein lebenslanges, niemals endendes Projekt mündet. Ich verspreche Ihnen, wenn Sie diesen erhabenen, edlen Weg gehen, werden Sie belohnt und Ihre Investition wird schon bald Früchte tragen. Ein grosses Geschenk, das Sie sich selbst und anderen machen können, besteht darin, Ihre Worte bewusst und weise zu wählen und sie zur Illumination (Erleuchtung), zum Verständnis, zur Unterstützung und zum Aufschwung einzusetzen. Die physische Wirklichkeit ist ein energetisches System. Überall um uns herum gibt es Energiefelder. Diese Felder verschmelzen zu Materie. Ihre Gedanken, Worte und Taten sind Energie. Sie kreieren Realität durch Gedanken, Worte und Handlungen, wo eben genau diese Energie darauf verwendet wird, um Objekte, Bedingungen und Erfahrungen zu formen. Wenn Sie jedem Gedanken, jedem Gespräch und jeder Handlung mehr Energie zuführen, erhöhen Sie das Potenzial Ihrer Auswirkung auf Ihre Realität. Gewissermassen beugt sich die materielle Welt der geistigen Welt. Kausalität. Aktion. Reaktion. Wie ich schon früher im Buche als Beispiel erwähnte, stellt sich dies wie ein schlecht startender Tag dar, der noch weitere negative Situationen nach sich zieht, wenn man sich nicht umpolt. Wir alle kennen dieses Phänomen. Logischerweise funktionieren diese Mechanismen auch in die entgegengesetzte Richtung. Hierzu bedarf es eines kleinen, aber nutzbringenden positiven Anstosses Ihrerseits. Denken Sie einmal darüber nach, wie einfach es ist, aufzugeben oder innerhalb Ihre Komfortzone zu bleiben, dieser Verlockung nachzugeben, nicht mehr aufstehen zu müssen, einfach wegzuschauen und zu resignieren. Das Böse dieser Welt verlockt, umgarnt, schmeichelt und wickelt Sie einfach so um den Finger. Macht Ihnen diese Einfachheit keine Angst? Die langfristige Belohnung hingegen ist auf der anderen Seite der Mauer und für jeden einzelnen zugänglich. Jedoch dürfen Sie zuerst beweisen, dass Sie ein würdiger Anwärter sind. Zeigen Sie der Welt, dass Sie ein Mensch und kein Tier mehr sind. Trennen Sie sich von Ihren niederen Trieben. Durch welchen Frame Sie dies betrachten, ist irrelevant. Es spielt keine Rolle, ob Sie nach einem mentalen Modell, das Gut und Böse, Gott und Teufel unterscheidet, handeln oder sich an Dopaminausschüttung respektive Dopamin-Detox oder einem anderen Modell orientieren. Die Hauptsache ist, Sie haben etwas, auf das Sie sich stützen können und langfristig als Referenz heranziehen können. Im Gehirn, in Ihrer Seele, Ihrem Herzen oder wo auch immer passiert genau dasselbe. Es gibt eine objektive Wahrheit, welche für jeden subjektiv ist – wieder einmal ein Paradoxon. Ich weiss, was soll ich machen. Sie werden es irgendwann verstehen. Vielen Dank, dass Sie durch das Lesen dieses Buches Ausdauer und Forschergeist bewiesen haben. Dieses Buch ist dazu da, mehrmals gelesen zu werden, um alle Wegweiser richtig zu deuten und sie überhaupt erst zu sehen. Ich wünsche Ihnen viel Erfolg auf Ihrem Pfad.

# 16 Nachwort

Insbesondere bezüglich des Gesundheitsschlüssels Psychologie und Bewusstsein kamen mir, während des Schreibens, immer wieder neue Assoziationen in den Sinn, die ich in dieses Werk einweben wollte. Dennoch behielt ich vieles zurück, um eine thematische Ausgewogenheit sicher zu stellen. Ich selbst lebe in einem permanenten Frame von den letzten zwei genannten und bekomme im Alltag regelmässig intuitive Gedanken, welche weiter vertiefende Themen, die ich publizieren möchte, darstellen. Daher war meine logische Schlussfolgerung, alle meine Gedanken, wie in einem Trichter zu kanalisieren und kategorisch zu sammeln, um ein weiteres Buch, mit dem Schwerpunkt der Wahrnehmung von Realität, zu schreiben. Nichtsdestotrotz erschien es mir auch in diesem Buch als wichtige Komponente, Teile dieser essentiellen Schlüssel einzubauen, damit Sie sich ein besseres Leben verschaffen können. Ich hoffe, ich konnte Sie auf eine erkenntnisreiche Reise durch Ihren Körper, Ihre Psyche und Ihr Bewusstsein führen. Wenn Sie die Empfehlungen von Anfang an befolgt haben, sind sie definitiv auf der Wohlbefindens/Bewusstseins-Skala aufgestiegen. Womöglich sind Sie noch nicht an dem Punkt, an dem Sie gerne wären, aber, wenn Sie schon positive Resonanz durch die Handlungen, die Sie durch dieses Buch erhielten, erfahren haben, bleiben Sie kontinuierlich dran. Wir alle möchte eine Verbesserung in unserem Leben. Es spielt keine Rolle, in welchem Bereich, sondern nur, dass wir eine neue Gewohnheit, welche in einer neuen Persönlichkeit mündet, etablieren, indem wir sozusagen einen neuen Menschen kreieren. Wir alle haben diese Fähigkeit in uns. Lassen Sie sie wieder entfalten. So vieles in unserem Erleben ist vorprogrammiert, durch unsere Filter, die wir durch jahrelange Konditionierung von aussen fast schon indoktriniert bekommen haben. Wollen Sie ernsthaft solch ein limitiertes Leben führen?! Nein, Sie wollen selbstverständlich mehr von diesem Leben. Das bedeutet aber auch, dass Sie gerade am Anfang unermüdlich an eine Sache heran – und diese angehen, sei es meditieren, gesund kochen, regelmässig Sport machen etc., auch wenn Sie nicht immer Lust darauf haben. Der Grund, dass Sie noch Widerstand spüren, liegt darin, weil Sie eben noch nicht die von Ihnen

# Nachwort

vorgestellte Person sind. Das heisst, das «alte», jahrelang aufgebaute Programm ist noch viel dominanter präsent und stellt sich Ihrer Entwicklung fortwährend in den Weg. Aber weil Sie klüger sind, werden Sie nach der Lektüre dieses Buches verstehen, dass diese Software nur umgeschrieben werden muss und aktuell eher noch einem quengelnden Kind als einem vernünftigen Erwachsenen ähnelt. Seien Sie gewissermassen stur. Ziehen Sie durch, was Sie sich vorgenommen haben. Ich wünsche Ihnen, dass Sie Ihre Persönlichkeitsveränderung erreichen. Viele der grassierenden Probleme müssen nicht sein. Es sind Kleinigkeiten wie Nährstoffmangel oder ein aus den Fugen geratener Hormonhaushalt, der unsere Leben so drastisch beeinflusst. Betätigen Sie einen oder direkt alle vier Schlüssel, um mit kleinen Eingriffen eine grosse Wirkung zu erzielen. Sobald Ihr Leben wieder in einer psychischen Balance ist, sehen Sie genau dasselbe Leben in einem anderen Licht. Das Leben zeigt sich hier als neutraler Spiegel, der einfach nur reflektiert, was Sie auf Ihn projizieren. Jedoch bin ich mir an diesem Punkt des Buches sicher, dass Sie verstanden haben, wie die Mechanismen des Lebens funktionieren.

So wie Sie Ihren Hausschlüssel jeden Tag bei sich tragen, dürfen Sie auch die 4 Schlüssel mental in Ihrem Kopf mit sich führen. Es soll keine verschlossene Tür mehr geben, die Sie nicht öffnen können. Kein Problem ist zu gross. Mit jedem Schlüssel können Sie auf ein Problem reagieren. Durch das aufmerksame Lesen hat sich im Optimalfall Ihr Repertoire erweitert und Sie haben nun mehr Möglichkeiten, angemessen auf das Leben zu reagieren. Dieses Buch soll eine Hilfestellung für das Leben sein. Nutzen Sie alles, was Ihnen zugutekommt. Bedenken Sie jedoch, dass je nach Alter des Filters, ein etwas längerer Weg vor Ihnen liegt. Ich möchte Ihnen nicht den Mut nehmen, sondern eine realistische Betrachtung der Dinge geben. Eine anfängliche positive Entwicklung kann helfen, jedoch können sich auch lange Durststrecken zeigen. Einfach dranbleiben! Es gewinnt immer die Person mit dem längeren Atem. Gewinnen Sie oder das kleine Kind in Ihnen? Sie haben die Wahl. Sie sind der Durchschnitt Ihrer vergangenen Gedanken und Handlungen. Wenn es Ihnen gefällt, dann machen Sie so weiter wie bisher, wenn Sie aber schon länger über eine Veränderung nachdenken, wird es Zeit, die genannten Schlüssel in Ihrem Leben einzusetzen. Sie können nichts Neues erwarten und das Alte festhalten. Wie eine Schlange müssen Sie sich häuten. Die alten, meist destruktiven Verhaltensmuster dürfen Sie langsam loslassen, damit im Inneren ein neuer Mensch entstehen kann. Wenn wir uns weniger reaktiv verhalten und dadurch nicht mehr die gleichen, sich wiederholenden Erfahrungen und Emotionen erzeugen, aktivieren und vernetzen wir auch nicht mehr dieselben Schaltkreise im Gehirn; wir hören auf, den Körper darauf zu konditionieren, in den uns einschränkenden Emotionen des Geistes zu leben, und verändern dadurch uns und unsere Umwelt.

Sicherlich fühlt es sich anfangs unnatürlich an, gegen unsere jahrelange automatische Konditionierung, unbewussten Gewohnheiten, reflexartigen emotionalen Reaktionen und seit Generation weitergegebenen genetischen Programmierungen anzugehen, aber genau hier kommen die Schlüssel ins Spiel. Sie werden Ihnen helfen, ein besseres Leben zu führen und sich aus den ganzen Automatismen zu befreien. Es ist so schwer, weil Sie sich ausserhalb Ihre Komfortzone bewegen und alles noch unbekannt ist. Dabei dürfen Sie aber eins nicht vergessen: Das Leben im Unbekannten heisst auch Leben im Bereich der Möglichkeiten. An dieser Stelle möchte ich noch gesagt haben, dass alle Methoden, Empfehlungen, sogar die Studien, die ich angefügt habe, keine Aussagekraft haben, bis Sie sie anwenden. Auch wenn in einer Studie eine Signifikanz von 90 % für das entsprechende Thema erforscht wurde, woher wissen Sie, dass Sie nicht zu den restlichen 10 % gehören? Genau dasselbe gilt es bei den Methoden herauszufinden, welche ich Ihnen in diesem Buch anbiete. Wie können Sie überhaupt irgendetwas wissen, wenn Sie etwas nie selbst ausprobiert haben und immer nur glauben müssen. Experimentieren Sie mit sich selbst. Lernen Sie sich besser kennen. Umso besser Sie sich kennen, desto mehr steigt Ihr Selbstwert an, weil Sie genau wissen, was Ihnen guttut.

Ich wünsche Ihnen hiermit, in Ihrem Leben eine tiefgreifende Metamorphose anzustossen. Verändern Sie sich und Sie verändern die Welt, in der Sie leben.

# Nachwort

Hier endet das Buch. Ihre Reise geht jedoch weiter.

Ich möchte Sie dazu ermutigen, das in diesem Buch niedergeschriebene Wissen anzuwenden, um einen neuen Menschen aus Ihnen zu kreieren.

Ich wünsche Ihnen nur das Beste!

Benjamin Reck

**Webseite:** www.neuer-mensch.ch

**E-Mail:** info@neuer-mensch.ch

**Instagram:** modifikation_mensch

PS: Ich habe viel Herzblut in dieses Buch gesteckt und würde mich daher sehr freuen, wenn Sie bei einem der Online-Buchhändler, bei denen Sie dieses Buch gekauft haben, eine positive Rezension hinterlassen.

# Zusammenstellung der Listen

## E-Nummern

| | | |
|---|---|---|
| » | E 100 - E 180 | Farbstoffe |
| » | E 200 - E 252 | Konservierungsstoffe |
| » | E 260 - E 297 | Säuerungsmittel |
| » | E 300 - E 385 | Antioxidantien |
| » | E 400 - E 422 | Verdickung/Gelier/Feuchtmittel |
| » | E 432 - E 450 | Emulgatoren |
| » | E 500 - E 585 | Verschiedene Zusatzstoffe |
| » | E 620 - E 1518 | Geschmacks & Süssstoffe |

## Giftig:

| | | |
|---|---|---|
| » | E 102 | Tartrazin |
| » | E 123 | Amaranth |
| » | E 127 | Erythrosin |
| » | E 161g | Canthaxanthin |
| » | E 180 | Rubinpigment bk |
| » | E 210 | Bensoesäure |
| » | E 211 | Natriumbenzoat |
| » | E 212 | Kaliumbenzoat |
| » | E 213 | Calciumbenzoat |
| » | Nachfolgend Parabene 214 - 219: | |
| » | E 214 | Ethyl-p-hydroxybenzoat |
| » | E 215 | Natriumethyl-p-hydroxybenz.. |
| » | E 216 | Propyl-p-hydroxybenzoat |
| » | E 217 | Natriumpropyl-p-hydroxybenz.. |
| » | E 218 | Methyl-p-hydroxybenzoat |
| » | E 219 | Natriumethyl-p-hydroxybenz.. |

| | | |
|---|---|---|
| » | E 220 | Schwefeloxid |
| » | E 221 | Natriumsulfit |
| » | E 222 | Natriumhydrogensulfit |
| » | E 223 | Natrumdisulfit |
| » | E 224 | Kaliumdisulfit |
| » | E 225 | Kaliumsulfit |
| » | E 226 | Calciumsulfit |
| » | E 227 | Calciumhydrogensulfit |
| » | E 228 | Kaliumhydrogensulfit |
| » | E 230 | Diphenyl, Biphenyl |
| » | E 231 | Ortophenylphenol |
| » | E 232 | Natriumortophenylphenol |
| » | E 233 | Thiabendazol |
| » | E 234 | Nisin |
| » | E 235 | Natamycin |
| » | E 239 | Hexamethylentetramin |
| » | E 242 | Dimethyldicarbonat |
| » | E 249 | Kaliumnitrit |
| » | E 250 | Natriumnitrit, Nitritpökelsalz |
| » | E 251 | Natriumnitrat |
| » | E 280 | Propionsäure |
| » | E 281 | Natriumpropionat |
| » | E 282 | Calciumpropionat |
| » | E 283 | Kaliumpropionat |
| » | E 284 | Borsäure |
| » | E 285 | Natriumtetraborat |
| » | E 310 | Propylgallat |
| » | E 320 | Butylhydroxyanisol |
| » | E 321 | Butylhydroxytoluol |
| » | E 385 | Calcium-Dinatrium-ETDA |
| » | E 450 | Diphosphate |

| | | |
|---|---|---|
| » | E 451 | Triphosphate |
| » | E 452 | Polyphosphate |
| » | E 512 | Zinn-2-chlorid |
| » | E 620 | Glutaminsäure, Glutamat |
| » | E 621 | Natriumglutamat |
| » | E 622 | Kaliumglutamat |
| » | E 623 | Calciumglutamat |
| » | E 624 | Ammoniumglutamat |
| » | E 625 | Magnesiumglutamat |
| » | E 637 | Ethymaltol |
| » | E 900 | Dimethylpolysiloxan |
| » | E 951 | Aspartam |
| » | E 952 | Cyclamat |
| » | E 999 | Quillajaextrakt |

## Säurebildende Lebensmittel

- Rotes Fleisch, Fisch und Meeresfrüchte aus konventioneller Aquakultur oder belasteten Regionen, Wurst, Schinken, Aufschnitte jeglicher Art, gepökeltes Fleisch, Trockenfleisch, Eier (konventioneller Anbau)

- Milchprodukte (Quark, Joghurt, Kefir, Molke und alle Käsesorten, auch von Schaf und Ziege, gerade auch alle fettarmen Milchprodukte)

- Essig (ausser naturtrüber Apfelessig), Getreideprodukte aus Auszugsmehl, Fertigprodukte jeglicher Art, glutenhaltige Produkte, stark verarbeitete Sojaprodukte, Speiseeis, Zucker

- Kohlenhydrate wie Linsen, Teigwaren, Kichererbsen, Bohnen, Weissbrot, Brezel, Popcorn, Cornflakes, Fertigmüslimischungen mit zugesetztem Zucker, Cracker

- Alkohol, Kaffee und koffeinhaltige Getränke, Chips, kohlensäurehaltiges Wasser, Schwarz-, Früchte- und Eistee, verarbeitete Lebensmittel wie Gebäck, Chips, Donuts, Kuchen, Süssgetränke, generell Industrie Food

**Kurzkettige Kohlenhydrate**

1. **Früchte**
   - Äpfel
   - Birnen
   - Trauben
   - Mangos
   - Wassermelonen
   - Beeren (Erdbeeren, Himbeeren, Blaubeeren)
   - usw.

2. **Milchprodukte**
   - Milch
   - Joghurt
   - Käse
   - Eiscreme

3. **Süssigkeiten und zuckerhaltige Lebensmittel**
   - Allgemeine Süssigkeiten (Bonbons, Schokolade)
   - Kuchen und Kekse
   - Zuckerhaltige Getränke (Süssgetränke, Fruchtsäfte)
   - Marmelade und Honig
   - Bier

4. **Backwaren und Sonstiges**
   - Weissbrot
   - Weizenmehlprodukte (z. B. Gebäck)
   - Croissant
   - Honigreiswaffeln, generell alle Arten von Waffeln

**Langkettige Kohlenhydrate**

1. **Getreide und Getreideprodukte**

   - Vollkornbrot
   - Haferflocken, Quinoaflocken etc.
   - Quinoa
   - Gerste
   - Buchweizen
   - Sauerteigbrot

2. **Stärkehaltige Gemüse**

   - Kartoffeln
   - Süsskartoffeln
   - Mais
   - Erbsen
   - Kürbis

3. **Sonstige komplexe Kohlenhydrate**

   - Brauner Reis, Wildreis
   - Vollkornteigwaren
   - Bulgur
   - Hirse

4. **Hülsenfrüchte**

   - Linsen
   - Bohnen (schwarze Bohnen, Kidneybohnen, Pinto-Bohnen)
   - Kichererbsen (immer zuerst eine Nacht in Wasser einlegen, damit sie besser bekömmlich sind)
   - Erbsen

## 5. Nüsse und Samen

- Mandeln
- Walnüsse
- Chiasamen
- Leinsamen (bestes Omega-3-zu-6-Verhältnis, um etwaige Dysbalance zu korrigieren, senken aber bei zu oftmaligem Konsum den Testosteronwert)

## 6. Gemüse

- Brokkoli
- Karotten
- Spinat
- Zucchini
- Paprika
- Kohl
- grundsätzlich jede Gemüsesorte, sie haben zwar weniger Kohlenhydrate, aber dafür viele Nahrungsfasern

# 50 Fatburner

---

*1.*   ***Wasser***

---

Der wichtigste aller Fatburner ist Wasser. Ohne Wasser kann der Stoffwechsel nicht funktionieren und jede Körperfunktion verlangsamt sich oder erliegt. Es gibt tausende von verschiedenen Diäten, Ernährungskonzepten und Abmagerungskuren, die sich teilweise widersprechen oder sehr fragwürdig sind. Was sie jedoch ALLE gemeinsam haben, ist die Erkenntnis, dass man ~ 1,5 Liter/Tag bis ~ 2,5 Liter/Tag Wasser trinken sollte, je nach Ernährungsform, Gewicht, Alter, Wetterbedingung, Berufung sowie sportlicher Betätigung, wenn man abnehmen will. Wasser aktiviert nicht nur den Stoffwechsel und alle fettverbrennenden Vorgänge, es sättigt auch, indem es den Magen füllt, ohne Kalorien zu liefern. Zudem werden Giftstoffe abtransportiert und die Nährstoffe im Körper verteilt.

---

*2.*   ***Apfel***

---

Äpfel halten den Blutzuckerspiegel stabil und das Dickmacher-Hormon Insulin in seinen Schranken. Sie weisen einen hohen Gehalt am Schlankheitsstoff Pektin (löslicher Ballaststoff) auf, welcher sich positiv auf den Fettstoffwechsel auswirkt. Zudem wird der Cholesterinspiegel gesenkt und das Immunsystem gestärkt. Die Mikronährstoffe Vitamin C, Kalium und Magnesium regen den Fettstoffwechsel und die Entwässerung an.

---

*3.*   ***Aprikose***

---

Der hohe Gehalt an Karotinoiden (Pflanzenfarbstoffen) machen die freien Radikale unschädlich und schützen so Gefässe, Herz und Gehirn. Aprikosen enthalten zudem das Schönheitsvitamin Pantothensäure, welches Vitalität schenkt und den Fettabbau ankurbelt. Der hohe Gehalt an Eisen schleppt den Sauerstoff in die Zellen und macht so einen Fettabbau überhaupt erst möglich. Die in Aprikosen enthaltene Kieselsäure stärkt das Bindegewebe und strafft damit die Haut. Zudem wird der Körper durch das Kalium entwässert.

## 4. *Avocado*

Obwohl sie die fetthaltigste Frucht ist, handelt es sich dabei um gesunde ungesättigte Fettsäuren, welche die Haut ölen, Zellwände schmieren und Nerven stärken. Zudem liefert die Avocado wertvolles Eiweiss und ein einzigartiges Kohlenhydrat namens Mannoheptulose, welches den Blutzuckerspiegel senkt. Das in der Avocado enthaltene Vitamin E schützt das Herz und die B-Vitamine polstern das Nervenkostüm.

## 5. *Beeren*

Das enthaltene Vitamin C kurbelt die Fettverbrennung an und kräftigt das Immunsystem. Zudem enthalten Beeren Flavonoide (Farbstoffe), welche die Wirkung des Vitamins C nochmals auf das 20fache verstärken. Die vorkommenden Pflanzenstoffe entschlacken den Körper von Giften, schwemmen Wasser aus, stärken das Bindegewebe und glätten auf diese Weise Cellulite (je kräftiger die Farbe, desto mehr Pflanzenfarbstoffe).

## 6. *Erdbeeren*

Sie enthalten mehr Mangan als andere Früchte. Dieses Spurenelement benötigt die Schilddrüse, um schlankmachende Hormone zu produzieren. Das enthaltene Kalium entschlackt den Körper und die Gerbstoffe, sogenannte Katechine, töten Bakterien ab und hemmen Entzündungen. Erdbeeren sind zudem reich an Folsäure und hautschützenden Anthozyanen (roten Farbstoffen).

## 7.   Johannisbeeren

Dies ist der wertvollste Fatburner unter den Beeren. Die Johannisbeeren enthalten ebenfalls viel Vitamin C, welches die Fettverbrennung ankurbelt. Auch hier wird der Körper durch das Kalium entwässert. Die Pantothensäure pflegt Haut und Haare und die Mikronährstoffe Magnesium und Mangan fördern zusätzlich den Fettabbau.

## 8.   Birnen

Sie regen die Verdauung an, befreien den Körper von überflüssigem Wasser, entschlacken den Darm und entgiften den ganzen Organismus von Blei, Quecksilber und Kadmium. Birnen liefern das Spurenelement Bor, heben den Testosteronspiegel im Blut an, welcher unter anderem sehr wichtig für die Fettverbrennung und den Muskelaufbau ist.

## 9.   Ananas

Die Ananas enthält das Enzym Bromelain (im Strunk – dem harten Mittelstück), welches die Eiweissmoleküle kleinschneidet und den Zellen leichter zugänglich macht. Sie liefert zudem Kalium, Magnesium, Eisen, Jod und Zink – alles Mineralstoffe, die sich positiv auf den Fettstoffwechsel auswirken. ACHTUNG: Sie hat einen hohen Glyx (glykämischen Index) und sollte deshalb nur in Massen genossen werden und auf keinen Fall in Kombination mit Fett verzehrt werden.

## 10.   Mango

Die Mango enthält unter den Früchten den grössten Anteil an dem Zellschutz-Vitamin Beta-Karotin. Sie enthält zudem drei Antioxidantien: Vitamin A, E und C. Die B-Vitamine helfen, unsere Nerven zu beruhigen, und die Pantothensäure hilft, das Fett schmelzen zu lassen. Wichtig ist auch das Vitamin B6, welches im Eiweissstoffwechsel mitmischt und somit den Muskelaufbau fördert. Das enthaltene

Kalium entwässert, das Mangan entfettet und das Fruchtfleisch fördert die Verdauung.

## 11. Papaya

Sie ist die Königin der Enzyme – diese spalten das Eiweiss auf und fördern den Fettabbau und den Muskelaufbau.

## 12. Feige

Die Feige ist die älteste Heilfrucht des Orients. Sie enthält eine Vielzahl von Vitaminen und Mineralstoffen, liefert für Stunden Kohlenhydrate fürs Gehirn, hält durch Ballaststoffe lange satt und enthält ein Enzym namens Ficin, welches den Darm in Schwung bringt.

## 13. Kirschen

Kirschen neutralisieren Fette bereits im Darm, enthalten Kalium, Eisen, Kalzium, Vitamin C, Folsäure und Pflanzenfarbstoffe (Anthozyane), welche alle entschlacken, entgiften, den Fettstoffwechsel und die Bildung von Blut und Bindegewebe ankurbeln sowie Entzündungen hemmen und Abwehrkräfte und Knochen stärken. Kirschen verjüngen und machen die Haut geschmeidig und rein.

## 14. Kiwi

Sie ist eine richtige Vitamin-C-Bombe. Zusammen mit Magnesium beschleunigt ihr Vitamin C den Stoffwechsel und regt die Produktion von Schlankheits-Hormonen an. Das enthaltene Kalzium stärkt die Knochen und Nerven, das Kalium entwässert und kräftigt das Herz, das Eisen erhöht den Sauerstofftransport zu den Zellen und die sogenannte Proleolytsäure baut Cholesterin ab und lässt das Blut besser fliessen. Auch dies ist für den Fettstoffwechsel von grosser Bedeutung.

## 15.   Pflaumen

Pflaumen wirken abführend. Getrocknet sind sie das beste Anti-Krebs-Mittel unter den Früchten. Die vielen Ballaststoffe binden zudem überflüssiges Fett im Darm. Pflaumen entwässern und die enthaltenen B-Vitamine sorgen für gute Nerven, wappnen gegen Stress und machen gute Laune.

## 16.   Zitronen

Sie sind die Super-Fatburner unter den Früchten. Neben sehr viel Vitamin C liefern sie jede Menge Flavonoide (Pflanzenstoffe), welche die Wirkung des Vitamin C um das 20fache verstärken. Die Inhaltsstoffe der Zitrone sorgen dafür, dass Eiweiss (Muskelbaustoff), Eisen (Sauerstofftransporter) und Kalzium (Knochenstärker) besser aus dem Essen aufgenommen werden, und das Vitamin C regt den Stoffwechsel an und ist bei der Produktion des Hormons Noradrenalin beteiligt (eines Hormons, welches das Fett aus den Zellen herauslöst).

## 17.   Gemüse

Die im Gemüse enthaltenen Ballaststoffe (Pflanzenfasern) machen satt, quellen im Darm auf, bringen die Verdauung in Schwung und schleppen Giftstoffe aus dem Körper. Ätherische Öle sorgen zudem dafür, dass die Verdauung und der Stoffwechsel angekurbelt werden, sie entgiften den Körper und stärken die Abwehrkräfte. Das enthaltene Chlorophyll (Blattgrün) hilft, Körperzellen zu reparieren und zu entgiften, senkt den Blutdruck, unterstützt die Blutbildung, wappnet die Abwehrkräfte und beugt Krebs vor. Gemüse enthält verschiedene sekundäre Pflanzenstoffe: Schutz- und Heilstoffe, welche die Pflanzen produzieren, um sich selbst gegen Schädlinge zu schützen (z. B. Flavonoide, Karotinoide, Phytosterine, Saponine).

## 18. *Algen*

Algen helfen gegen Übergewicht und Stress, schützen vor Krebs und Herzinfarkt und enthalten so gut wie alle Vitamine und 41 Mineralstoffe und Spurenelemente. Was sie zum absoluten Fatburner macht, ist das enthaltene Jod, welches den Treibstoff für unseren Stoffwechselmotor, die Schilddrüse, darstellt. Sie braucht Jod für die Bildung ihrer Hormone, die uns mit Energie versorgen und das Fett verbrennen. Algen enthalten 1000-mal mehr Jod als jedes andere Lebensmittel.

## 19. *Artischocken*

Der in Artischocken enthaltene Wirkstoff Cynarin hilft beim Entschlacken, wirkt harntreibend und kurbelt die Verdauung und den Fettstoffwechsel an. Zudem hält er die Gefässe jung, senkt den Cholesterinspiegel im Blut und beugt somit Arteriosklerose vor.

## 20. *Brokkoli*

Das Wundergemüse ist randvoll mit Antioxidantien, welche freie Radikale unschädlich machen. Indole und Glukosinolate stärken die Immunabwehr und können Zellschäden reparieren und das Vitamin B stärkt die Nerven. Brokkoli enthält viel von den Fatburnern Vitamin C und Kalzium (auch geeignet: Blumenkohl und Rosenkohl).

## 21. *Chicorée*

Chicorée enthält den Bitterstoff Intybin, welcher die Verdauung und den Stoffwechsel ankurbelt. Der Fettstoffwechsel wird zudem von Vitamin C, Kalzium, Magnesium, Eisen und Kalium angeregt (auch geeignet: Feldsalat, Eisbergsalat, Radicchio, Löwenzahn).

## 22. Chili

Durch die Schärfe empfindet der Körper eine Art von Schmerz, weshalb das Gehirn Endorphine ausschüttet, um die Schmerzen zu lindern und fröhlich zu stimmen. Es ist erwiesen, dass gute Laune schlank macht, weshalb Chili ein super Fatburner ist. Die Schärfe heizt zudem den Fettzellen ein.

## 23. Hülsenfrüchte

Sie enthalten jede Menge Ballaststoffe und pflanzliches Eiweiss (besonders geeignet sind grüne und weisse Bohnen, Kidney-Bohnen, Linsen, Erbsen und Kichererbsen), welche die Verdauung und den Muskelaufbau fördern. Hülsenfrüchte halten lange satt, halten den Blutzuckerspiegel niedrig und liefern gute Vitamine und Mineralstoffe für den Stoffwechsel.

## 24. Bohnen

Die in Bohnen enthaltenen Glukokinine senken den Blutzucker und helfen so beim Fettabbau. Zudem halten sie lange satt und fördern die Verdauung.

## 25. Kohl

Das in Kohl enthaltene Vitamin A schützt die Haut, die B-Vitamine polstern die Nerven und der hohe Anteil an Vitamin C macht die Hüften schlank. Zudem enthalten Kohlarten Magnesium, Kalzium, Eisen, Jod und Zink, welche den Fettstoffwechsel zusätzlich unterstützen. Der hohe Gehalt an Kalium entschlackt und die Senföle und Farbstoffe wirken antibiotisch, beugen Krebs vor und senken den Cholesterinspiegel.

## 26. Karotten

Karotten glänzen mit einem hohen Gehalt an darmpflegenden Pektinen und Vitamin A (um dieses Vitamin A verwerten zu können, sollten Karotten mit Fett kombiniert werden). ACHTUNG: Sie sollten nicht gekocht werden, da der bereits im rohen Zustand etwas hohe glykämische Index noch viel höher wird, wenn die Karotten gekocht werden.

## 27. Kräuter

Die in Kräutern enthaltenen Biostoffe bringen den Stoffwechsel in Schwung und unterstützen die Verdauung. Es empfiehlt sich, die Kräuter in Salate oder nach dem Kochen beizugeben, da die ätherischen Öle und das Vitamin C sonst verdampfen.

- Basilikum stärkt den Magen und beruhigt
- Bohnenkraut hilft gegen Bakterien und reinigt die Haut
- Borretsch macht fröhlich und schön
- Brunnenkresse fördert die Verdauung und stärkt das Immunsystem
- Dill reinigt den Körper
- Estragon entwässert und wirkt wie ein Anti-Depressivum
- Kerbel weckt auf
- Majoran und Oregano stärken die Nerven
- Petersilie aktiviert den Stoffwechsel
- Salbei fördert die Fettverdauung
- Schnittlauch entwässert und desinfiziert von innen
- Thymian kräftigt den Darm und löst Krämpfe

## 28. Lauch

Lauch senkt den Blutzuckerspiegel und fördert die Fettverbrennung. Sein hoher Gehalt an Vitamin C, Eisen, Magnesium und Kalzium ist ebenfalls ein Fatburner. Zudem fördern die enthaltenen Senföle die Verdauung und entwässern.

## 29.   *Spargel*

Spargel enthalten Asparagin, welches die Niere anregt und daher dazu führt, dass der Körper entwässert wird. Zudem enthalten sie viele Ballaststoffe, viel Vitamin C, Eisen, Kalzium und Jod, welche alle einen grossen Einfluss auf die Fettverbrennung haben.

## 30.   *Huhn, Pute oder Truthahn*

Die Lebensmittel, welche wir konsumieren, müssen zuerst in ihre einzelnen Bestandteile zerlegt und verdaut werden, bevor sie uns als Energie zur Verfügung stehen. Dieser Prozess verbrennt Kalorien, was als thermogenetischer Effekt bezeichnet wird. Bei magerem und fettarmem Geflügelfleisch werden ca. 30 % der aufgenommenen Kalorien während der Verdauung wieder verbrannt. Zudem liefert dieses Fleisch einen hohen Gehalt an B-Vitaminen, Eisen, Kupfer, Kalium und Zink, was die Fettverbrennung ebenfalls unterstützt.

## 31.   *Sellerie*

Die in Sellerie enthaltenen Bitterstoffe, pflanzlichen Hormone und ätherischen Öle regen die Verdauung und den Stoffwechsel an und treiben überschüssiges Wasser aus dem Körper.

## 32.   *Tomaten*

Tomaten enthalten Lycopin, welches gegen Krebs schützt und als Arzneimittel für Herz und Nieren sowie gegen Gicht und Rheuma wirkt. Zudem enthält das Gemüse viel Kalium, welches den Körper entwässert, und es ist reich an Magnesium, Kalzium, Eisen und Zink, welche den Fettstoffwechsel massgeblich beeinflussen. Die sekundären Pflanzeninhaltsstoffe regen zusätzlich die Verdauung an und putzen den Darm durch.

## 33. Rettich & Radieschen

Rettich und Radieschen strotzen vor Kalzium, Vitamin C, Kalium, Magnesium, Eisen und Enzymen, was sich auf den Hüften bemerkbar macht. Die ätherischen Öle kräftigen zudem alle Schleimhäute, regen die Verdauung an und schwemmen überflüssiges Wasser aus dem Körper.

## 34. Zwiebeln

Die Zwiebel senkt den Blutzuckerspiegel und kurbelt die Fettverbrennung an. Weiter schützt sie das Herz, fördert die Verdauung, heilt den Darm, entgiftet den Körper, hilft gegen Entzündungen, beruhigt die Nerven und klart die Gedanken auf. Weitere Bestandteile dieses Fatburners sind Kalium, Kalzium, Eisen, Jod, Selen und äusserst heilsame ätherische Öle, welche den Körper entschlacken (das Gleiche gilt für Knoblauch).

## 35.  *Fisch*

Fischöle putzen die Blutgefässe und schützen somit vor Blutgerinnseln und Herzinfarkt. Zudem stärken sie die Nerven und pflegen die Haut. Die gesunden Omega-3-Fettsäuren schützen vor chronischen Krankheiten, da sie die Prostaglandine (Stoffe, welche im Körper Schmerzen auslösen, zu Entzündungen führen und Blutplättchen verkleben) in Schach halten. Das in Fisch enthaltene Eiweiss regt die Fettverbrennung an und speziell die Aminosäure Tyrosin ermöglicht die Herstellung der Schlank-Hormone Dopamin und Noradrenalin, welche einen grossen Einfluss auf die Fettfreisetzung ausüben. Das enthaltene Jod ermöglicht der Schilddrüse die Bildung bestimmter Hormone, die den Stoffwechsel antreiben. Den Fisch sollte man am besten grillen oder dünsten und mit Zitronensaft und Olivenöl beträufeln (niemals panieren oder frittieren!).

➢ Lachs liefert viele Omega-3-Fettsäuren

➢ Makrelen enthalten viel Tyrosin

➢ Sardinen sind kleine Eiweissbomben

➢ Kabeljau enthält viel Jod

## 36.  *Krusten- & Schalentiere*

Krebse, Garnelen, Hummer, Krabben, Muscheln und Austern versorgen mit viel Eiweiss und Zink und liefern das Spurenelement Jod, das die Schilddrüse zur Produktion ihrer Hormone ankurbelt.

## 37.  *Nüsse & Samen*

Nüsse und Samen enthalten viele Mineralstoffe und Vitamine, bis zu 20 % Eiweiss und insbesondere viele gesunde Fettsäuren, welche der Körper dringend braucht, um Fett abzubauen. Empfohlen werden 20 g Nüsse pro Tag.

## 38. Lachs & Thunfisch

Das in Thunfisch und Lachs enthaltene Protein sowie die mehrfach ungesättigten Omega-3-Fettsäuren stimulieren die Produktion des Hormons Leptin, welches für das Sättigungsgefühl und für den Fettstoffwechsel von grosser Bedeutung ist.

## 39. Grapefruit

Die Verdauung der Grapefruit verbrennt mehr Kalorien, als die Frucht selbst liefert. Zudem wird der Blutzucker- und somit der Insulinspiegel gesenkt, die Fett- und Cholesterinverbrennung angeregt und der Körper mit Pektin, Vitamin C und Kalium versorgt, was sich ebenfalls günstig auf den Fettstoffwechsel auswirkt.

## 40. Kokosöl

Der Körper braucht Fett, um Fett verbrennen zu können. Daher weg mit den ganzen „Low-fat-Diäten"! Wichtig ist dabei, dass das richtige Fett konsumiert wird. Dieses ist unter anderem in Kokosöl enthalten. Durch die ungesättigten Fettsäuren wird der Fettstoffwechsel positiv beeinflusst und die Reduktion von Körperfett angesteuert.

## 41. Grüntee

Die im grünen Tee enthaltenen sekundären Pflanzenstoffe namens Polyphenole verbessern die Fettverwertung im Körper und steigern so die Fettverbrennung. Zudem beugen sie als Radikalfänger dem Altern der Zellen und dem Entstehen von Krebs vor. Durch die Substanz EGCG (Epigallocatechin) wird das Nervensystem stimuliert und der Stoffwechsel angeregt, was ebenfalls die Fettverbrennung erhöht und den grünen Tee zu einem natürlichen Fatburner macht. Zusätzlich regt Grüntee den Geist an, indem er die Kreativität weckt, die Konzentration schärft und wach und leistungsfähig macht. Das enthaltene Kalzium und Fluor stärken Knochen und Zähne, das Eisen versorgt die Zellen mit Sauerstoff und Natrium, Kalium und Magnesium halten den Zellstoffwechsel in Gang. Auch Mangan kurbelt den Stoffwechsel an und Zink stimuliert das Immunsystem und die Wund-heilung. Weiters enthält grüner Tee die Vitamine A, C und E, welche freie Radikale bekämpfen, und die B-Vitamine, welche gut für die Blutbildung und die Nerven sind.

## 42. *Schwarztee*

Das im schwarzen Tee enthaltene Spurenelement Chrom ist ein wahrer Fatburner. Nichts ausser der Paranuss enthält so viel Chrom wie schwarzer Tee. Dieser mischt beim Zuckerstoffwechsel sowie bei der Eiweiss- und Fettverwertung mit (auch enthalten in Weizenkeimen, Pflaumen, Brokkoli, Nüssen, Leber und Käse). ACHTUNG: keine Nahrungsergänzungsmittel mit Chrom einnehmen, da zu viel Chrom mehr schadet als nützt.

## 43. *Eier*

Der hohe Eiweissgehalt der Eier macht diese zu einem wahren Fettverbrenner. Die Verdauung von Eiweiss an sich verbraucht bereits 25 % der eingenommenen Kalorien und zudem wird das Muskelwachstum gefördert und Muskeln sind be-kanntlich der effektivste Fatburner.

## 44. *Blattgemüse und Spinat*

Blattgemüse und Spinat enthalten viele Ballaststoffe, Folsäure und die Vitamine A, C und K. Dies hält lange satt, bringt die Verdauung in Schwung und kurbelt den Fettstoffwechsel an. Zudem liefern Spinat und Blattgemüse nur sehr wenige Ka-lorien.

## 45.  Ingwer

Ingwer enthält viele Antioxidantien, welche die freien Radikale im Körper beseitigen und die Zerstörung der Zellen verhindern und dadurch Krankheiten wie Krebs vorbeugen. Zudem regt er den Stoffwechsel sowie den Kreislauf an, was den Körper dazu bringt, mehr Kalorien zu verbrennen.

## 46.  Zimt

Zimt senkt den Blutzuckerspiegel und sorgt dafür, dass der Körper weniger Fett einlagern kann. Zudem beugt er Heisshungerattacken vor. ACHTUNG: Zimt ist ein Süssmittel und sollte kontrolliert konsumiert werden (1 bis 2 Gramm täglich).

## 47.  Kurkuma

Dieses asiatische Gewürz hat ebenfalls eine positive Wirkung auf die Fettverbrennung. Es sorgt dafür, dass die Gallenblase vermehrt Gallenflüssigkeit produziert, was für eine effektive Fettverbrennung wichtig ist. Zudem wirkt es appetitzügelnd, beugt Entzündungen und Verdauungsproblemen vor und reduziert das Risiko für Krebs und Alzheimer.

## 48.  Brennnesseltee

Die Brennnessel ist sehr reich an Mineralien. Insbesondere die Kieselsäure, Kalium, Kalzium und Eisen wirken sich sehr positiv auf den Fettstoffwechsel aus und auch die sekundären Pflanzenstoffe besitzen einen hohen gesundheitlichen Wert. Die Brennnessel enthält zudem die Vitamine A, C und E sowie harnflussanregende Gerbstoffe. Die enthaltenen Flavonoide vervielfachen die Wirkung des Vitamin C um ein 20faches, was ebenfalls einen Fatburner aus dem Tee macht.

## 49. Apfelessig

Dieser spezielle Speiseessig aus Apfelwein enthält Potassium, Kalzium und Beta-Karotin, was den Körper bei der Fettzersetzung unterstützt und den Cholesterinspiegel senkt. Er eignet sich deshalb bestens als Fettverbrenner.

## 50. Bewegung

Der letzte Fatburner dieser Liste ist bewusst kein Nahrungsmittel. Obwohl sich viele mit diesem Thema schwertun, ist es unumgänglich, sich zu bewegen, um den Stoffwechsel aktiv zu halten und langfristig gesund zu bleiben. Bewegung verbraucht nicht nur während der Durchführung Energie, sondern regt den Körper dazu an, Prozesse in Gang zu setzen, die den Grundumsatz (Kalorienverbrauch für überlebenssichernde Prozesse wie Herzschlag, Atmung, Durchblutung, Denken usw.) steigern. Baut man neben dem Ausdauertraining auch noch Krafttrainingseinheiten ein, werden Muskeln aufgebaut, welche die besten Fettverbrenner sind und zudem für einen wohlgeformten, straffen Körper sorgen. Je mehr Muskeln wir haben und je grösser und stärker diese sind, desto mehr Mitochondrien sind darin vorhanden; diese sind die Kraftwerke unserer Zellen, welche die Nahrung in Energie umwandeln.

# Literatur / Studien

[1] Einav Nevo-Koch. Dissertation, Hannover 2010. Untersuchungen zur antikanzerogenen Wirkung des Weinrebenextraktes Vineatrol®30 und den darin enthaltenen Resveratrol-Oligomeren. https://d-nb.info/1009651250/34

[2] Yu-Shiuan Lin, Janine Weibel, Hans-Peter Landolt, Francesco Santini, Martin Meyer, Julia Brunmair, Samuel M Meier-Menches, Christopher Gerner, Stefan Borgwardt, Christian Cajochen. Daily Caffeine Intake Induces Concentration-Dependent Medial Temporal Plasticity in Humans: A Multimodal Double-Blind Randomized Controlled Trial. Cerebral Cortex, Volume 31, Issue 6, June 2021, Pages 3096–3106, https://doi.org/10.1093/cercor/bhab005

[3] Dietrich Klinghardt, MD, PhD. Hier & Jetzt Magazin, Folge I/II. 2006. Die 4 Neurotransmitter Konstitutionen. http://www.cinak.com/editions/journals_ger/12_die_4_neurotransmitter.pdf

[4] Erfurth, A. Schlaf und Serotonin. psychopraxis. neuropraxis 24, 318–319 (2021). https://doi.org/10.1007/s00739-021-00768-3

[5] Prof. Dr. med. Gerhard Gründer, Stellvertretender Direktor der Klinik für Psychiatrie, Psychotherapie und Psychosomatik an der Uniklinik RWTH Aachen und Leiter der dortigen Arbeitsgruppe Molekulare und Klinische Psychopharmakologie. Veröffentlicht: 19.07.2013. Was passiert beim Absetzen von Antidepressiva? https://www.dasgehirn.info

[6] Kirschbaum Clemens, Brocke Burkhard. 2012. «Der Serotonn- Transpoter-Promoter-Polymorphismus (5-HTTLPR): Bedeutung für die Stressantwort, Startle-Reaktion und das emotionale Gedächtnis beim Menschen. Deutsche Forschungsgemeinschaft (DFG) – Projektnummer 5455873, https://gepris.dfg.de/gepris/projekt/5455873

[7] IE Becker. Kapitel 1. 2007. Einführung und Grundlagen 1.1 Das serotonerge System, https://refubium.fu-berlin.de

[8] Čaušević Edita. 2011. Graz, Univ., Dipl.-Arb., (VLID)216848, Hochschulschriften. Zusammenhang zwischen Serotonin Transporter Polymorphismen (5-HTTLPR) und Emotionen. uni-graz.at.

[9] David Calderón-Guzmán,José Luis Hernández-Islas, Ivonne Espitia-Vázquez, Gerardo Barragán-Mejía, Ernestina Hernández-García, Daniel Santamaría-del Ángel, Hugo Juárez-Olguín. Volume 35, Issue 4, July–August 2004, Pages 271-274 Pyridoxine, regardless of serotonin levels, increases production of 5-hydroxytryptophan in rat brain. https://doi.org/10.1016/j.arcmed.2004.03.003

[10] Trisha A. Jenkins · Jason C. D. Nguyen, Kate E. Polglaze, Paul P. Bertrand. School of Medical Sciences, University of New South Wales, Sydney 2052, Australia. Nutrients 2016, 8(1), 56; Influence of Tryptophan and Serotonin on Mood and Cognition with a Possible Role of the Gut-Brain. https://doi.org/10.3390/nu8010056

[11] Vaessen T, Hernaus D, Myin-Germeys I, van Amelsvoort T. September 2015; 56:241–51. The dopaminergic response to acute stress in health and psychopathology: A systematic review. Neurosci Biobehav Rev. https://linkinghub.elsevier.com/retrieve/pii/S0149763415001931

[12] Neri, D. F., Wiegmann, D., Stanny, R. R., Shappell, S. A., McCardie, A., & McKay, D. L. (1995). The effects of tyrosine on cognitive performance during extended wakefulness. Aviation, Space and Environmental Medicine, 66(4), 313-319.https://psycnet.apa.org/record/1995-32420-001

[13] Bryant J Jongkees, Bernhard Hommel, Simone Kühn, Lorenza S Colzato. 2015 Nov:70:50-7. Effect of tyrosine supplementation on clinical and healthy populations under stress or cognitive demands. https://pubmed.ncbi.nlm.nih.gov/26424423/

[14] Unter welchen Bedingungen kommt es zur maximalen Aufnahme von Tryptophan ins Gehirn, https://een64.wordpress.com/2010/01/23/unter-welchen-bedingungen-kommt-es-zur-maximalen-aufnahme-von-tryptophan-ins-gehirn-oder-wie-stimuliert-man-optimal-die-zentrale-serotoninsynthese/, 12.01.2024, 17:07 Uhr

[15] Fogaça MV, Duman RS. Front Cell Neurosci. 2019;13:87, Cortical GABAergic Dysfunction in Stress and Depression: New Insights for Therapeutic Interventions - PubMed (nih.gov)

[16] Manoela V Fogaça, Ronald S Duman. 2019. Cortical GABAergic Dysfunction in Stress and Depression: New Insights for Therapeutic Interventions. https://pubmed.ncbi.nlm.nih.gov/30914923/

[17] Oh, Suk-Heung, Yeon-Jong Moon, and Chan-Ho Oh. Preventive Nutrition and Food Science Vol. 8(1); (2003): 75-78. γ-Aminobutyric acid (GABA) content of selected uncooked foods. https://www.pnfs.or.kr

[18] Komatsuzaki, Noriko, et al. Food microbiology Vol. 22(6); (2005): 497-504. Production of γ-aminobutyric acid (GABA) by Lactobacillus paracasei isolated from traditional fermented foods. https://www.sciencedirect.com/science/article/abs/pii/S0740002005000109

[19] Josef Krieglstein, Heike Oberpichler-Schwenk. 1992. Pharmakologische Wirkung von Ginkgo Bilboa-Extrakt und Inhaltsstoffe. https://onlinelibrary.wiley.com/doi/abs/10.1002/pauz.19920210509

[20] Olivier Blin 1, Christine Audebert, Séverine Pitel, Arthur Kaladjian, Catherine Casse-Perrot, Mohammed Zaim, Joelle Micallef, Jacky Tisne-Versailles, Pierre Sokoloff, Philippe Chopin, Marc Marien. 2009 Dec;207(2):201-12. Effects of dimethylaminoethanol pyroglutama /DMAE p-Glu) against memory deficits induced by scopolamine: evidence from preclinical and clinical studies. https://pubmed.ncbi.nlm.nih.gov/19756528/

[21] Hsiangkuo Yuan, Stephen D Silberstein. Epub 2015 Sep 18. Vagus Nerve and Vagus Nerve Stimulation, a Comprehensive Review: Part II. DOI: 10.1111/head.12650

[22] Dtsch Med Wochenschr 1921; 47(50): 1520-1522. Untersuchungen über das Wesen der Vagus- und Sympathikuswirkung) S. G. Zondek - Assistent des Instituts Aus dem Pharmakologischen Institut der Universität in Berlin. (Direktor: Geh.-Rat Heffter.) DOI: 10.1055/s-0029-1209715

[23] Sonntag A. 2016. Stressbewältigung durch Meditation. In: Stressbewältigung durch Meditation. essentials. Springer, Wiesbaden. https://doi.org/10.1007/978-3-658-14622-1_3

[24] Alexander Refisch, Martin Walter. Die Bedeutung des humanen Mikrobioms für die psychische Gesundheit. Published: 17 October 2023. Volume 94, pages 1001–1009, (2023)

[25] Michelle M. Bohan Brown, Jillian E. Milanes, David B. Allison, Andrew W. Brown. Version 3, (revision), 30 Jul. 2021. Eating versus skipping breakfast has no discernible effect on obesity-related anthropometric outcomes: a systematic review and meta-analysis. https://doi.org/10.12688/f1000research.22424.3

[26] Wadden TA, Stunkard AJ, Day SC, Gould RA, Rubin CJ. 01. Jan 1987. Less food, less hunger: reports of appetite and symptoms in a controlled study of a protein-sparing modified fast. International Journal of Obesity, 11(3):239-249 PMID: 3667060 https://pubmed.ncbi.nlm.nih.gov/3667060/

[27] Luc Tappy, Robin Rosset. 22 May 2019. Health outcomes of a high fructose intake: the importance of physical activity. https://doi.org/10.1113/JP278246

[28] Jiapeng Lu, Guiyuan Han, Xiaoying Liu, Bowang Chen, Ke Peng, Yu Shi. August 05, 2023. Association of high-density lipoprotein cholesterol with all-cause and cause- specific mortality in a Chinese population of 3.3 million adults: a prospective cohort study. https://doi.org/10.1016/j.lanwpc.2023.100874

[29] Natalie C. Ward, Gerald F. Watts, Robert H. Eckel. 17 January 2019. Statin Toxicity: Mechanistic Insights and Clinical Implications. https://doi.org/10.1161/CIRCRESAHA.118.31278

[30] Uffe Ravnskov, David M Diamond, Rokura Hama, Tomohito Hamazaki, Björn Hammarskjöld, Niamh Hynes, Malcolm Kendrick, Peter H Langsjoen, Aseem Malhotra, Luca Mascitelli, Kilmer S McCully, Yoichi Ogushi, Harumi Okuyama, Paul J Rosch, Tore Schersten Sherif Sultan, Ralf Sundberg. 2. Juni 2016. Lack of an association or an inverse association between low-density-lipoprotein cholesterol and mortality in the elderly: a systematic review. doi: 10.1136/bmjopen-2015-010401

[31] Dr Mahshid Dehghan PhD, Andrew Mente PhD, Xiaohe Zhang MSc, Sumathi Swaminathan PhD, Prof Wei Li PhD, Prof Viswanathan Mohan MD. 29. August, 2017. Associations of fats and carbohydrate intake with cardiovascular disease and mortality in 18 countries from five continents (PURE): a prospective cohort study. https://doi.org/10.1016/S0140-6736(17)32252-3

[32] Takeshi Yoneshiro, Sayuri Aita, Mami Matsushita, Toshimitsu Kameya, Kunihiro Nakada, Yuko Kawai, Masayuki Saito. 06. September 2012. Brown Adipose Tissue, Whole-Body Energy Expenditure, and Thermogenesis in Healthy Adult Men. https://doi.org/10.1038/oby.2010.105

[33] Francisco M Acosta, Borja Martinez-Tellez, Guillermo Sanchez-Delgado, Juan MA Alcantara, Pedro Acosta-Manzano, Antonio J Morales-Artacho, Jonatan R Ruiz. 2018 May 7;13(5):e0196543. Physiological responses to acute cold exposure in young lean men. DOI: 10.1371/journal.pone.0196543

[34] Medical College of Georgia at Augusta University. April 25, 2018. Drinking baking soda could be an inexpensive, safe way to combat autoimmune disease. https://www.sciencedaily.com/releases/2018/04/180425093745.htm

[35] Christoph Bachmann. Die Wirksamkeit und Sicherheit von Ginseng: Schweizerische Zeitschrift für Ganzheitsmedizin / Swiss Journal of Integrative Medicine (2017) 29 (5): 272–274. Eine grosse Zahl von Studien zeigt verschiedene Anwendungsmöglichkeiten. https://www.karger.com/Article/FullText/480042

[36] C Bouchard, A Tchernof, A Tremblay. 20 May 2013. Predictors of body composition and body energy changes in response to chronic overfeeding. *International Journal of Obesity* volume 38, pages 236–242 (2014). https://www.nature.com/articles/ijo201377

[37] Juha P Ahtiainen, Arto Pakarinen, Markku Alen, William J Kraemer, Keijo Häkkinen. 2003 Aug;89 (6):555-63. Muscle hypertrophy, hormonal adaptations and strength development during strength training in strength-trained and untrained men. DOI: 10.1007/s00421-003-0833-3

[38] K Häkkinen, A Pakarinen, M Alen, H Kauhanen, P V Komi. Appl Physiol (1985). 1988 Dec;65(6):2406-12. Neuromuscular and hormonal adaptations in athletes to strength training in two years. doi: 10.1152/jappl.1988.65.6.2406.

[39] Review Article. Published: 26 July 2013. Volume 43, pages 1089–1100, (2013). How Sex Hormones Promote Skeletal Muscle Regeneration. https://link.springer.com/article/10.1007/s40279-013-0081-6

[40] Hansen, Mette, Kjaer, Michael. Exercise and Sport Sciences Reviews 42(4):p 183-192, October 2014. Influence of Sex and Estrogen on Musculotendinous Protein Turnover at Rest and After Exercise. DOI: 10.1249/JES.0000000000000026

[41] D F Neri, D Wiegmann, R R Stanny, S A Shappell, A McCardie, D L McKay. Clinical Trial. Aviat Space Environ Med. 1995 Apr;66(4):313-9. The effects of tyrosine on cognitive performance during extended wakefulness. https://pubmed.ncbi.nlm.nih.gov/7794222/

[42] A Isidori, A Lo Monaco, M Cappa. 1981;7(7):475-81. A study of growth hormone release in man after oral administration of amino acids. DOI: 10.1185/03007998109114287

[43] K Kasai, M Kobayashi, S I Shimoda. 1978 Feb;27(2):201-8. Stimulatory effect of glycine on human growth hormone secretion. DOI: 10.1016/0026-0495(78)90165-8

[44] Neumann G. Sportreport, S. 31; Referat Erbismühle vom 01.11.1993. Trainierter Fettstoffwechsel garantiert Schonung der Glykogendepots. https://www.bisp-surf.de/Record/PU199401069668

[45] M E May, M G Buse. 1989 May;5(3):227-45. Effects of branched-chain amino acids on protein turnover. DOI: 10.1002/dmr.5610050303

[46] S Barmaki, S Bohlooli, F Khoshkhahesh, B Nakhostin-Roohi. Randomized Controlled Trial. J Sports Med Phys Fitness. 2012 Apr;52(2):170-4. Effect of methylsulfonylmethane supplementation on exercise - Induced muscle damage and total antioxidant capacity. https://pubmed.ncbi.nlm.nih.gov/22525653/

[47] Frank Thielecke, Andrew Blannin. Nutrients 2020, 12(12), 3712; Submission received: 27 October 2020 / Revised: 24 November 2020 / Accepted: 26 November 2020 / 30 November 2020. Omega-3 Fatty Acids for Sport Performance—Are They Equally Beneficial for Athletes and Amateurs? A Narrative Review. https://doi.org/10.3390/nu12123712

[48] Eduardo Ferracioli-Oda, Ahmad Qawasmi, Michael H. Bloch. May 17, 2013. Meta-Analysis: Melatonin for the Treatment of Primary Sleep Disorders. https://doi.org/10.1371/journal.pone.0063773

[49] Arvidsson, Andrea. University of Skövde, School of Bioscience. 2018 (English) Independent thesis Basic level (degree of Bachelor), Meditation, attention and the brain: function, structure and attentional performance Place, publisher, year, edition, pages. id: diva2:1229875

[50] Elena Koshkina. Drexel University Doctor of Philosophy (Ph.D.), Drexel University. Sep 2006. Extracellular dopamine concentration control: computational model of feedback control. DOI: https://doi.org/10.17918/etd-1160

[51] George F. Koob. Seminars in Neuroscience. Volume 4, Issue 2, April 1992, Pages 139-148. Dopamine, addiction and reward. https://doi.org/10.1016/1044-5765(92)90012-Q

[52] Fangyi Zhao· Ziqian Cheng· Jingjing Piao· Ranji Cui· Bingjin Li. REVIEW article. Front. Pharmacol., 17 August 2022, Sec. Neuropharmacology, Volume 13 – 2022. Dopamine Receptors: Is It Possible to Become a Therapeutic Target for Depression? https://doi.org/10.3389/fphar.2022.947785.

[53] Tanja Michael, Marta Lajtman und Jürgen Margraf. Deutsches Ärzteblatt, PP Heft, 9 September 2005. Frühzeitige psychologische Interventionen nach Traumatisierung. https://link.springer.com/chapter/10.1007/978-3-211-48609-2_10

[54] Schnieders, I. Rassaerts, M. Schäfer, M. Soyka. Fortschr Neurol Psychiatr 2006; 74(9): 511-521. Der Einfluss kindlicher Traumatisierung auf eine spätere Drogenabhängigkeit. DOI: 10.1055/s-2005-919143